Christian Thomasen

Das Recht Evangelischer Fürsten In Theologischen Streitigkeiten

Christian Thomasen

Das Recht Evangelischer Fürsten In Theologischen Streitigkeiten

ISBN/EAN: 9783742875723

Hergestellt in Europa, USA, Kanada, Australien, Japan

Cover: Foto ©Lupo / pixelio.de

Manufactured and distributed by brebook publishing software
(www.brebook.com)

Christian Thomasen

Das Recht Evangelischer Fürsten In Theologischen Streitigkeiten

Theologis. Streitigkeiten/

gründlich ausgeführet/

und wider die

Papistis. Lehr-Sä

eines Theologi zu Leipzig

vertheydiget

von D. Christian Thomasen/ P. P. un

Lic. Enno Rudolph Brenneysen/

nebenst einer Summarischen Anzeige und kurtzen Apol
gen der vielen Anschuldigungen und Verfolgungen/ damit etliche Chur-S
sische Theologen zu Dreßden/ Wittenberg und Leipzig nun etliche Jahr her besagten
D. Thomasen beleget und diffamiret.

Anitzo zum andern mahl auffgeleget.

s halten denn die Libri Symbolici der Lutherischen Kirchen
entativa, die die Systemata und Compendia etlicher L
uffbringen und denen Predigern zuschreiben wollen?
von der Zwang-Decision, die die Leipziger Disputation
sias Theologicas der Clerisey zugeeignet/ und die Leyen so
hanen von dem Wesen (à forma seu decisione form
chlossen?
wort: Es wird dieses Wesen hin und wieder [illegible]
thums verdamt. Denn so schreibt die Apologia der
über den Artickel von der Buß f. m. 76. Die Widersacher sc
Christliche Kirche/ und sie halten was die Catholica gemeine K
wir werden weder Babst/ Bischoff noch Kirchen die Gewalt
Propheten einträchtige Stimme etwas zu halten oder zu sc
ist gnug am Tag/ was das für eine feine Christliche Kirch
Blut verdammen und erregen. Sie dürffen Gebote
fromme redliche Leute xc. [illegible] verjagen/ und trachten ihnen
als die Bluthunde nach Leib und Leben. Aber sie [illegible]
auch Lehrer für sich/ Scotum, Gabrielem und dergleichen
haben. Dazu auch die Sprüche der Väter xc. Ja es ist
und Scribenten. Aber an Gesang kan man mercken/ w
selbigen Scribenten haben nichts anders denn Philosophy
und Gottes Werck nichts gewust. Das beweisen ihre Büc
licher (damit man sich nicht beschwere/ daß in obigen loco etli
in den Schmalkaldis. Artick. P. 3. Art. 12. von der Kirchen.
daß sie die Kirche seyn/ und sinds auch nicht/ und wollens auch
ter den Nahmen der Kirchen gebieten oder verbieten. Denn es
von Sieben Jahren/ was die Kirche sey. Nemlich die Heil
Schäfflein/ die ihres Hirten Stimme hören. Denn als
gläube eine Christliche Kirche. Diese Heiligkeit stehet nicht i
langen Röcken/ und andern ihren Ceremonien durch sie über d

Hochwohlgebohrnen Herrn/
Herrn

Paul von Fuchs/

Herrn auf Malchow/

[illegible] Churfürstlichen Durch-
lauch[illegible] Brandenburg hochbetrautem
[illegible]den Rath/ und Staats-
Ministro [illegible] Directori der Lehns-
und Kirchen-Sachen/ auch Consi-
storial-Præsidenten.

Meinem gnädigen Herrn.

Hochwohlgebohrner

Gnädiger Herr

Euer Hochwohlgebohrnen Excellenz hatte im vorigen Jahr Herr Licent. Brenneysen seine unter mir gehaltene Inaugural-Disputation vom Recht eines Fürsten in Mitteldingen unterthänig zugeschrieben / und ist nebst mir nicht wenig über der ihm dieserwegen ertheilten gnädigen Antwort consolirt gewesen / weil zu eben selber Zeit uns die zu Leipzig vorgenommene Confiscation derselben kund gethan worden. Ob wir uns nun wohl anfänglich über solche confiscation gewundert / und die Ursache derselben nicht wohl begreiffen können / noch glauben wollen / daß solche von etlichen Theologen wegen des darinn erhabenen Fürsten- und im Gegentheil erniedrigten bisher prætendirten Clerisen-Rechts / und wegen etwas deutlicher Entdeckung des Arcani Pseudo-Politici, worzu man sich bisher der Formulæ Concordiæ bedienet/procuriret worden/ so haben wir doch ferner daran zu zweiffeln keine Ursach gehabt / nachdem uns Herr D. J. B. Carp-

Carpzovii zu Leipzig im Januario dieses Jahrs von dem Recht Theologische Streitigkeiten zu decidiren / gehaltene Disputation zu Gesichte gekommen/und wir darinnen gesehen/ daß der Mann disfalls uns hin und wieder mit stachlichten und injuriösen Worten angepackt. Wir haben aber für eine sonderliche Schickung Gottes gehalten / daß Herr Carpzovius die Disputation herausgeben müssen / weil GOtt verhenget / daß er die Papistische Lehren / die etliche Zanckſüchtige und unter dem Nahmen der Eyferer für Gottes Ehre sich verbergende Theologi in unserer Evangelischen Kirchen / oder wie sie sich heute zu nennen pflegen / die Theologi γνησίως Lutherani, bishero nach Lutheri tode ziemlich versteckt und verdeckt gehalten / rechtschaffen auskrahmen und ihre eigene Schande entblößen / müssen aber allen Lutherischen Politicis und treuen Dienern ihrer werthesten Obrigkeit die Augen auffthun müßen/was für AntiChristisches Wesen bisher hinter ihnen gesteckt / und sie durch den mit Beredung derer Politicorum bis dato sich angemaßten Gewissens-Zwang und Geistliche Tyranney / nunmehro auch an die Politicos selbst Hand anlegen / und ihre von Gott vorgesetzte hohe Obrigkeit unverantwortlich per latus Ministrorum in Grabe zu schmähen sich gelüsten lassen / auch damit nicht undeutlich zu verstehen geben / daß / da sie ohne dem durch bey den Haaren herzugezogene Sprüche der heiligen Schrifft vorgeben / daß in decidirung Theologischer Streitigkeiten der König dem Priester / nicht aber der Priester dem Könige nachgehen müsse / auch sich nicht entblöden zu sagen/daß der Fürst in dem nach ihrer Meinung und Uberlassung zukommenden sehr wenigen jure circa sacra, doch nicht das geringste ohne Einwilligung seiner Theologen thun solle / sie versuchen wie weit sie es mit solchen denen Fürsten in ihre Regagalien eingreiffenden Lehr-Sätzen bringen können / und ob sie mit guter manier die Fürsten und mit ihnen alles Volck bereden möchten / sich / wenn sie nur einmahl gewohnet wären ihnen nachzugehen / gar zu ihren Füssen zu legen / und die jenige Comedie mit sich spielen zu lassen / davon die Historici streiten / ob der Pabst so unverschämt gewesen sey / sich dessen mit dem Friderico Barbarossa zu unterfangen. Es hat mich dannenhero nicht alleine die Liebe zur Warheit / sondern auch absonderlich der unterthänigste respect gegen die Evangelische Fürsten überhaupt / nicht weniger die Danckbarkeit wegen des gnädigen Schutzes und Protection, den durch GOttes Gnade bisher nebst Sr. Chur-Fürstlichen Durchl. zu Brandenburg auch andere Evangelische Fürsten des Heil. Röm. R. mir und andern ehrlichen Leuten in unserer Gewissens-Freyheit wider das grimmige Verfolgen dieser Leute geleistet / verbunden / die Nichtigkeit der Päpstischen Lehren zu zeigen / und das Recht Evangelischer Fürsten wider solche Anti-Christische Attentata zu vertheydigen. Dieweil ich aber wegen der mir obliegenden function die Feder nicht selbst gebrauchen können / habe ich Herrn Licentiat Brenneysen vermocht / theils nach Anleitung meiner Lehr-Sätze / die ich diesen Winter durch in Lectione publica de jure principis circa sacra erkläret / theils nach der eigenen Erkäntniß / die ihn GOTT verliehen / solche Arbeit über sich zu nehmen / welches er auch willig gethan / und gegenwärtiges Werck verfertiget. Die Zeit ist hierzu kurtz gewesen / und die Arbeit ihm über verhoffen unter den Händen gewachsen. Und ob wohl ich nichts dran zu desideriren habe / so ist doch die materie wegen der vielen in unsere Jurisprudentiam Ecclesiasticam, eben durch die Maximen des Affter-Pabstthums / und die Nachläßigkeit der Juristen / die

mit

dit selbigen gezählet / eingeschlichenen Irrthümer / von sol-
her Schwere und Wichtigkeit / daß so wohl er als ich uns gar
schte weisen lassen werden / da etwan dieses oder jenes zu än-
ern / oder was etwa dunckel gesetzt worden deutlicher zu erklä-
en/oder etwa eines oder das andre zu limitiren wäre. Ich
abe bey dieser Gelegenheit / und weil die Sächsischen Theologi durch die verursachte confiscationes die bisher etliche Jahr
er mir gehabte Verfolgungen noch immer continuiren/und
mich diffamiren / nicht umhin gekont / einmahl für allemahl
ine zwar kurtze / aber verhoffentlich nachdrückliche Apologie
nzufügen / und Eurer Hochwohlgeb. Excellentz beydes / nach-
em Herr Licentiat Brenneysen mir seine Arbeit völlig über-
eben / unterthänig zuzuschreiben. Eurer Hochwohlgeb.
Excellentz mir nun etliche Jahr bey vielfältiger Gelegenheit er-
wiesene unverdiente Gnade hat mich erinnert / dermahleins
ierdurch meine Danckbarkeit / nach der Weise / wie es bey de-
en Gelehrten auff Universitäten herkommens so gut ich kan /
n unterthänigen Gehorsam abzustatten / auch zugleich von
Derselben / da etwa in einen und andern der rechte Weg ver-
fehlet seyn solte / gnädige information zu begehren. Denn
achdem unser Großmächtigster Chur-Fürst Eurer Hoch-
Wohlgebohrnen Excellentz die Ober-Direction in Kirchen-
Sachen gnädigst anvertrauet / und selbige solchen viele Jahre
er höchstrühmlichst vorgestanden / auch nach unsern Juristen
atein viel casus von Entscheidung Theologischer Streitigkei-
n in terminis terminantibus gehabt / und darinnen lob-
würdigste Proben der Ihr von GOTT verliehenen unge-
meinen sincerität und scharffsinnigen penetration gegeben /
nd noch geben / die Unschuldigen geschützet / die Muthwilligen /

Affter-Pabstthums, hergeholte Lehren [illegible] gleichmäßiget / als hat man sich zwar gefreuet / da man [illegible] / daß unsere Lehr-Sätze / der bißherigen in Ev. Christ. Durchl. Lan[illegible] dem üblichen Praxi sich conformirten / es mag aber wohl seyn / daß dieserwegen etwas Erinnerungen noch vonnöthen wären. Wie ich dannenhero gehorsamst bitte / Ew. [illegible] wohlgebohrne Excellenz wolle diese [illegible] cation gnädig auffnehmen / also flehe ich GOtt an / [illegible] den bewiesenen [illegible] Wohlthaten [illegible] nicht [illegible] lassen / sondern [illegible]

Summarischer Inhalt des gantzen Tractats.

Vorrede: Christl. Kirche und Republic seynd gantz unterschieden. Aber sie können einander die hülffliche Hand leisten. Wie die Christliche Kirche der Republic diene. Diese kan
jener am besten nützen durch rechtmäßigen Gebrauch des Fürsten-Rechts in Religions-sachen.
§. b. Dessen Mißbrauch ist sehr schädlich. Die Christen schaden mit dem gottlosen Leben der
Republic sehr. Bey Constantini M. Zeiten ist so wohl das gottlose Leben unter den Christen
sehr gewachsen / als auch der Mißbrauch des gedachten Fürsten-Rechts. Solches ist auff unsere Zeiten an vielen Orten continuiret durch Veranlassung der zancksüchtigen Clerisey. Die
Juristen haben mit ihren falschen principiis dazu viel geholffen. Status Controversiæ §. a
I. Satz. Zu eusserlichen Friede und Ruhe ist die Einigkeit in Religione
nicht eben nöthig. p. 7. Was die Religion sey. Unter Personen von unterschiedener
Meinungen kan Freundschafft seyn / vielmehr ein friedliches Leben. n. 1. Unterschiedene Conceptus in natürlichen Wissenschafften heben das fridliche Leben nicht auf / viel weniger in der
Christlichen Religion. In Holland leben unterschiedener Religions-Verwandten ruhig zusammen; Hn. Huberi Zeugniß von den Wiedertäuffern n. 2. Die bösen affecten der Menschen turbiren unter dem prætext der Religion den äusserlichen Frieden. Dessen Ursache. n. 3
Es ist nicht nöthig in Ansehn der Republic / daß die Unterthanen einerley Confession zugethan
seyn. Monzambani Judicium von der Reformirten Religion wird widerleget durch eine In-
stantz von den Lutherischen Ministerio. Die Gemeine wird bey den Lutheranern zu seh-
ausgeschlossen von Kirchen-Sachen n. 4. Der Unterscheid der Religion ist jederzeit ein Deck-
Mantel bey den falschen Politicis und Clericis gewesen. Exempel aus der Heil. Schrift
Aus den Römischen Rechte. II. Satz. p. 12, In Religions-Streitigkeiten is-
die Tolerantz das beste Mittel. Juristen haben sich auch bemühet eine Einigkeit z-
stifften unter den unterschiedenen Religionen. (Hutterus gibt einen Legulejum ab in seine-
Concordia Concorde, und hat kein judicium historicum.) Aber die Arbeit zum Vergleic-
ist bishero vergeblich gewesen. n. 1. Die Einigkeit der Religionen scheinet unmöglich. Desse-
Ursache ist / weil die göttliche Mysteria nur können durch Gleichnisse begriffen werden. n. 2
Worin die Tolerantz bestehe. Ist von dem Syncretismo unterschieden. Herrn Seckendorff
Zeugniß n. 3. Die Einigkeit des Glaubens bestehet nicht in Einigkeit der Confession. Wir-
mit einen Exempel bewiesen. Man kan nicht mehr prætendiren als die Tolerantz. n. 4
Gemeiner Mann henget an dem præjudicio autoritatis, und ist also gleich viel / ob sie de-
Lutherischen oder Reformirten Catechismum auswendig gelernet haben; Sie können b-
beyden zur wahren Busse und lebendigen Glauben angetrieben werden. Glaube ist e-
Wesen des Willens / und nicht des Verstandes. n. 5. Lutheraner und Reformirten sind i-
Haupt-Punct des Abendmahls mit einander einig. Wird mit einen Exempel erkläre-
Christi intention lehret uns den Haupt-Punct des Abendmahls / nemlich die Liebe gegen ih-
und unter einander. Der Lutherische und Reformirte Concept vom Abendmahl gehör-
nicht zum lebendigen Glauben. n. 6. Die Jünger Christi haben von der Controve-
nichts gewust. Cautel wider die Eyfferer / als wann dieses Syncretistisch wäre. n. 7. D-

Fu-

Fundamental-Articuln des Christlichen Glaubens sind nöthig. Was ein vollkommen Systema Theologicum sey; was vollkommene Christen seyn. Der Schächer am Creutz und die ersten Christen haben alle Fundamental-Articuln gewust/ aber nicht die jetzigen Controversien n. 8. Man judiciret den Zustand der ersten Christen nach dem jetzigen/ da mans doch umbkehren müste. Vollkommenheit der ersten Christen. §. 9. Ein gottloser Mann hat nicht die seligmachende Lehre bey sich. Das Exempel der Pharisäer beweiset dieses nicht. Seligmachende Lehre und heiliges Leben sind stets mit einander verknüpfft. Die jenige Theologie die ein gottloser Mensch lernen kan/ ist nicht die seligmachende Lehre. III. Satz. p. 26. Die Pflicht eines Fürsten bestehet in Erhaltung äusserlichen Friedens. Ein Fürst kan auff dreyerley Art betrachtet werden/ als ein Mensch/ als ein Christ/ als ein Regent. Dahero liegen ihm dreyerley Pflichten ob. Worinnen dieselben bestehen. Die Pflichten des Fürsten lernet er aus den Endzweck der Republiquen. n. 1. Republiquen sind wegen des äusserlichen Friedens eingeführet. Im Stande der Unschuld wären keine Republiquen gewesen. Die gegenseitige Meinung ist aus Regiersucht entstanden. IV. Satz. p. 28. Nicht aber seine Unterthanen recht tugendhafft zu machen. Ein Fürst ist als ein Mensch und Christ verbunden andere zur Tugend anzuführen. Aber nicht als ein Fürst. Es ist auch solches ihm unmöglich. Er thut seinem Ampte ein Gnügen/ wenn er die groben Laster verhütet. Tugend läst sich durch Zwang nicht erhalten. n. 1. Ulpianus in L. 1. §. 1. ff de J. & J. redet von Juristischer Tugend/ welche bey weitem keine Tugend ist. Das Römische Recht lehret keine wahre Tugend. Ulpianus raisonniret sehr übel in L. 4. §. 3. ff. de Condict. ob. turp. caus. Triboniani versehen in Excerpirung dergleichen Gesetze. n. 2. Constantinus M. vergönnet die Hurerey in L. 29. C. ad L. Jul. de adulter. Die Bischöffe hätten solches verhindern sollen. Constantinus ist ein Huren-Kind/ und hat deswegen den Legem gemacht. n. 3. V. Satz. p. 33. Noch in der Sorge für dererselben Seligkeit. Der Fürst als Fürst hat keine Mittel die Unterthanen fromm zu machen. Theodosius ist gar zu mild gewesen. Wie weit die Sorge der öffentlichen Schulen dem Fürsten als Fürsten zukomme. n. 1. Widrige Meinung ist nicht gegründet in der Vernunfft/ noch in der Schrifft. Deuteronom. XVII. wird erkläret. Von der Jüdischen Republiq läst sich nicht auff die jetzige argumentiren. Unsere Fürsten haben mehr Rechte in adiaphoris als die Israelitische Könige. n. 2. Das Recht der Israelitischen Könige war unterschiedlich/ nachdem die Gesetze entweder moral oder ceremonial oder Gerichtlich waren. In regard der beyden ersten wird er als ein Mensch und gemeiner Israelit betrachtet. Das gerichtliche Gesetze aber gehöret eigentlich für ihm. n. 3. Leipziger Disputation wird refutiret. Auff Constantini M. Exempel hat man sich wenig zu beruffen. n. 4. 1. Timoth. 2. v. 2. beweiset nicht/ daß Fürsten für die Seligkeit der Unterthanen sorgen müssen. Wie die Unterthanen für ihre Obrigkeit bitten. Exempel der ersten Christen/ wie sie gebetet. n. 5. Die Pflichten der Christlichen Regenten als Regenten werden durch das Christenthumb nicht verändert. Ob Constantinus M. ein rechter Pfleger der Christlichen Kirchen gewesen sey. Die Obrigkeit ist ein Pfleger der Christlichen Kirchen/ was den äusserlichen Frieden betrifft. Die innerliche Pflege ist von Christo als dem Haupte der Kirchen. n. 6. Die Christl. Kirche bestehet nicht aus drey Ständen/ sondern nur aus Lehrern und Zuhörern. Die entia

Mora-

Moralia, die in der Republiq betrachtet werden/ hören in der Kirchen auff. Die Christliche Kirche behält einerley Natur/ sie mag in der Republiq oder außer derselben seyn. n. 7. Leipziger Disputation contradiciret sich. Die distinction in Lehr-Wehr- und Nehr-Stand wird umgestossen. Die Kirche ist kein Stück der Republiq / sondern nur in der Republiq. n. 8. Die distinction inter potestatem internam & externam ist nichts nütze/ und gibt zu Irrthümern Anlaß. Leipziger Disput. defendiret diese distinction gar schlecht. Warumb man der Frömmigkeit so gehäßig. Zum Abendmahl kan niemand gezwungen werden. Irrige Lehren der Juristen aus dem jure Canonico n. 9. Was von Carpzovii Jurisprudentia Consistoriali zu halten. Das jus Canonicum hätte bey Anfang der Reformation abgeschaffet werden sollen. Elender Zustand der Jurisprudentz zur Zeit der Reformation. Lutheri Klage. Es wäre gefährlich gewesen zur selbigen Zeit eine Reformation in der Jurisprudentz vorzunehmen. n. 10. Protestirende Fürsten repræsentiren nur eine Person bey ihrer Regierung. Fundament der Meinung von zwo Personen. Diese distinction gibt zu einigen falschen Meinungen Anlaß. Wird mit den Exempel der Consistorien bewiesen. Das Consistorium ist ein Weltlich Gerichte. Die textus aus dem jure Canonico de judicio Episcopali schicken sich nicht auff unsere Consistoria. n. 11. Solches wird noch mehr bewiesen. Die Heilige Schrifft und jus Canonicum wird offt obtorto collo appliciret. n. 12. Die distinction inter jus Episcopale & jus sacrorum ist nicht nöthig. n. 13. Gebhardi Meinung von dem Consistoriis ist gantz irrig. Ein Fürst kan eine Sache von dem Consistorio avociren. n. 14. Strauchii observation von der [illegible] Person des Fürsten. n. 15. VI. Satz. p. 60. Und also auch nicht in derselben Bekehrung zur wahren Religion. Ein Fürst ist nicht verbunden / seine Unterthanen fromm zu machen / hat auch keine Mittel dazu. Conringii Meinung / was ein Fürst bey der wahren Religion thun müsse. n. 1. Wird examiniret. Ein Fürst muß auch schützen die jenige / die eine falsche Religion haben. Ubele conduite der Christen gegen die Juden im 4ten Seculo. Verwegenheit des Cyrilli. Nestorius ist selber ein rechter Ketzermacher gewesen. n. 2. Warumb die öffentliche Schulen eingeführet. Bey den Gottlosen sind sie am ersten auffkommen. Durch zeitliche Belohnungen werden keine Christen / sondern Heuchler. Solche Art zu bekehren ist eine Simonie. n. 3. Obrigkeit hat kein Recht jemand mit Gewalt zum Christen zu machen. Justinianus hat die Leute gezwungen zur Christlichen Religion. Er disputirete sehr scharff. Valentiniani Lob beschämet Constantinum, Theodosium, Carolum M. Carolus M. ist kein Rector veræ Religionis n. 4. Er hat den Pfaffen geschmeichelt (1) in eximirung von der Weltlichen jurisdiction, (2) durch Vermehrung ihrer autorität. Hat den Grund gelegt zur Päbstlichen Tyranney in Teutschland. Betrug der Geistlichen. (3) durch die excommunication. Wer Rector veræ religionis sey nach der Meinung der zanckSüchtigen Clerisey. Haben offt Jesuitische principia. n. 5. Pufendorff hat schon gelehret / daß ein Fürst nicht verbunden/ für die Seligkeit seiner Unterthanen zu sorgen. Pufendorff hat viel Irrthümer in Jurisprudentia Ecclesiastica gewiesen. n. 6. VII. Satz. p. 75. Kein Mensch und also auch kein Fürst kan über Geistliche Controversien durch einen Rechts-Spruch urtheilen. Was Theologische Controversien. Es ist nicht alles Theologisch

was die Systemata Theologica tractiren. Theologische Controversien gehören vor alle und jede. Affter-Pabstthumb der Leipz. Disputation. Mißbrauch des Worts Theologus. Alle Christen sind Theologi. n. 1. 2. Timoth. X. v. 2. Schliesset keinen Christen aus von Theologischen Controversien. Prediger und Theologus ist nicht einerley. Das Ampt zu vermahnen könne allen Christen zu n. 2. Dahero entstandener Mißbrauch. Gemeine Leute werden auf das præjudicium autoritatis gewiesen. Die Pharisäer worffen den Aposteln vor/ sie wären keine Theologi. Sie meineten/ sie dürfften allein von Theologischen Controversien judiciren. Refutirten die Leute mit schlägen. n. 3. Jerem. XXIII. 21. beweiset nicht / daß Juristen keine Theologica tractiren dürffen. Redet von unbußfertigen Predigern. n. 4. Ein Fürst kan keine decision machen in Theologischen Streitigkeiten. Ein jeder muß für seine Religion Red und Antwort geben; wenn er gleich von andern verdammet wird. Man gibt den Fürsten das Recht nicht Grammatische Streitigkeiten zu schlichten. Exempel. Wörter müssen im gewöhnlichen Gebrauche behalten werden. n. 5. Seckendorffs Zeugniß hievon. Unwarheit der Leipz. Disputation. n. 6. Grotii Meinung von dem Recht eines Fürsten. Seine Gründe. Jus approbandi præsupponiret jus improbandi n. 7. Grotius kan wieder die gemeine Lehre defendiret werden. Ist durch die Liebe verführet worden. In Weltlichen Streitigkeiten macht der Fürst das Urtheil. In Theoria doch erlangen sie niemahls vim rei judicatæ. n. 8. IIX. Satz. p. 92. Und also können auch solches Concilia und Theologi nicht thun. Der Apostel autorität war untrieglich / und doch waren sie bescheiden gegen andere Christen. Sie brauchten keine Weltliche autorität in propagirung ihrer Religion. Ihre Waffen waren geistlich. Sie führeten ihre Gewalt auff der Zung. n. 1. Lehrer brauchen keine Gewalt. Christus locket die Leute freundlich. n. 2. Rechtschaffene Prediger folgen dem Exempel Christi und seiner Apostel. Ein Lehrer hat kein Vorrecht in decidirung der entstehenden Controversien. Disputirende sind einander gleich. n. 3. Bey Predigern ist hier nichts sonderliches. Ecclesia repræsentativa ist aus dem Pabstthumb. Muß bey den Protestirenden gantz ausgetilget werden. Was das Ampt eines Predigers. n. 4. Leipziger Disput. refutiret. Wie sich ein Prediger bey Theologischen Streitigkeiten zu verhalten. Malach. II. v. 7. beweiset nichts. Handelt de faciendis. Gottloser Prediger hat kein Recht decision zu machen. Wie sich ein bußfertiger Christ gegen einen rechtschaffenen Lehrer verhält. n. 5. Ephes. IV. v. 11. Beweiset keine prærogativ der Prediger. Warumb Prediger seyn müssen. n. 6. Leipz. Disput. refutiret sich selbsten. Augspurgische Confession ist derselben zuwider. Docere ist kein decidere. n. 7. Theologische Facultäten haben kein Vorrecht in Theologischen Controversien. Juristische Facultäten können Urtheil machen. Responsa Theologica und Juridica differiren sehr. Jene werden nicht mit recht decisiones genant. Ein Professor Theologiæ ist ausser seiner Catheder kein Professor. Doctor Theologiæ hat kein Vorrecht. Mißbräuche der promotionen. n. 8. Was Concilia seyn/ was sie für Rechte haben. Die Bischöffe darauff sind keine Commissarii der Kirchen. Wird mit einen Exempel erkläret / ob Antinomiæ in Jure? Römische Juristen haben ohne Ursach von einander dissentiret. n. 9. Alle Concilia nach der Apostel Zeiten sind unchristlich und unvernünfftig/ (1) weil pluralitas votorum darinnen obtiniret/ (2) weil die streitende Partheyen selber mit votiret/ (3) weil man die Schlüsse hernacher gewaltsamer Weise exequiret. In Sachen/ die zum Verstande gehören gilt keine pluralitas votorum. In

Welt-

Weltlichen Collegiis muß man per pluralitatem votorum schliessen n. 10. Aber nicht in Theoretischen Streit-Fragen. Auf dem Concilio zu Chalcedonien ists tumultuarie hergangen. Und also ist der L. 4. C. de SS. Trinit. nicht Christlich. Man thut keinen Menschen unrecht / wenn man von ihm dissentiret. n. 11. Kläger und Beklagte können keine Richter seyn. Grotii Meinung hievon. Dieses ist nicht einmahl wider die Donatisten observiret worden. Ursache warumb man dieses auff den Conciliis nicht observiret. n. 12. Was unsere Theologi den Papisten vorwerffen in dem Process wider Lutherum / kan man allen Conciliis vorwerffen. n. 13. Wie man die methode per Concilia Controversien zu decidiren defendire. Wird widerleget und contradiciret sich selber. Diejenige werden insgemein pro orthodoxis gehalten / die am Hofe das meiste gelten. n. 14. Wie weit ein Fürst neue Symbola könne machen lassen. Die gantze decisio formalis fält zu Boden. n. 15. Die Decreta der Concilien sind mit Gewalt exequiret worden: solches beweisen unsere Codices. n. 16. IX. Satz. p. 125. Derowegen muß ein Fürst dieselben niemand auffdringen. Herrn Seckendorffs Meinung hievon. Wie weit ein Fürst recht habe / die Concilia zu confirmiren. n. 1. Ein Fürst hat das jus præsidendi auff den Conciliis, damit er verhüte / daß von hitzigen Köpffen die äusserliche Ruhe nicht turbiret werde. Disputationes werden meistentheils nicht aus Liebe zur Warheit gehalten. n. 2. Leipz. Disputation refutiret. Ein Fürst hat das jus præsidendi in Conciliis nicht aus Commission der Kirchen. Hieraus entstehet noch ein ander [illegible] n. 3. [illegible] gibt den Fürsten die blosse Execution. Und darumb läst man auch keine [illegible] / die [illegible]. Dadurch ist der Köhler Glauben eingeführet. n. 4. Ob man schlechter dings bey der decision der Theologen bleiben müsse. Gott klaget über das gottlose Wesen vieler Priester. n. 5. X. Satz. p. 136. Ein jeder hat für sich das Judicium decisivum in Theologischen Streitigkeiten. Ein jeder Mensch muß die Warheit vor sich untersuchen / wenn er erwachsen ist. Woher die Theologia sectaria entstanden. Was ein angehender Student in acht zu nehmen. n. 1. Wie man sich bey Theologischen Streitigkeiten zu verhalten habe. n. 2. Einwürffe hinwieder / daß dadurch die autoritas librorum Symbolicorum geschwächet werde. Was Confessiones seyn. Können niemand mit Gewalt auffgedrungen werden. Ein jeder hat Recht eine Confession zu machen. Unterscheid der Glaubens-bekäntnissen und der Gesetze. Libri Symbolici haben keine grössere autorität als andere Bücher. Was die Kirchliche autorität sey. Meinung der Wittenberger von den Libris Symbolicis. Hat viele Verfolgung nach sich gezogen. Hutteri Meinung von Verfolgung ist unchristlich. n. 3. In Widerlegung anderer Meinung kan man sich nicht auff Concilia oder Libros Symbolicos beruffen / noch auff die receptam doctrinam. Denn dieselbe können irrig seyn. Lutheri Meinung hievon. n. 4. XI. Satz. p. 145. Ein Fürst hat recht zu verhindern daß Theologische Streitigkeiten den äusserlichen Friede nicht turbiren. Hitzige Theologi können mit ihren Predigen und Schreiben viel Unfug anrichten. Sie stecken sich hinter die Gewaltigen im Lande / und haben rebellische Consilia. Diese Art ist wider die Aposteln auch gebrauchet worden. Was ein Fürst dabey zu thun habe. XII. Satz. p. 147. Auch einen Prediger der irrige Lehre hat seines Dienstes zu erlassen. Ein Fürst

b 3 hat

hat Recht zu untersuchen / ob ein Prediger bey der Confeßion [illegible]. [illegible] ist keine decisio controversiæ Theologicæ, sondern cognitio facti. [illegible] Exempel [illegible]von. XIII. Satz. p. 150. Auch zu verbieten / daß ein Fremder nicht aus der Gemeine gestossen werde. Jede Gesellschafft kan einen die Gemeinschafft [illegible] wer sich nicht nach den Gesetzen accommodiren will. Die Gesellschafften sind zweyerley [illegible] einige gehen auff zeitliche Güter / und können leicht dissolviret werden / [illegible] Liebe / und können nicht so leicht getrennet werden. n. 1. Application auff die Christliche Gesellschafft oder Kirche. Diese ist unsichtbar und sichtbar. Worin diese bestehe. [illegible] vollkommenere Gesetze als die Bürgerliche Gesellschafft. Kan also auch wegen [illegible] den getrennet werden / z. e. wegen Geitzes und Trunckenheit. n. 2. Wie die excommunication der ersten Christen gewesen. Matth. XVIII. redet nicht von der Ausschliessung vom [illegible]. Was sie für ein Absehen gehabt. Excommunicirter ward nicht als ein [illegible] tract[illegible] sondern als ein Bruder. n. 3. Juristische Regul / daß in dubio alle Collegia pro illicitis zu halten / ist irrig. Nach dieser Regul wären die Conventus nocturni der ersten Christen pro illicitis zu halten. Origenis defension wäre nicht zulänglich. Ob die Senten [illegible] gewesen. n. 4. Die Excommunication der ersten Christen hat keine Ceremonien gehabt. Historia qui [illegible] quæ secularis ist eine Ursache der falschen jurisprudentiæ Ecclesiasticæ. n. 5. Kirchen-Zucht und Weltliche-Straffe ist unterschieden in vielen Stücken. n. 6. Delicta Ecclesiastica & Secularia werden insgemein nicht deutlich erkläret. Viele delicta werden zu ecclesiasticis gemacht / die keine seyn. Die distinction unter geistliche Fehler und weltlichen Sünden ist sehr nöthig. Das jus Canonicum giebt hierinnen keinen deutlichen Concept. Das geistliche Gerichte ist in praxi verlohren. n. 7. Kirchen-Zucht kan bey jetzigen Zustande nicht eingeführet werden. Seckendorffs Meinung hievon. n. 8. Die Kirchen-Zucht / wie an vielen Orten ist / ist keine wahre Kirchen-Zucht. Darauff kan nicht appliciret werden Matth. XVI. 19. Nützet nichts zur Busse. Carpzovius refutiret. Grotius ingleichen. n. 9. Kirchen-Zucht muß nicht per modum pœnæ Civilis ausgeübet werden. Bey jetzigen Zustande hat doch ein Fürst die inspection darüber. n. 10. Es gehen viel Mißbräuche dabey vor / die ein Fürst verhüten muß. Ein frembdes Consistorium kan niemand aus einer frembden Gemeine excommuniciren; wird mit einem Exempel erkläret. n. 11. XIV. Satz. p. 16[illegible]. Auch denen Ministeriis zu verwehren / die Leute mit neuen Confessionibus zu plagen. Jus tolerandi ist das vornehmste Regal. Ministeria können mit einem bescheidentlich conferiren / aber keine neue Confeßion vorlegen. Tolerantz ist nützlich für die Kirchen und dem Staat. Wo Frembde nicht geduldet werden / da leget man sich auff die faule Seite. Dessen Ursache. Unterschiedener Religions-Verwandten / wenn sie geduldet werden / lieben den Fürsten mehr / als seine Religions-Verwandten. Dessen Ursache. n. 1. Lehre wider die Tolerantz verursachet viel Unglück, Exempel im dreyßigjährigen Kriege von D. Hoë. Unchristliches Edict einiger Niedersächsischen Städte wider die Reformirte im vorigen Seculo. Dessen Ursache. n. 2. Wie man jemand von seinen Irrthum abbringen müsse. Religions-Eyd ist unvernünfftig und unchristlich. Eyde sind eingeführet zu Bekräfftigung derer jenigen Rechte / die ein Mensch zu dem andern hat. n. 3. Man kan der Obrigkeit keinen Religions-Eyd leisten. Ursache. Consilia De[illegible] [illegible] in dieser materie. Gott hat im A. T. auff keinen Catechismum oder Confeßion de credendis von den Israeliten einen Eyd gefordert

dert / sondern de faciendis. Christus repræsentirete die Persohn eines Lehrers / und also hat er von seinen Jüngern keinen Eyd gefordert. Ein Lehrer der einen Eyd fordert / hat kein Vertrauen zu seiner Lehre. Wer einmahl auff eine Confeßion geschworen / und gehet hernach davon ab / begehet keinen Mein-Eyd. Ursache. n. 4. Obrigkeit und Unterthanen können keinen Vergleich machen wegen einer gewissen Confeßion. Pacta werden gemacht de rebus, quæ sunt in commercio, dahin die Religion nicht gehöret. Objection/ daß Theologische Dinge aus Juristis. principiis nicht müßen deduciret werden. Antwort (1) Diese Frage ist nicht pure Theologica quæstio. Wird aus dem Recht der Natur deduciret. (2) Theologische Fragen können wohl aus Juristischen principiis erkläret werden. Dessen Exempel in der H. Schrifft / in der gantzen Theologia. Gott hat solche Redens-Arten gebraucht / die die Menschen am leichtesten verstünden. Dessen Nutzen. Juristische Termini sind besser als Metaphysici. Exempel in der Controvers de necessitate bonorum operum ad salutem, de remissione peccatorum. Zancksüchtige Theologi gebrauchen sich Juristischer Wörter / aber sehr übel. n. 5. XV. Satz. p. 179. Auch gütlichen Vergleich vorzunehmen. Viele Streitigkeiten bestehen in Worten. Exempel an dem Nestorio. Conduite des Theodosii in diesem Streit. Cautel wider die Eyferer n. 1. Philastrius hat viele Meinungen zu Ketzereyen gemacht / die keine seyn. Exempeln. n. 2. Constantinus M. hat Alexandrum und Arrium sehr zum Vergleich ermahnet. Sein judicium von dem Streit. Darin hat er löblich gehandelt. Ist unglücklich gewesen wegen der [illegible]. [illegible] man sein Exempel anführen könne. n. 3. XVI. Satz. p. 183. [illegible] das Schmähen und Lästern auff den Cantzeln und sonsten zu verbieten. Des Hn. Geh. Raths Strycks und Hn. D. Speners judicia de tractatione Elenchi. §. 1. Ein Fürst kan Versicherung fordern von Leuten / die zum Zancken incliniren. Bey defendirung der Warheit ist kein Schmähen nöthig. Die solches thun / können sonsten ihre Sachen nicht defendiren. Modestia JCtorum. Ein Mensch hat nicht viel Zeit übrig bey seiner Busse auff Theoretische Fragen zu gedencken. Conceptus mere intellectuales sind in der Theologia unnöthig. n. 2. XVII. Satz. p. 188. Auch umb Erhaltung äußerlichen Friedens sonst zuläßliche Dinge zu verbieten. Exempel hievon. n. 1. Aber hiebey ist grosse Fürsichtigkeit nöthig / wegen der Mißbräuche / die daraus entstehen können. n. 2. XVIII. Satz. p. 191. Jedoch keinen Ketzer mit Weltlicher Straffe zu belegen. Warumb Weltliche Straffen eingeführet. Conrings judicium von der Straffe der Ketzer. n. 1. Meinung der Juristen von den Ketzern aus dem Carpzovio. Refutation. Lutheri Meinung hievon. n. 2. (1) Objection, jetzo könten die Ketzer wohl bestrafft werden / aber nicht in der ersten Kirchen. Antwort darauff. n. 3. (2) Objection, man straffe sie wegen Halsstarrigkeit. Antwort darauff. Wie man mit Ketzern umgehen müße. Darwider wird in praxi pecciret. Prediger können sich nicht wohl mit Hunden vergleichen. n. 4. Ketzer müßen ehrlich begraben werden. Conrings judicium. Superstition von den Gotts-Ackern. Der Compilatorum juris Justinianei versehen. n. 5. Carpzovii Meinung von dem Begräbniß der Catholischen und Reformirten an Lutherischen Oertern. Ob Reformirte mit zu dem Religions-Frieden gehören. Erklärung des Instrumenti pacis von den drey Religionen. n. 6. XIX. Satz. p. 200. Aber wohl zur emigration anzuhalten. Unterscheid unter emigration und Relegalegation, oder Landes-Räumung und Landes-Verweisung. [illegible] emigrationem gründe. Muß absque infamia geschehen. Exempel [illegible] Rettung der Unschuld des Evangelii. Mißbrauch dieses Exempels [illegible] des instrumenti pacis von der emigration zwischen Protestirenden [illegible] ner unter sich selbst. Diese können das jus Reformandi gegen einander [illegible] wie gegen die Catholischen. Warumb der Artic. VII. præcise nur de [illegible] handele. Antwort auf die dubia. n. 2.

Ander Theil. p. 209. Grund-Irrthümer der Disputation des Herrn Carpzovii. n. 1 Die Christliche Kirche hat kein Recht / gewaltsame Decisiones zu machen. [illegible] der ihre Natur und Eigenschafften. Wie sie andere suche zu gewinnen. Matth. XVIII. [illegible] Handelt gar nicht von einiger Decision in Controversiis Theologicis [illegible]. I. Tim. III. [illegible] handelt auch nicht davon. Wie die wahre Christliche Kirche ein Pfeiler der Warheit sey. Was Warheit sey nach dem Sinne der Heil. Schrifft. Mißbrauch dieses Worts. [illegible] der Heil. Schrifft. n. 3. Attributa der Christlichen Kirchen. Herr Carpzov [illegible] ex concessis refutiret. n. 4. Ein jedes Glied der Kirchen hat Recht vor sich eine Decision zu machen / wie ers vor GOTT zu verantworten meinet. Und also bleibe vor der Kirchen überhaupt nichts übrig. Ursachen. n. 5. Unterscheid in diesem Stück zwischen der Geistlichen Societæt und der Weltlichen. Die Geistlichen Güter der Kirchen kommen einem jeden Gliede pro indiviso zu. n. 6. Wie der Heil. Geist richte. Wozu derselbe den Menschen antreibe. Objection, daß sich einer betrügen könne / ob er den Heil. Geist habe. Antwort. n. 7. Auf dem Concilio zu Jerusalem war keine Decisio per modum [illegible] judicialis, sondern per modum arbitrii. Was Jacobus dabey gethan habe. Unterscheid [illegible] den damahligen Bischöffen und heutigen Superintendenten. Fünff Differentien [illegible] dem Concilio Hierosolymitano und Nicæno. n. 8. Was hiedurch von der Leipziger Disputation zu Boden falle. Carpzovius JCtus wird einer Contradiction beschuldiget / und [illegible] dem Herrn Autore elend defendiret. n. 9. Die Glieder der Christlichen Kirchen brauchen keine gewaltsame Decision. Ursachen. Das Reich Christi braucht keine äusserliche [illegible] che Macht. Objection von Vielheit der Controversien refutiret. Toleranz mache kein Unwesen / sondern deren Verweigerung. Exempel hiervon. n. 10. Was Herr Carpzov der Obrigkeit vor Recht gebe. Bleibe nichts übrig als die execution desjenigen / was die Theologi decidiren. n. 11. Man hat dieses in süssen Worten verstecken wollen / aber sich doch entblösset. Contradiciret sich selber. Was Verführer seyn nach dem Stylo der zancksüchtigen Theologen. n. 12. Exempel. An der Historie mit dem Johanne und Cerintho wird [illegible] felt. n. 13. Man bindet den Fürsten in adiaphoris an die Meinung seiner Theologen. Was daraus folge. Man verstümmele dem Fürsten sein vornehmstes Regal, und räume dem Ministerio die potestatem externam mit ein. n. 13. Dadurch ist das Affter-Pabstthum gäntzlich entdecket. Dessen Unheil. n. 14. Was das Volck für Recht habe nach der Leipz. Disputation, nemlich die Ehre das anzunehmen / was die Theologi ihnen vorschreiben. Ob die Formula Concordiæ könne für einen Librum Symbolicum gehalten werden / auch an denen Oertern / da sie angenommen. Wittenbergische Theologische Facultæt meinet / man könne für seine Nachkommen Glaubens-Bekäntnüsse machen. n. 15. Was von Carpzovii Vorschlag zu halten sey in causa pietistica. Der Vorschlag / so neulich von jemand publiciret / ist wohl gemeinet / aber übel gegründet. Was das beste Mittel sey. Schluß. n. 16.

HERR gib Gnade!

Von dem Recht eines Fürsten in Theologischen Streitigkeiten.

Vorrede.

§. I.

DJe Christliche Kirche und das gemeine Wesen sind zwar nicht allein ihrem Ursprung / sondern auch ihrer Natur und Eigenschafft / ja auch ihrem Endzweck nach / gantz unterschiedene Collegia, indem jene so fort bey der Schöpffung unserer ersten Eltern / dieses aber eine gute Zeit nach dem Fall / bey Vermehrung des Menschlichen Geschlechts und dessen Boßheit / ihren Anfang genommen / jene aus dem Bunde des grossen GOttes mit den Menschen zur Beförderung der ewigen Glückseligkeit / dieses aber aus der Verbündligkeit vieler Menschen unter einem Menschlichen Ober-Haupte / zur Erlangung zeitlicher Ruhe und Friede bestehet; Gleichwohl aber sind dieselbe gegen einander also beschaffen / daß sie / wenn sie in ihrem rechten Gebrauch stehen / einander gantz nicht hindern / sondern vielmehr ihren Zweck gegen einander befördern

dern können. Von der Christlichen Kirche und dero rechten Eigenschafften ist nicht zu zweiffeln / daß sie den wahren Nutzen der Republic befördere; Denn sie lehret ihre Glieder den Ehr-Geitz / Geld-Geitz und Wollust / als den eintzigen Brunnquell alles Unglück's zu dämpffen / und durch die würckende Gnade GOttes in Heiligkeit und Gerechtigkeit zu leben / woraus nothwendig auch die wahre zeitliche Glückseligkeit muß hervorkommen / weil alles Unheil in dem gemeinen Wesen seinen Ursprung hat von solchen Lastern/wider welche die Christl. Lehre am meisten streitet / wie solches der HErr von Puffendorff in seinem neulichen Tractat de Consensu & Dissensu inter Protestantes §. 56. wohl angemercket / indem er spricht: Daß alles dasjenige / was die Philosophi von einem honêten Leben in ihren Schrifften vorstellen / gantz albern und stinckend sey / wenn es gehalten werde gegen die Lehre Christi und seiner Apostel. Dannenhero auch der Herr Seckendorff in seinem Christen-Staat allenthalben weiset / daß die in der Republic bey allen Ständen im Schwange gehende Mängel durch Beobachtung der wahren und ewigen Glückseligkeit am meisten können gebessert / gereiniget und geheiliget werden. Von dem gemeinen Wesen zwar lässet es sich auf diese Art nicht wohl sagen / daß es den Zweck der Christlichen Religion befördere / weil die Mittel / derer es sich bedienet / nicht zulänglich seyn / der Christlichen Religion den Nutzen zu bringen / den diese jenem gibt; Dennoch aber / wenn diejenige / denen die Sorge für das gemeine Wesen anvertrauet / durch das Christenthum ihre eigene Mängel gesehen/und durch ein heiliges Leben dessen Krafft

ihren

ihren Unterthanen zeigen / und mit gutem Exempel also vorgehen / können sie bey denselben viel Nutzen schaffen/ weil diese sich gemeiniglich nach dem Exempel ihrer Ober-Herren zu reguliren pflegen ; Ja sie können auch durch rechtmäßige Gesetze und deren Handhabung denen groben Lastern steuren/ daß rechtschaffene Lehrer und Prediger desto bessere Gelegenheit haben / die wahre Buß ihren Zuhörern einzuschärffen / und die Gemüther allgemählig dahin zu disponiren/ daß sie endlich von dem rechtschaffenen Wesen in Christo einen Geschmack kriegen/ und im Geist und in der Warheit erkennen / was für ein grosser Unterschied sey unter einem nach der Welt-Art honnêten, und recht Christlichen Leben. Dahin gehöret das Christliche Edict unsers Gnädigsten Chur-Fürstens von Heiligung des Sabbaths / darinnen ernstlich anbefohlen wird/an denen Sonn- Fest- Buß und Bet-Tagen nicht allein mit allen Handthirungen/ Verkauffen und Arbeiten / sonderlich unter währendem GOttesdienste einzuhalten / sondern auch in den Schencken / Bier- und Wein-Häusern den gantzen Tag über keine Gäste zu setzen / ꝛc. Am meisten aber kan ein Fürst der Christlichen Religion dienen / wenn Er sein Recht in Religions-Sachen rechtmäßig gebrauchet / denen andern nicht zu viel einräumet / auch selber nicht über die Schnur hauet.

§. II.

Und dieser Mißbrauch ist dannenhero desto mehr zu vermeiden / je gefährlicher er ist. Zwar ist es ein betrübtes Wesen / wenn ein Fürst in andern Regalien excediret / allein dieses bringet nicht so grossen Schaden als der Mißbrauch des Rechts in Religions-Sachen. Die Christliche Religion ist eine zärtliche Sache / und will mit gelinden Händen tractiret seyn / am meisten aber ist ihr der Zwang zu wider. Wie nun die Glieder der Christlichen Kirchen / so lange sie in der Republic gewesen / an ihrer Seiten allen Fleiß hätten anwenden sollen / durch ein heiliges Leben die Unordnungen zu verhindern / so hätten auch alle Fürsten sich ihrer Pflicht in Beobachtung ihres Rechts erinnern / und die Natur und Eigenschafft dieses Rechts wohl bedencken sollen. Aber da ist es bald nach der Apostel Tode versehen worden. Das Christenthum ist in viele unnütze Streitigkeiten verwandelt / die Liebe ist in den Hertzen der Zuhörer erkaltet / und die Lehrer haben mehr auf die so genannte Reinigkeit in der Lehre / als dem Leben gesehen / vornemlich da die Heydnischen Philosophi ihre bisherige Lehren suchten mit der Christlichen Religion zu verbinden / oder diese aus jenen zu erklären und zu illustriren / dahero Tertullianus in lib. de anima c. 23. des Platonis Schrifften / derer sich die ersten Christen am meisten bedienet / nennet eine Speise-Kammer aller Ketzerey; Und dieser verderbte Zustand des Christenthums bey vielen / ward vermehret / nachdem Constantinus M. aus weltlichen Absehen zu der Christlichen Religion sich bekante. Da geschahe es nun / daß dieser durch Veranlassung der Bischöffe das Recht in Religions-Sachen sehr mißbrauchte / und wegen anderer Meinungen / als diejenige hatten / die am Hofe das meiste vermochten / die Dissentirende verfolgete. Die Bischöffe auf dem Concilio zu Nicæa waren hitzige Köpffe / und prostituirten sich in die Wette / wie aus vielen Umständen

ständen der Historie zu ersehen / und disponirten den guten Kayser dahin / daß er ihre Sätze mit dem Schwerdt defendiren muste. Und nachdem Constantinus M. gestorben / und bey seinem Sohne Constantino die Arrianische Parthey die Oberhand erhielte / so musten die Orthodoxi wieder leyden / und trieben es die Arrianer ihnen wieder ein / was sie ihnen bey Constantini Zeiten erwiesen. Zu Antiochien ward ein Concilium gehalten von 99. Arrianischen Bischöffen / in Beyseyn des Constantii, allwo die Lehren des Concilii Nicæni verdammet / und ein neues Symbolum gemacht wurde. Und so giengs unter den folgenden Kaysern allemahl / daß diejenige Parthey / die am Hofe am stärckesten / die Dissentirende druckte und verfolgete / welche Tragœdien man nicht ohne Verwunderung bey den Historicis lesen kan. Wenn wir in die Historie nach der Reformation nur etwas zurücke sehen / finden wir eben dergleichen processen auch in unserer Kirchen / indem man durch Verfertigung gewisser Bücher in die Gewissen gedrungen / die Conceptus von Göttl. Sachen darnach einzurichten / und die sich solches zu thun verwegert / mit Landes-Verweisung oder anderer härterer Straffe beleget. Ja die itzige Zeit giebt uns davon gnugsam Zeugniß / was für eine infallibele autoritæt sich viele Theologi anmassen / wie sie wider die Dissentirende wüten und toben / dieselbe verfolgen / und ihnen allen Tort anthun / wie sie Königliche und Fürstliche Edicta, wiewohl meistens sub- & obreptitiè, auswürcken / drauf trotzen und andern Hohn sprechen / gleich als wenn sie die Warheit auf diese Art wohl defendiret hätten / wenn sie den Widrig-Gesinneten das Maul stopffen / daß sie nicht muchzen dürffen. Ja man hat sich nicht geschämet / diesen unchristlichen Procesś in einer weitläufftigen Disputation zu Leipzig suchen zu defendiren und zu behaupten. Und gestehe ich gar gerne / daß in den meisten juristischen Büchern / die von dem Recht eines Fürsten in Religions-Sachen geschrieben / dieses Wesen auch approbiret wird / wie davon sonderlich kan gelesen werden eines Anonymi Scriptum, unter dem Titul: Commonefactio de Juris consulti fine & indissidiis dogmatum Ecclesiasticorum officio, wie davon unten ein und ander Exempel soll angeführet werden. Denn weil es leider! mit unser Jurisprudentia Ecclesiastica so beschaffen / daß man ihr bishero das gottlose Jus Canonicum zum Grunde geleget / und aus demselben und deren Commentatoribus seine Bücher in dergleichen Materien angefüllet / auch sich bishero beredet hat / daß die Art zu procediren / deren sich Constantinus M. Theodosius M. und andere bedienet / Christlich und löblich sey / vornemlich da man findet / daß die so genannten Patres Ecclesiæ, Athanasius, Ambrosius, Augustinus, Cyrillus, Hieronymus und andere dieselbe approbiret / ists dahero geschehen / daß die Bücher der protestirenden Juristen mit solchen unchristlichen principiis angefüllet seyn. Ich will ietzo mit Hindansetzung aller Menschlichen autoritæt und Bücher / nach den einfältigen Gründen des allgemeinen Christenthums / die ja billig ein jeder wissen soll / er sey von was profession er wolle / und denn nach den Regeln des allgemeinen natürlichen Rechts / diese gantze Lehre von dem Recht eines Fürsten in Religions-Streitigkeiten / und wieweit sich dasselbe erstrecke / in gewisse Sätze verfassen / und mit gehörigen Erklährungen die-

dieselbe erläutern / auch so dann etwas deutlicher die Nichtigkeit der Lehren / so in besagter Leipziger Disputation behauptet werden wollen / anzeigen.

I. Satz.

Zur Ruhe und Friede in dem gemeinen Wesen ist nicht nöthig / daß die Unterthanen einerley Religion zugethan seyn.

Erklährung.

§. I.

Durch die Religion verstehe ich die Meinungen von GOtt und Göttlichen Sachen / und den öffentlichen nach solchen Meinungen angestellten Gottesdienst. Daß nun unterschiedene Religionen an und für sich selbst den Staat nicht verunruhigen / lehret wohl die Vernunfft / als Erfahrung. Jene zeiget / daß zur Freundschafft zweyer oder mehr Privat-Personen gar nicht nöthig sey / daß sie einerley Meinungen hegen. Denn es heist: idem velle & idem nolle ea demum vera est amicitia, aber nicht: idem sentire vel concipere, weil die Freundschafft im Lieben bestehet / dieses aber hat seinen Sitz im Willen / und nicht im Verstande / und also schadet der Unterscheid der Meinungen des Verstandes der Liebe nicht / weder der Vernünfftigen noch Unvernünfftigen. Vielweniger hindern die unterschiedene Conceptûs, daß nicht Leute solten friedlich miteinander leben können / weil dieses nicht auf eine so genaue Verbindung als die Freundschafft gehet.

§. II. Will

§. II.

Wil man auf die Erfahrung gehen / so siehet man/ daß auf einer Universität so wohl Professores als Studenten von unterschiedenen Meinungen friedlich mit einander umgehen können / auch solches würcklich thun. Wie nun dieses unter eintzelen Personen und in denen kleinen Societæten zugehet/ so verhält sichs auch eben in denen Republiqven / als grossen Gesellschafften / weil diese aus vielen kleinen Societæten bestehen. Wann nun in natürlichen Wissenschafften die unterschiedene Meinungen den Staat nicht verunruhigen / so geschichts vielweniger durch unterschiedene Christliche Religionen / weil keine Secte unter denen Christen ist / die nicht ihren Gliedern die Lehre Christi von der Liebe einschärffet / wiewol eine mehr als die andere. Und also weil solche unterschiedene Religionen darinnen überein kommen / daß man andern zum wenigsten die allgemeine Pflichten des natürlichen Rechts / die auf den äusserlichen Frieden gehen / nicht versagen soll / so findet man keine Ursache / weswegen zum äusserlichen Frieden einerley Religion in der Republic nöthig sey. Wer dieses nicht begreiffen kan oder wil / der gehe nur in Holland / und sehe/ ob der Unterschied der Secten die Republic verunruhige. Ein jeder sorget für das Seinige / und weil alles auff den Handel und Kauffmannschafften gehet / siehet man nur darauf / ob einer ein ehrlicher Mann sey/ und seine gegebene Parole halte/ im übrigen feindet man niemand wegen seiner Religion an. Die Wiedertäuffer selber / die bey uns in Teutschland in so übelm Credit stehen / leben daselbst gantz ruhig / und giebt ihnen der Herr Hüber in seiner Historia Civili das Zeugniß / daß sie gute Unterthanen seyn.

§. III. Wann

§. III.

Wann man dannenhero lieset und siehet / daß unterschiedene Religions-Verwandten in einer oder mehr Republiquen einander hassen / und öffentliche Feindschafft beweisen / hat man sicher zu schliessen / daß nicht die unterschiedene Meinungen / sondern **unzeitiger Eyfer / Zorn / Ehrgeitz / Rachgier und andere böse affecten der Menschen Ursach zu solchen Unwesen geben** / indem hitzige Köpffe es für eine grosse injurie auslegen / wenn sie andere neben sich leiden sollen / die nicht einerley Meinungen mit ihnen seyn / weil sie schliessen / daß sie von ihnen auff diese Art stillschweigend eines groben Irthums beschuldiget / und folgends für Narren gehalten werden. Wenn nun bey der andern Parthey eben solche Gemüther zu finden / die diese opinion von sich hegen / muß es nothwendig in Haß und andere unziemliche Sachen ausbrechen / und daraus siehet man denn / daß die Unart der Menschen und ihres Willens an solchen Wesen schuld sey.

§. IV.

Dannenhero es denn zum äusserlichen Frieden unnöthig ist / dahin zu arbeiten / daß die Unterthanen einerley Confession haben. Es schadet und nützet der Republiq nichts / ob einer z. e. Lutherisch oder Reformirt sey / gleich wie einen Herrn nichts daran gelegen ist / ob er einen Reformirten oder Lutherischen Diener habe / wenn sonsten der Diener nur treu ist / welche qualität mit der Religion / so ferne sie für eine Confession oder Kirchen-Gebrauch genommen wird / nichts zu thun hat. Ich weiß zwar wohl / daß der sonst scharffsinnige Monzambano c. 8. §. 7. meinet / die Reformirte Religion schicke sich besser zu einer Democratie als Monarchie / weil sie das gemeine Volck zu

Kirchen-Sachen mehr admittire als die Lutherische/ (als worinnen man gerne eine aristocratische Regierung einzuführen sucht/und an den meisten Orten schon eingeführet hat/ davon unten mit mehrern sol gehandelt werden;) und dahero schliesset/ daß jene die Gemüther dahin disponire / daß sie auch in Weltlichen Sachen etwas mit zu sagen haben wollen. Aber ich weiß auch / daß der Herr Thomasius am besagten Orte die Unzulängligkeit dieser Meinung weiset / indem auff gleiche Art wider die Lutherische Religion könte geschlossen werden / daß weil sie das Ministerium in geistlichen Sachen meistentheils regieren läst / dieses dahero anlaß nehmen möchte / dem Fürsten auch in Weltlichen Sachen den Gehorsam zu versagen / zumahlen da schon bey Constantini M. Zeiten die Bischöffe mit solchen principiis schwanger gegangen / daß sie sich der Weltlichen Gewalt gantz zu entziehen getrachtet/ wie man davon unterschiedene Proben noch in unserm Codice lesen kan. Zudem so ist auch ja bekant/ daß so wohl rechtschaffene Theologi als Politici schon darüber geklaget / daß man in den Lutherischen Kirchen die Gemeinde gar zu sehr ausgeschlossen/wie zu lesen ist bey den Hn. Seckendorff in seinem Christen-Staat 3.12.2. in addit. Dahero cann Monzambano keine Ursach gehabt / dieses als einen Politischen Fehler der Reformirten Religion vorzuwerffen/ sondern er hätte vielmehr den Mangel bey unserer Lutherischen Kirchen erinnern sollen / davon ich unten mit mehrern handeln will.

§. V.

Bleibts also dabey / daß die Religionen an und für sich selbst nichts zur Verunruhigung des Staats contribuiren / wiewohl sie allezeit zum Deckmantel von den falschen Politicis

cis und Clericis gebrauchet werden / daher man Gelegenheit genommen hat / dissentirende zu verfolgen. Aus der Apostel Geschicht cap. 16. vers. 20. und cap. 24. v. 5. ist bekant / daß dem Heil. Paulo unter andern auch vorgeworffen wurde / da er die Lehre von der Busse predigte / er machte den gantzen Erdkreiß irre / und erregte allenthalben Auffruhr / weil die blinden Leute sich beredeten / es könte der Staat nicht in Ruhe und Friede bleiben / wenn sie nicht bey ihrer hergebrachten Religion verblieben / die Leute würden durch diese Lehre nur melancolisch und irre gemacht / und reimte sich also mit ihrem bisherigen Wesen nicht. Wohin auch gehet das Römische Gesetze bey dem Juristen Paulo *Recept. sentent. Lib. 5. Tit. 21.* Qui novas vel usu vel ratione incognitas Religiones inducunt, ex quibus animi hominum moveantur, honestiores deportentur, humiliores capite puniantur, das ist: **Die jenige / so neue und entweder bisher nicht gewöhnliche oder der Vernunfft unbekante Religionen einführen / von welchen der Menschen Gemüther beweget werden / sollen aus dem Lande gebannet werden / wenn sie etwas vornehmer sind / geringe und gemeine Leute aber / sollen mit der todes Straffe beleget werden** / nach welchem gottlosen Gesetze viele Christen ohne Zweiffel haben müssen ins Graß beissen / wie denn die meisten Verfolgungen aus diesem Grunde wider die Christen seynd angestellet worden / wie davon beym Arnobio und andern weitläufftig kan nachgeschlagen werden. Ja der Käyser Diocletianus gebrauchte diesen prætext als das stärckste Fundament die grausamen Verfolgungen wider die Christen anzustellen / wie aus seinem Edict zu sehen / in dem bekanten

Tractat genant *Collatio LL. Judaicarum & Romanarum Tit. 14.* über welches Edict der Dessauische Vice-Cantzler BARTHOLOMÆUS GORIZIUS einen artigen Commentarium geschrieben / und solches auff den Zustand seiner Zeit appliciret hat.

II. Satz.

In Religions-Streitigkeiten ist das beste Mittel die tolerantz der dissentirenden.

Erklärung.

§. I.

Es ist bekant / daß so lange die Streitigkeit nach der Reformation im schwange gangen / von denen Mitteln zur Vereinigung unzählige Anschläge und Bedencken von unterschiedlichen Gelahrten heraus gekommen / worunter sich auch einige von unsern berühmten Juristen voriges Seculi signaliret / als Franciscus Balduinus, Franciscus Hottomannus, welcher letzte auch wider die Formulam Concordiæ unter dem Nahmen Johannis Palmerii eine protestationem nullitatis heraus gegeben / und deswegen von dem Hutterô de Concordiâ Concord. cap. 32. sehr hart tractiret wird / und da er sich umb die Jurisprudentz so herrlich verdient gemacht / den Nahmen eines Leguleji davon tragen muß / welches ich dem guten Huttero nicht verdencken kan / weil er ja keinen Unterscheid gewust unter einen Legulejo und rechtschaffenen Juristen. Und hat er ja selber die Art eines Leguleji wohl ausgedrucket / indem er zum Beweiß / daß man des Peuceri historiæ

historiæ Carcerum nicht glauben dürffe / unter andern Leges aus dem Corpore Juris anführet / daß einem perjuro kein Glaube beyzumessen / wodurch er offenbahr fidem historicam cum fide Judiciali seu juridicâ vermischet / und also [illegible] zu verstehen gibt daß / da er Historiam Formulæ Concordiæ schreiben wollen / dennoch gar kein judicium Historicum habe; allein ich wil mich mit dem Huttero in defendirung des Fr. Hottomanni nicht weiter auffhalten / sondern nur dieses erinnern / daß der Ausgang gewiesen / daß dergleichen Vernehmen bißhero vergeblich gewesen / was für eine ehrliche intention auch solche friedfertige Scribenten mögen gehabt haben.

§. II.

Der Herr Pufendorff in seinem dißfalls geschriebenen und nach seinem Tode puplicirten Tractat, spricht §. 7. Conciliatio religionum præsenti humanorum morum facie optanda magis quam speranda tum propter præjudiciorum à puerô inolitorum pervicaciam, tum ob humani ingenii superbiam, alios sapientiores videri dedignantem, ac vel in odium alterius semel placita tueri pertinacem, præsertim ubi dissentientem impunè spernere possit: Ja wenn man die Sache etwas gründlich ansiehet / scheinet es fast unmöglich / daß alle Menschen eine Confession in göttlichen Sachen annehmen solten. Denn ob zwar der Herr Pufendorff in besagtem Tr. §. 9. meinet / es können alle Theologische Streitigkeiten nach der Richtschnur des göttlichen Worts dergestalt untersuchet werden / daß man klar und deutlich erkenne / welche Meinung wahr oder falsch / so folget doch daraus nicht / daß alle Menschen darinnen können einig werden. Denn weil es in solchen Fall auff Erklärung der

Heil. Schrifft ankömt / so kan zwar ein jeder vor sich darinnen eine Gewißhit überkommen ; Aber weil die Göttlichen Geheimniß unbegreifflich / und sich also durch Gleichnisse nur begreiffen lassen / alles das jenige aber / was man auff diese Art concipiret / auff unterschiedene Art kan begriffen werden / also daß alle Gleichnissen doch in einem dritten Dinge mit dem prædicatô eine Gleichniß haben / und also alle wahr seyn / so scheinet die conformität der Concepten in göttlichen Sachen unmöglich zu seyn. So kan ein Poët die Schönheit mit Perlen / ein ander mit Rosen / ein dritter mit Lilien vergleichen / und ein jeder findet in seinem Gleichniße etwas / das mit der Schönheit übereinkömt. Und wenn man sagen wolte / dieses Exempel schicke sich hieher nicht / weil von natürlichen Sachen sich auff Göttliche nicht argumentiren lasse / so ist die Antwort gar leicht. Denn gehet dieses an in natürlichen und begreifflichen Sachen / vielmehr muß es in denen unbegreifflichen göttlichen Geheimnissen gelten / weil diese ihrer Natur und Eigenschafft nach von denen Menschen unbegreifflich seyn / und also nothwendig durch ein Gleichniß müssen erkläret werden / weil man kein eintziges prædicatum hat / welches eigentlich die göttliche Geheimnissen dem Menschlichen Verstande vorstelle / und deren Wesen gantz ausdrucke / sondern es bleibet allemahl das meiste übrig / davon der Mensch gestehen muß / daß ers nicht begreiffe. Man lese nur z. e. die eintzige Controvers von der Persöhnl. Vereinigung der beyden Naturen in Christo / so wird man gestehen / daß / wann man alle argumenta pro & contra gelesen / und beyde Meinungen betrachtet hat / und nunmehr meinet / man werde ja einen deutlichen Concept krigen / dennoch das quomodo als das Vornehmste unbegreifflich bleibe /

be/und man sich umsonst bemühet / die Sache ihrem Wesen nach vollenkommen zu begreiffen / und daß man endlich mit Paulo / Rom. XI. v. 33. ausruffen müsse: **O welch eine Tieffe des Reichthums / beyde der Weißheit und Erkäntniß Gottes ! Wie gar unbegreifflich sind seine Gerichte / und unerforschlich seine Wege.**

§. III.

Bey so gestalten Sachen nun ist es leicht zu begreiffen / daß das beste Mittel sey / daß man einander in **so weit dulde** / daß man äußerlich im gemeinen Leben friedlich mit einander ümgehe / die Pflichten des Rechts der Natur einander nicht versage / und auff den Cantzeln und in den Schrifften / die vorgegebene irrige Meinungen mit aller Sanfftmuth wiederlege / im übrigen die Zuhörer zum Zanck und Haß und anderen Feindseligkeiten der Widriggesinneten nicht antreibe / sondern sie davon abmahne / und darinnen mit gutem Exempel vorgehe. Ich kan nicht ümbin das Christliche sentiment des so wohl frommen als gelehrten Jurisconsulti, des seeligen Brunnemanni *jur. Eccles. Lib. 1. c. 6. membr. 1. n. 27.* hieher zu setzen / da er spricht: Tolerantiam in eô constituo, ut Theologi à nominibus contumeliosis v. g. Flaciani, Luderani, Sacramentarii &c. abstineant. Nam nullum video usum hujus rei, Potius majorem exacerbationem inde seqvi existimo. das ist: **Ich setze die** Toleranz **darinnen / daß die** Theologie **von den Schmäh-Wörtern z. e. der Flacianer / Luderaner / Sacramentirer ꝛc. sich enthalten. Denn ich sehe keinen Nutzen von dieser Sache / sondern halte dafür / daß daraus grössere Verbitterung unter den Gemüthern**

müthern entstehe. An welchen Orte ferner er und der Herr Stryk in seinen Anmerckungen weitläufftig zeigen den Unterscheid unter der Toleranz und dem Syncretismo, welche sonsten von denen Friedenstörern pflegen vermischet zu werden / indem man die jenige sofort für Syncretisten ausschreyet / die nur von der Toleranz sagen / wie sie beschrieben / wie man davon am besagten Orte die Autores lesen kan. Der Herr von Seckendorff / auff dessen Schrifft ich mich hier offt beziehen werden / redet gleichfalls sehr vernünfftig hiervon in seinen Christen-Staat 3 13.9. So lange man nicht wegen einer gewissen Richtschnur einig werden kan / ist alle Arbeit zu Vereinigung zu einerley Kirchen-Versamlung und Gebrauch der Sacramenten vergeblich / und vielmehr auff allen Seiten sündlich. Aber darinnen können alle / die sich Christen nennen / und in so vielen Haupt-Puncten zusammen stimmen / wohl einig werden / daß sie einander unverfolget / und ungelästert / und was die verführte Personen und gantze gemeinden betrifft / unverdammet lassen / ob sie gleich ihre unterschiedliche Meinungen behaupten / und die entgegen stehende verwerffen / und damit wäre es genug / bis Gott selbst die Irrende erleuchten / und in Einigkeit des Glaubens zusammen bringen wird.

§. IV.

Hier siehet man zwar / daß der Herr Autor die Einigkeit des Glaubens setze in der Einigkeit der Concepten / worinnen ich von ihm dissentire / denn ich halte dafür / daß z. e. zwey Luthe-

Lutheraner / deren der eine durch die Gnade Gottes zu hertzlicher Eräntniß seines Elendes gekommen / und dahero mit zerknirscheten Hertzen wahre Busse thut / und seine Seligkeit mit Furcht und Zittern suchet / der ander aber meinet / es sey gnug zum Christenthum / wenn er seinen Morgen und Abend-Seegen lieset / keine grobe Sünde begehet / die auch von Menschen pfleget gestraffet zu werden / im übrigen sich einen guten Tag pfleget / und des ersten sein Wesen für lauter Thorheit und Phantasterey hält / daß sage ich / diese beyde / ob sie gleich / quoad credenda, wie man sie nennet / eine Confession haben / dennoch nicht in Einigkeit des Glaubens stehen / indem der Glaube ohne den Heil. Geist in unsern Hertzen nicht kan gewürcket werden / dieser aber kömmt in keine Seele / die sich nicht mit demüthigem Hertzen zu Ihm wendet / und seine Gnade suchet; Gleichwohl ist der Herr Seckendorff darinnen mit mir einig / daß er dafür hält / die toleranz sey am allernützlichsten / wann man nicht eine Confession zusammen nehmen wolle. Und gewiß / wenn man dieses erhalten hat / daß das unnöthige Verketzern nachbleibet / und einer dem andern die allgemeine Liebe des Rechts der Natur nicht versaget / kan man / wie mirs scheinet / mit Recht nicht mehr prætendiren von beyden Seiten.

§. V.

Denn gesetzt / daß man von den Lutheranern und Reformirten einige gottselige / gelehrte / und dabey sanfftmüthige Männer beysammen kämen / und in eine gemeine Confession consentirten / so könten doch dieselbe nicht verhindern / daß andere ihre bisherige Confessiones nicht behielten / und wennn man sagen wolte / es würde doch solches wegen des gemeinen Volcks nützlich seyn / so fällt doch solcher Nutzen weg / wenn man erstlich betrachtet / das nicht alle diejenige zu Verdammen / die sich zu einer Kirche bekennen / welche Irthümer hat / wie solches unsere eigene Theologi gestehen; Zum andern / so lange der gemeine man seine Meinungen auf das Vorurtheil menschlicher autoritæt gründet / welches / wie die Erfahrung zeiget so wol in unsern Luterischen Kirchen / als bey andern Gemeinden offte geschicht / und keine andere Raison geben kan / als weil ers so in der Schulen / Kirche / ꝛc. gelernet / halte ich unmasgeblich dafür / das wenig dran gelegen sey / ob einer den Lutherischen oder Reformirten Cathechismum auswendig gelernet habe / wenn nur der Grund des wahren Lebendigen Glaubens / nemlich die rechtschaffene Busse / und die aus derselben hervorqvellende reine Liebe GOttes in den Gemüthern ein gaschärffet werde / welches bey einem Reformirten Catechismo eben so wohl / als bey einem Lutherischen geschehen kan / indem sie darin überein kommen / daß man nicht könne zur Seligkeit gelangen / man thue dann rechtschaffene Busse / und bitte um des theuren Verdienstes JEsu willen / um die Krafft des Heiligen Geistes / durch den wahren lebendigen Glauben dasselbe sich zuzueignen. Und gewiß / wenn ein jeder an seinen Orte / er sey Lutherisch oder Reformirt / bey seinen Zuhörern auf die wahre Busse drünge / und liesse die falsche Meinung fahren / als sey der Glaube ein Wesen des Verstandes / und nicht des Willens / würde es weit besser umb beyder Kirchen stehen / auch von beyden Partheyen erkant werden / daß die Mühe vergeblich / ein solches Systema Theologicum zu verfertigen / darein beyde Partheyen consentirten / weil sie ohne dem schon im Grunde mit einander richtig sind.

§. VI.

Und halte ich dafür / daß ein Reformirter mit gutem Gewissen

wissen könne bey den Lutheranern das Abendmahl geniessen / und hinwiederumb ein Lutheraner bey den Reformirten / weil sie beyde gestehen / daß sie den wahren Leib und Blut unsers Heylandes daselbst geniessen / und nur in der Art und Weise uneinig seyn. In dem Endzweck / worauf doch so wohl in moralibus als Theologicis an meisten muß gesehen werden / kommen sie überein. Ich muß dieses mit einem Exempel erläutern: Es ist jemand / der schickt seinen guten Freunden ein Gericht Essen / mit Bitte seiner dabey in guten zu gedencken / und sich dabey erinnern derjenigen Freundschafft / die er ihnen erwiesen / im übrigen friedlich und Christlich miteinander zu leben; Gesetzt nun einer von denen Freunden irrete in dem Gerichte / und ässe es für was anders / als es würcklich wäre / sonsten aber nehme er seine Pflicht gegen den Freund / der solches Gericht geschicket / wohl in acht / rühmte gegen die übrigen Gäste die vielen Wohlthaten gegen ihn / und bäte sie / in der Gewogenheit so wohl gegen den abwesenden Freund / als gegen ihn selbst / zu continuiren. Nun halte ich dafür / daß dieser Irrthum nicht das Geringste schaden würde / daß derjenige / der es geschicket / diesen Irrenden nicht eben so lieb und werth halten würden / als die übrigen. Wenn jemanden dieses Exempel zu profan vorkommet / der gedencke / daß eben nicht nöthig sey / daß man bey Verzehrung des Gerichts unchristliche Reden und denen Christen nicht anstehende Geschwätze treibe / sondern daß ich recht-vernünfftige und Christliche Personen præsupponire / oder wenn ihm dieses noch zu hart scheinet / so erinnere er sich / daß es nur ein Exempel sey / womit ich meine Meinung habe illustriren wollen. Christi intention ist bey Einsetzung des Abendmahls dahingangen / daß Er seinen Jüngern vorstellete die grosse unendliche Liebe / die Er zu dem armen Menschlichen Geschlechte getragen / das Er sein bitteres Leiden angetreten / und sie also vermahnete / diese Liebe niemals aus dem Hertzen kommen zu lassen / so wohl allezeit / als vornemlich bey dem Gebrauch dieser Einsetzung/dieselbe vor Augen zu haben/einander davon zu erzehlen / und zu wahrer Demuth und Verleugnung der weltlichen Lüste/Ehre/Reichthum /rc. einander zu vermahnen / wie solches vornemlich aus dem Evangelisten Johanne weitläufftig zu sehen / da JEsus in dem XII.XIII.XIV.XV.XVI.XVII. von dieser intention ausführlich handelt. Wer nun dieser intention nachkömmt / welches ein Reformirter bey seiner persvasion so wohl thun kan / als ein Lutheraner / der ist ein würdiger Gast. Ich nenne aber den Concept, den ein Lutheraner und Reformirter von der Art der Gegenwart Christi hat / eine persvasion, weil es nur eine Meynung ist / die im Verstande behangen bleibet / und also zum Wesen des wahren Glaubens nicht gehöret / weil sie zur Heiligung des Willens nichts thut / als wohin eintzig und allein der wahre Glaube zielet. Sonsten wer das gegebene Gleichniß nicht verdauen kan / der lese den Herrn Puffendorff in erwehnten Tractat § 63.

§. VII.

Wenn man die lieben Jünger unsers HErrn bey der ersten Einsetzung solte nach der Reyhe gefraget haben / was sie sich doch für einen Concept machten von dem Geheimnüß der Gegenwart des Leibes Christi / würde man gewiß unterschiedene Antwort erhalten haben / welches man aus dem schliessen kan / wenn man betrachtet / was für Concepten sie hatten vom Reiche und Creutze Christi. Da nun unser Heyland solches hingeben lassen / und damit vergnügt gewessen / wenn sie mit einfältiger kindlicher Liebe Ihm anhangen / die Lehre von der Liebe

gegen-

gegen einander ausgeübet/ halte ich dafür/ das rechtschaffene Lehrer auch damit können zu frieden seyn. Ja wenn man diesen meinen Satz/als Secretistisch ausschreyen wolte/so bitte ich die Eyferer/sie probiren es einmahl/ und examiniren nach empfangenen Abendmahl alle diejenige die solches genossen; Gewiß werden sie unterschiedene Antwort kriegen/ daß sich der eine auff diese Art/der andere auff jene Art die Sache einbildet. Ja ich befürchte/wenn nur nicht gar viele von dem gemeinen Mann auf ein Capernaitisch Essen möchten gedacht haben. Ehe sie also mich für einen Syncretisten halten/ bitte ich sie/bey ihrer Gemeine dahin zu sehen/daß alle ihre Beicht-Kinder einerley Meinung und Concept von diesem Geheimniß haben; sonsten werden sie zu befürchten haben/daß man ihnen vorwerffe/daß sie bisshero einer ärgern Art von Syncretisterey zugethan gewesen.

§. IIX.

Weil man nun die jenige für Glieder einer Kirchen hält/ die zusammen das Abendmahl geniessen/ so halte ich dafür/daß nach diesem Grunde die Reformirte und Lutherische Kirche schon einig werden können/ und nicht nöthig sey/ lange darauff bedacht zu seyn/ wie man ein Systema aussinne/dadurch sie beyde können vereiniget werden. Man braucht da nicht viel disputirens/ welche doch die rechten fundamental-articulen seyn des wahren Glaubens/ worüber man bisshero so viel geschrieben. Ein Gemüthe/was zur Erkäntniß seiner Sünde kömmt/ und zerknirschtes Geistes ist/ siehet bald hindurch/ an welchen Stücken seine Seeligkeit hange/ und hält das übrige für Dreck/ und für eine falsch berühmte Kunst. Und hat dannenhero Mitleiden mit der vergebenen Müh anderer berühmter Leute/ zumal/ wenn es lieset/ daß sie schrieben: Sermo nobis est de

 justô

justô systemate, & quo omnia, quæ perfectos Christianos nosse par est, contineantur, quodque adeò omnes articulos complectatur, qui catenam fidei absolvunt. Nam aliud est quærere, quinam articuli ad salutem sufficiant catechumeno, puero, aut è rudi plebecula homini, quibus multa ignorare impunè licet, modò in Salvatorē mundi fiduciam ponant, nec positivum errorem foveant huic fiduciæ adversum. Das ist: **Wir reden von einem rechten Systemate, in welchem alles / was vollkommene Christen wissen sollen / enthalten ist / und folglich alle Articuln der aneinander hängenden Glaubens-Kette in sich begreifft. Denn es ist ein anders / wenn man fraget / welche Glaubens-Articul einem Catechismus-Schüler / einem Knaben / oder einem gemeinen Mann gnug seyn / als welchen viele Sachen ohne Schaden ihrer Seligkeit mögen unbekant seyn / wann sie nur ihr Vertrauen auf den Erlöser der Welt setzen / und keinen Irrthum hegen so diesem Vertrauen schnur stracks zuwider sey.** Welche Worte gewiß sich selber contradiciren / weil sie das jenige Systema, welches alle Glaubens-Articulen in sich begreiffet / so zu der Ketten des Christlichen Glaubens nöthig sind / entgegen setzen dem jenigen Systemati , so für einen einfältigen Menschen gnug sey / welche opposition sich gewiß selber übern Hauffen stösset / weil niemand wird leugnen können / daß / wenn ein gemeiner Mann selig wird / er alle Glaubens-Articulen nothwendig muß gehabt haben / die zu dieser Ketten gehören / und also sein Systema, wodurch er selig worden / gewiß so vollkommen muß gewesen seyn / als derer jenigen / die man am besagten Ort

voll.

vollkommene Christen nennet. Und halte ich es für eine harte Rede / deß man schreibet / der Schächer am Creutz / und andere Einfältige in der ersten Kirchen seyn zwar selig geworden / aber sie haben die gantze Oeconomie des Glaubens nicht verstanden. Und ich befürchtete / daß / wenn jemand von denen Corinthern / von denen Paulus schreibet 1. Cor. I. v. 5. 6. 7. daß sie durch Christum an allen Stücken reich gemacht seyn / an aller Lehre und in aller Erkäntnüß / und daß die Predigt von Christo in ihnen kräfftig worden sey / also / daß sie keinen Mangel hätten an irgend einer Gabe / jetzo bey dieser Zeit auffstehen solte / man eben dergleichen sentiment von ihm fellen würde / weil ein solcher Corinther denn unerfahren würde seyn in denen Controversien / womit unsere ietzige Theologie angefüllet und also nach berührten hypothesi zu denen vermeinten vollkommenen Christen / die die Connexion der Glaubens-Articuln accurat verstehen / nicht würde gebraucht werden können.

§. IX.

Aber ich kan dieses dem Herrn Autori nicht verübeln / indem man durchgehens dergleichen Lehren führet; und ist der Grund von diesen allen / das man sich beredet / unser jetziger Zustand sey der glückseligste / wornach man den Zustand der ersten Christen judiciren müsse; Und weil man denn siehet / welches ich auch zugebe / daß unsere ietzige Theologie also beschaffen sey / daß man sich unmöglich einbilden könne / daß ein einfältiger Christ aus der ersten Apostolischen Kirchen die hohen vermeinte Controversien verstehen / und Red und Antwort davon geben könne / so verfällt man auf den schädlichen Irrthum / daß dannenhero unsere Theologie vollkommener sey / als der ersten Christen / welches gewiß wider das Alphabeth des Christenthums

thums ist. Aus welchem denn noch weiter folget / daß man unsere jetzige Vollkommenheit nicht darinnen suchet / worinnen es die ersten Christen / ja Christus selbst und die Apostel suchten / davon zu lesen Math. V. v. ult. Philip. I. v. 9. Coloss. I. v. 9. 10. 11. 1. Corinth. 2. v. 6. Ephes. 4. v. 13. sondern diejenige für vollkommene Christen hält / die die Streitigkeiten wohl innen haben / davon pro & contra raisoniren können / im übrigen in der Heiligung des Willens / worinnen die ersten Christen die Vollkommenheit suchten / wie aus angezogenen Oertern zu sehen / nicht groß avanciret sind / nach dem gemeinen Sprichwort: Man müsse auf die Lehre sehen / und nicht auf das Leben.

§. X.

Ich halte es für eine lautere Unmögligkeit / das ein gottloser Mann die wahre seligmachende Lehre bey sich haben könne / oder den lebendigen Saamen des Wortes GOttes: Und ist es gewiß zu bejammern / daß man zum Beweiß dieses Satzes sich auff das Exempel der Pharisäer beruffet / indem diese ja nicht die seligmachende Lehre hatten / weil sie die Lehre von dem wahren Meßia gantz verfälschet / und nach ihren fleischlichen Sinn / welcher allemahl bey einem Gottlosen ist / gantz verkehret hatten: Ja sie hatten nicht einmahl die Lehre von dem Gesetze unverfälschet gelassen / wie aus der herrlichen Berg-Predigt unsers Heylandes Matth. V. & VI. zu sehen ist. Wo die wahre seligmachende Lehre ist / da muß nothwendig ein heiliges Leben seyn / indem jene nicht ein todtes Wesen / sondern kräfftig in uns wircket durch die Gnade des Heiligen Geistes / und züchtige uns / daß wir verleugnen das ungöttliche Wesen / und die Weltliche Lüste / und züchtig / gerecht und gottselig leben in dieser Welt ad Tit.

cap.

cap. 2. 12. Und also hinwiederum / wo ein gottseliges Leben ist, da ist nothwendig reine Lehre beym Menschen/nach der Zusage Christi Joh IIX. v. 31. 32. **So ihr bleiben werdet an meiner Rede / so seyd ihr meine Jünger/ und werdet die Warheit erkennen / und die Warheit wird euch frey machen/** Item V. 12. **Ich bin das Licht der Welt / wer mir nachfolget / der wird nicht wandeln in Finsterniß / sondern wird das Licht des Lebens haben.** Dannenhero auch Paulus Eph. V. v. 14. vermahnet: **Wache auf / der du schläffest / und stehe auf von den Todten / so wird dich Christus erleuchten.** Da nun also diese Ordnung von Christo gesetzet / das auf die Heiligung des Willens folge die Erleuchtung des Heil. Geistes / und folglich die reine seligmachende Lehre / lernet hieraus ein einfältiges Gemüth wieder / daß es mit derjenigen Theologie, von der man allenthalben schreyet / daß sie von gottlosen Menschen könne begreiffen werden / nicht allerdings wohl müsse beschaffen seyn / und daß sie dannenhero entschieden seyn müsse von derjenigen Lehre / die Christus und seine Apostel gelehret / und krieget dahero diesen Concept, daß dasjenige Systema, welches nach der Art eingerichtet / nicht das rechte seyn müse / weil es nicht eingerichtet nach der Lehre Christi / und daß dannenhero / ehe man diese reine Lehre fasse / am besten sey man tolerire einander / biß GOtt gnade gebe / daß diese Warheit / wie sie schon anfangen / weiter um sich greiffe / und die verführten Gemüther endlich gewinne / und die Augen eröffne / welches GOTT verleihen wolle um seiner Barmhertzigkeit willen!

Wir gehen weiter:

III. Satz.

Die Pflicht eines Fürsten als Fürsten / bestehet darinnen / daß er den äusserlichen Frieden in seinem Staat erhalte.

Erklährung.

§. I.

WJe nun einer ieden privat Person unterschiedene Pflichten obliegen / weil kein Mensch ist / den man nicht nach unterschiedenen Absichten betrachten kan / also kommen auch einem **Regenten** unterschiedene Schuldigkeiten zu. Denn er kan betrachtet werden als ein **Mensch** / als ein **Christ** / und als ein **Fürst**. In der **ersten** Betrachtung lieget ihm ob / das allgemeine Recht der Natur gegen alle Menschen / weß Standes sie auch seyn / in acht zu nehmen / und weil dasselbe in der allgemeinen Liebe gegen andere Menschen bestehet / auch dieselbe gegen sie auszuüben; Und kan er disfalls kein privilegium prætendiren / weil er die Menschliche Natur mit andern gemein hat. Als ein **Christ** ist er schuldig / die Reguln des Christenthums zu beobachten / und durch rechtschaffene Busse und Erkäntniß des allgemeinen Elendes des menschlichen Geschlechts / seine Zuflucht zu unserm Erlöser zu nehmen / und durch den wahren lebendigen Glauben sich von den todten Wercken reinigen / und mit Furcht und Zittern seine Seligkeit suchen. Denn es ist nur einerley Mittel selig zu werden / nemlich der Christliche Glaube / dem die Furcht der Liebe und eines gottseligen Lebens unablößlich folgen. Es ist nur eine / und zwar die enge Pforte / dadurch man zum Leben eingehen muß / und

und alles/ was sich hohe Leute für eine Befreyung exemption und privilegium einbilden / ist lauter Betrug / und die jenigen / die sie dessen bereden / sind die Wegweiser der Gelehrten zu ihrem Untergange. Als ein **Fürst** aber ist er verpflichtet/ die äusserliche Ruhe und Friede unter seinen Unterthanen durch geziemende Zwangs-Mittel zu erhalten. Denn dieses lehret ihn der Endzweck/ weswegen die Menschen mit Hindansetzung ihrer natürlichen Freyheit die Republiquen aufgerichtet / und sich einem Oberhaupte unterworffen in solchen Sachen / die zur Erhaltung des gemeinen Wesens für nöthig befunden werden. Denn nachdem die Boßheit des Menschlichen Geschlechts bey dessen Vermehrung so hoch gestiegen / daß kein Nachbar für dem andern keine Ruhe und Friede haben können / hat die sich selbst gelassene Vernunfft kein besser Mittel gewust / dem daraus zu befürchtenden Unheil zu entgehen / als daß eine gewisse Menge Menschen sich vereinigten / und einander Hülffe und Beystand versprächen / und solches desto besser ins Werck zu stellen / einem oder mehr die Regierung dieser Gesellschafft auffträgen.

§. II.

Denn wenn die Menschen unter einander nur nach dem Recht der Natur lebten / hätte man nicht nöthig gehabt / dergleichen grosse Gesellschafften einzuführen; Denn ob zwar der Mensch von Natur ein gesellig Thier / so folget doch nicht / wie viele bishero irrig geschlossen / daß er von Natur zu einer solchen Gesellschafft inclinire, da er seine natürliche Freyheit in vielen Sachen muß quitiren / und einem Regenten unterthan seyn. Und ist die Meinung derjenigen / die dafür halten / wenn der Mensch im Stande der Unschuld geblieben / so wären auch Republiquen gewesen / von den Herrn Puffendorff und andern gründlich widerleget / und scheinet solche Meinung ihren Ursprung zu haben aus Ehrgeitz und Regiersucht dererjenigen / die gerne über andere herschen wollen / dahin denn auch gehöret / was in der Leipziger Disputat. p. 54. stehet / daß nemlich die Natur selber die Ordnung der Regenten und Unterthanen erfordere; Dem ich gerne Beyfall gebe / wenn man die Natur der Ehrgeitzigen betrachtet / nicht aber / wie die Natur an und für sich selbst ist / so fern sie auch nach dem Licht der Natur kan als gut erkant werden. Woraus man denn siehet / daß wegen Erhaltung äusserlichen Friedens / und was demselben anhanget / die Staaten eingeführet; Denn wegen der wahren Tugend und der daraus fliessenden Gemüths-Ruhe hat man dieselbe nicht nöthig gehabt / weil dieselbe so wohl ausserhalb derselben als in derselben kan erhalten werden. Aus diesem Endzweck nun lernet man die Pflichten der Fürsten gar deutlich/nam finis determinat media, oder der Endzweck eines Dinges erweiset / wie die Mittel seyn müssen. Und weil dann zu diesem Endzweck nicht nöthig ist / daß die Unterthannen sich von gantzem Hertzen der Tugend / so fern sie auch aus der Vernufft kan erkant werden / befleißigen / sondern hiezu gnug ist / daß sie sich von den äuserlichen Lastern / so fern sie die äuserliche Ruhe verstören / enthalten / so folget dann:

IV. Satz.

Daß die Pflicht eines Fürsten als Fürsten nicht sey / seine Unterthanen recht tugendhafft zu machen.

Er

Erklärung.

§. 1.

Als ein Mensch und als ein Christ ist er zwar verbunden / so viel an ihm ist / so wohl seinen Unterthanen als andern mit einem tugendhafften und Christlichen Leben vorzugehen / und wenn es Zeit und Gelegenheit zulässet / mit Vermahnen / andere auch von denen so genanten kleinen Sünden abzuhalten / worinnen er auch die avantage hat / daß / weil vieler Augen auff ihn gerichtet seyn / er darinnen mehr ausrichten könne / als andere privat Personnen. Aber als ein Fürst ist er hiezu nicht verpflichtet; Denn es ist ihm deswegen die hohe Obrigkeit nicht aufgetragen worden / und langen auch die Mittel / die er hat / nicht zu / seinen Unterthanen die wahre Tugend einzupflantzen / weil dieselbe im Zwange bestehen / diese aber lässet sich durch keinen Zwang erhalten / sondern wil mit Liebe und Sanfftmuth beygebracht werden. Und wenn man sprechen wolte / er müste gleichwohl mit allem Vermögen darnach streben / so antworte hierauf / das solches Vermögen sich nicht weiter erstrecke / als solche Laster zu verhindern / die den äusserlichen Friden turbiren. Und wenn man den Fürsten weiter verbinden wolte / so würde man ihm was Unmögliches auflegen / indem alle Stände ietzo so sehr verdorben / daß ein Regent / wenn er auch allen möglichsten Fleiß anwendet / gnug zu thun hat / wenn er in seiner Republic erhält / daß diejenigen Laster gedämpffet werden / die die äusserliche Ruhe stöhren. Denn es ist nicht möglich / wider alle Laster der Menschen mit der Schärffe des Schwerdts und der Gesetze verfahren; Es müste fast einem jeden ein besonderer Auffseher / und über diesem wieder einer und so fort / ohne Endschafft gesetzet werden / wenn man nur die Policey-Ordnungen / die in manchem Lande löblich gemacht / im steten Schwange halten wolte. Und wenn dieses auch geschähe / würde dadurch nichts anders erhalten werden / als nur die äusserliche Erbarkeit / welche noch bey weiten keine wahre Tugend ist.

§. II.

Ich weiß zwar wohl / daß der in dem Römischen Rechte berühmte Ulpianus im L. 1. §. 1. ff. de Justit. & Jur. spricht: daß man nicht allein durch Furcht der Straffe / sondern auch durch Hoffnung der Belohnung tugendhaffte Leute mache. Allein dieses ist ihm als einen Juristen nicht zu verdencken / indem die Tugend / damit die Juristen zu thun haben / nur auf äusserliche Erbarkeit ankömmt / nicht aber die Natur der wahren Tugend ausdrücket / zu welcher weder die Furcht der Straffe / noch die Hoffnung der Belohnung etwas contribuiret / sondern vielmehr schadet / und nur Heuchler macht. Gleichwohl aber hat Ulpianus keine Ursache gehabt zu gloriiren / es profitirten die Juristen die wahre unverfälschte Philosophie; Denn gewiß die wahre Sitten-Lehre in Betrachtung der Tugend viel weiter gehet / als die Römische Jurisprudenz. Ja man siehet aus dem L. 4. §. 3. ff. de Condict. ob turpem causam, wie elend die Philosophie des Ulpiani beschaffen sey / indem er saget / daß eine Hure zwar daran unrecht thue / daß sie sich dieser bösen profession ergeben / nicht aber / daß sie Geld davor nehme; Welches raisonnement mir eben vorkömmt / als wenn ich sprechen wolte: Ein Dieb thue zwar unrecht / daß er sich aufs Stehlen geleget / aber nachdem er einmal zu diesem sich begeben / sündige er nicht / wenn er stielet. Dannenhero auch der Herr Huber in seinen prælect. ad d. t. n. 3. spricht: Potuisset Ulpianus hâc novitate supersedere. Nam sine

dubio

dubio turpitudo, quæ est in prima meretricis professione, durat in singulis actibus, das ist: **Es hätte der Ulpianus dieser neuen Subtilitæt überhoben seyn können; weil die Schande / die bey der ersten Profession der Harerey begangen/bey allen und ieden Handluugen dauret.** Doch kan ich dieses dem Ulpiano nicht so sehr verüblen/als dem Triboniano, der als ein Christ/ dergleichen schändliche Leges, billig in seine fragmenta rhapsodica nicht hätte setzen sollen.

§. III.

Wiewohl man auch ihn excusiren möchte mit dem/ was man mit grosser Verwunderung lieset in dem L. 29. C. ad L. Jul. de adulter. in welchem der grosse Constantinus denjenigen von der Straffe des Ehebruchs frey spricht / der mit der Magd in einem Wirthshause Hurerey treibet / und diese Ursache giebt: Hæ antem immunes à judiciaria severitate & stupri & adulterii præstentur, quas vitæ vilitas dignas legum observatione non credidit, das ist/ diese Personen (die Mägde) aber sollen von der Schärffe der Straffe der Hurerey frey seyn/ als welche wegen ihres liederlichen Lebens nicht werth seyn/daß die Gesetze darauf regardiren; welche Philosophie des Terentii seiner nicht ungleich ist/ Turpe non est, crede mihi, scortari adolescentulum. Und ists gewiß zu verwundern / daß die Bischöffe so gar stumme Hunde gewesen/ daß sie hiezu still geschwiegen/ und ihn nicht beredet/solches gottlose Gesetz wieder abzuschaffen. Vermuthlich ists deswegen gemacht/ weil bekant ist/ daß Constantini M. Vater / Constantinus Chlorus, ihn auf der Reise nach Engeland / die er als Ambassadeur vor dem Kayser Maximiniano vorgenommen/ im Wirthshause durch einen unehlichen Beyschlaff mit

des

des Wirths seiner Tochter / Nahmens Helena / gezeuget; und dannenhero würde es sich nicht wohl geschicket haben / das der Constantinus die Hurerey mit solchen Personen würde gestrafft haben / weil alsdann die Bestrafften dem Constantino seine Muter würden vorgeworffen haben / welches eine Sache von grosser Consequenz gewesen wäre / indem sie die Bischöffe schon zu einer so heiligen Matronen gemacht hatten / weil sie Viele Kirche bauen ließ / und denen Bischöffen allenthalben flattirte. Und ob zwar die Wörter besagten Gesetzes nur scheinen von der Magd zu reden / so siehet man doch / das auch die Töchter darunter begriffen / theils weil er diejenigen nur will gestrafft wissen / quæ matrisfamilias nomen obtinent, oder welche (wie es der Concept hier haben wil) Haußmütter seyn / wozu die Töchter nicht gehören / theils weil er nicht von Liebeigenen redet / sondern von denen / die denen Gästen Wein auftragen / darunter die Töchter gemeiniglich mit gehören. Wundere mich / daß der berühmte Jacob Godofredus ad L. 1, C. Th. ad L. Jul. de adulter. welches eben unser besagter L. 29. ist / diese Conjectur von der Ursache des Gesetzes nicht angemercket / da er noch von der Helena aus dem Ambrosio, Eutropio, und Zosimo angeführet / das sie eines Wirths Tochter gewesen. Ich könte allhier mehr dergleichen schändliche LL. aus dem Jure Romano anführen / wenn es mein Zweck zuließ. Doch wird sich zu anderer Zeit mehr Gelegenheit finden / hiervon ausführlicher zu reden / denen Liebhabern desselben Greuel und Schnitzer des Triboniani in diesem Stück vorzustellen; Als welcher keinen Unterscheid gemacht / ob etwas bey denen alten Heydnischen Juristen nach einem Heydnischen Principio ist eingerichtet gewesen oder nicht.

V. Satz.

V. Satz.

Vielweniger ist er verbunden für die Seligkeit seiner Unterthanen zu sorgen.

Erklährung.

§. I.

Ein Fürst ist nur / wie oben bewiesen / wegen der zeitlichen Wohlfart zu sorgen gesetzet / und nicht wegen der ewigen / als welche ohne dem lebendigen Glauben nicht kan erhalten werden / wozu ein Fürst als Fürst nichts thun kan. Und hat in diesem Stücke die Christliche Religion gar keine Aenderung eingeführet / denn wir lesen nirgends / daß Christus und seine Apostel denen Regenten andere Lehren von der Regierung vorgeschrieben / als wie sie aus dem Licht der Natur können begriffen werden. Dieses aber lehret uns / daß ein Fürst als Fürst mit der ewigen Seligkeit nichts zu thun habe. Er kan / wie oben erwehnet / seine Unterthanen vermahnen / daß sie mit Furcht und Zittern die ewige Seligkeit suchen / aber wenn sie hierinnen wollen saumhafft seyn / kan er nicht als ein Fürst hinzu treten / und die Widerspenstigen zur wahren Busse zwingen / denn diese leidet keinen Zwang / und gehöret also unter die Zahl derer jenigen Tugenden / davon Grotius saget / quod coactionem respuant. Dannenhero ist der Theodosius gar zu mild gewesen / daß er in dem L. 3. pr. C. de SS. Trinit. setzet: Decere arbitramur nostrum imperium, subditos nostros de religione commonefacere, das ist: **Wir halten es dafür / daß es unserer Regierung wohl anstehe / daß wir unsere Unterthanen wegen der Religion erinnern** / (wiewohl solches Erinnern bald in ein gottloses Antichritichristisches Verfolgen ausschlägt / wenn man den gantzen legem, welcher hauptsächlich wider die Nestorianer gemacht/ durchlieset.) Und wenn man durchgehends behauptet / daß die Sorge für die öffentliche Schulen einem Fürsten zukomme/ hat dieses keinen andern Verstand / als daß die Kinder seiner Unterthanen von Jugend auff zu solchen principiis angeführet werden / damit sie ihrem Nächsten bey erwachsenden Jahren dienen können; Denn wenn die Unterrichtung der Jugend gantz versäumet würde/ würden sie gantz verwildern/ und die böse Unart so sehr bey sich wurtzeln lassen/ daß sie nicht capabel wären/ der Republiq einigen Nutzen zu erweisen. Und ist dannenhero einem Fürsten als Fürsten viel daran gelegen / damit nicht die Atheisterey und das wilde wüste Leben unter junge Leute einreisse. Sofern aber in der Schulen die Gemüther in der wahren Religion unterrichtet werden / überschreitet solches die Grentzen der Fürsten als Fürsten/ und dependiret solches von der Commission der Eltern und von der Pflicht eines jeglichen Menschen / der dahin zu sehen hat/ daß seine Neben-Menschen zur Seligkeit geführet werden / worinnen ein Fürst kein Vorrecht hat.

§. II.

Ob nun zwar dieser Satz auff so leichten und deutlichen principiis gegründet ist / so wird er doch durchgehends von Theologis und Juristen geleugnet / weil sie wohl sehen / daß wenn dieses behauptet wird/ ein grosses Theil ihrer falschen Lehren von dem Recht eines Fürsten in Religions-Sachen möchte zu Grunde gehen/ dahero man denn die gegenseitige Meinung auff allerhand Art und Weise zu befestigen suchet/ und weil man in der gesunden Vernunfft keinen Trost findet zu dessen Behauptung / so wenden sie sich zur Heil. Schrifft / und meynen/ durch

durch unterschiedene loca dieses zu behaupten / welche sich aber mit den Haaren müssen herbey ziehen nnd zudrehen lassen / nach der falschen hypothesi die man sich einmahl gemacht. Diesen Sachen nun einen desto grössern Schein zu machen / kömmt man mit dem Alten und Neuen Testament / und meynet / dieses sey so gewiß / daß wer es negiren wolte / ein rechter Atheist / und so wohl Göttl. als Menschl. Majestät-Schänder seyn müste. Aus dem Alten Testament führet die Leibziger Disputation hierzu an Deuter. XVII. v. 18. 19. da GOtt zu den Kindern Israel spricht; **Und wenn Er (der König) nun sitzen wird auff dem Stuhl seines Königreichs / soll Er dis ander Gesetz von den Priestern den Leviten nehmen / und auff ein Buch schreiben lassen / das soll bey ihm seyn / und soll lesen darinnen sein Lebenlang / auff daß er lerne fürchten den HErren seinen GOtt / daß er halte alle Worte dieses Gesetzes / und diese Rechte / daß er darnach thue.** Damit man nun Augenscheinlich sehe / ob dieser locus zu Behauptung der widrigen Meynung etwas thue / so ist außgemacht / daß in der Jüdischen Republiq viele Sachen gewesen / die sie vor andern besonders hat / weil sie unmittelbahr von GOtt eingerichtet / und mit geistlichen und weltlichen Gesetzen versehen worden / darinn kein Mensch / wer er auch war / etwas zu- oder abthun konte ohne Beleidigung der höchsten Majestät GOttes / weil GOTT sich das summum imperium, oder die höchste Bürgerliche Gewalt darinn vorbehalten / also daß Moses / Josua und die übrigen Richter / auch Saul und folgende Könige nichts anders als Stadthalter GOttes zu betrachten waren / die an dem Willen GOttes / den Er ihnen theils in seinen Gesetzen / theils durch die Seher und Propheten offenbahret / gebunden / also daß sie in denen Sachen / die sonsten in andern Republiquen von dem Willen deß Königes dependireten / wenn er nur nicht wider das natürliche und allgemeine offenbarete Göttl. Gesetz war / nach dem ausdrücklichen Rath GOttes thun musten. Woraus man dann erstlich klärlich siehet / daß es mit dem Recht und Verbindligkeit der Israelitischen Könige eine gantz andere Beschaffenheit gehabt als mit andern Regenten / als deren Rechte und Verbindligkeit nur aus dem Rechte der Natur müssen hergeleitet werden / wie ich denn schon in meiner Disputation de Jure principis circa adiaphora angeführet habe / daß in diesem Stücke die Könige von Israel nicht so viel Recht gehabt / als die ietzigen Regenten / weilen in der Jüdischen Religion keine adiaphora, sondern alles so genau von GOtt determiniret / daß nichts mehr übrig blieb / welches zu Mittel-Dingen konte angezogen werden.

§. III.

Was zum andern insonderheit diesen Text betrifft / so muß hier zum voraus gesetzet werden die gemeine Distinction unter das allgemeine / ceremoniale und Gerichtliche Gesetze GOttes / weil es dem grossen GOtt gefallen so viele Arten von Gesetzen in seine Republiq einzuführen. Und nach Unterscheid dieser Distinction muß von dem Rechte der Israelitischen Könige geredet werden. Was das allgemeine und ceremonial-Gesetze betraff / hatte ja ein König darinnen kein Vorrecht / sondern war hierzu wie andere Jüden verbunden / und dorffte sich nichts ausnehmen; Was aber das Gerichtliche Gesetze betrifft / hatte er als König dieses Vorrecht / daß er dasselbe gegen seine Unterthanen handhaben muste / und darnach die vorfallende Bürgerliche Streitigkeiten urtheilen / nicht anders als wie etwa in Teutschland die Fürsten nach ihren Lands-Ordnungen spre-

sprechen. Und also siehet man klärlich/ daß dieser Spruch gar nicht determinire, wie weit das Recht des Königes in Religions-Streitigkeiten gehen solle/ ja gar nicht handele von dem Recht des Königes in Religions Sachen/ vielweniger daraus könne erzwungen werden / daß er als König für die Seligkeit der übrigen Juden zu sorgen schuldig wäre. Ja spricht man in der Disputation pag. 8. es werde hier gehandelt von dem gantzen Gesetze / und also gehöreten auch die Ceremonial-Gesetze / woraus die vermeinte Controversien musten entschieden werden/ einiger massen für den König. Denn wieweit dieses angehe/ ist aus dem was ich schon gesagt / bekant/ nemlich das Moral- und Ceremonial Gesetze gieng den König als eine privat Person an / aber das Gerichtliche Gesetze als einen König; Aber dieses hat weder mit den Theologischen Streitigkeiten/ noch mit der ewigen Seligkeit nichts zu thun. Und also/ da man in der Refutation des Jacobi Bonfr. 19. pr. Meinung / die mich nicht angehet / anführet/ daß auch die Ceremonial-Gesetze der obern Inspection des Königes unterworffen gewesen/ macht man einen Circkel/ und beweiset nichts/ wie auch pag. 12. §. 18. Und wenn dahero pag. 15. §. 10. gesagt wird/ daß der König bey den Jüden influxu genericô & directivô externô ihre Seligkeit befördern müssen / wirds abermahl nicht bewiesen/ ja gar nichts gesagt. Denn was heist doch wohl / influxu genericô & directivô externô für die Seligkeit sorgen? Doch hiervon soll unten mit mehrern geredet werden.

§. IV.

Dannenhero fället auch die application, die man aus Chytræo pag. 16. §. 11. besagter Disputation auf die ietzige Regenten macht / von selbsten weg / und hätte Chytræus besser

ser gethan/ daß er von dem Exempel Constantini M. Theodosii und andern nur stille geschwiegen / indem Christliche Fürsten sich ja wenig deroselben rühmen können / weil ihr Procesʃs mit den dissertirenden gantz unchristlich gewesen. Man hat ja mit diesem præjudicio autoritatis, nemlich von dem glückseligen Zustande der Christlichen Kirchen zu Constantini M. Zeiten / und von dem Christlichen Procesʃs auff dem Concilio Niceno, und andern Sachen / die Welt lange gnug geäffet / und damit die Verfolgung der dissertirenden defendiret / weil man gemeynet / wenn dieses nicht recht / so würden es ja die Bischöffe auff dem Concilio zu Nicea nicht gethan haben. GOtt hat endlich Gnade gegeben / daß diese Stütze zu wackeln anfängt. Er wird ferner dazu sein Gedeyen geben / daß sie gantz übern Hauffen fällt / daß man sich endlich schämen wird / das Exempel des Constantini, Theodosii &c. mehr anzuführen / weil es so gar irraisonabel ist.

§. V.

Aus dem Neuen Testament führet die Disputation aus der 1. Epistel ad Timoth. cap. 2. v. 2. an / da Paulus vermahnet / man solle für die Obrigkeit bitten / daß man unter ihr ein geruhig und stilles Leben führen möge in aller Gottseligkeit und Erbarkeit / und macht also in besagter Disputation p. 62. diesen Schluß: **Warumb die Christen in ihrem Gebeth für die Obrigkeit bitten sollen / dafür muß auch die Obrigkeit sorgen / nun aber sollen die Christen bitten / daß sie ein geruhig und stilles Leben führen mögen** &c. Aber wie man den ersten Text aus dem alten Testament mit den Haaren herbey gezogen / so gehets auch mit diesem Text. Denn erstlich ist ja bekant / daß damahls / da da Paulus dis schrieb / die Obrigkeit Heydnisch war / und also wäre es ja ungereimt / dem Paulo andichten wollen / daß er mit diesen Worten der Heydnischen Obrigkeit die Sorge für die Seligkeit der Christen hätte einräumen wollen; Zum andern ist in diesem Schlusse eine fallacia begangen / die man nennet compositionis, oder darinnen man Sachen zusammen setzt / die nicht zusammen gehören. Ich habe schon droben gesagt / daß man die Obrigkeit auff dreyerley Art betrachten könne / als einen Menschen / als einen Christen und als einen Fürsten / und also sage ich / in der ersten Betrachtung seyn die Unterthanen schuldig für die Obrigkeit zu bitten / daß sie sich so auffführen möge / daß sie die allgemeine Pflichten des Rechts der Natur gegen andere Menschen beobachte / in der andern / daß / wenn sie noch Heydnisch ist / sie sich zum Christenthum bekehren möge / wenn sie aber sich zur Christlichen Religion schon bekennet / daß sie sich von Hertzen in wahrer Busse befleißige / ein Christliches Leben zu führen / und damit den Unterthanen vorgehe; In der dritten aber / daß sie möge ihr Regiment also führen / daß aller Unruhe im Lande gesteuret / und also ein ieder Unterthan in Ruhe und Friede das Seinige verrichten möge; Und also sihet man klärlich / daß man diese 3. Betrachtungen in dem gemachten Schlusse miteinander confundiret habe. Tertullianus, da er die erste Christen defendiret / daß sie dem Kayser alle schuldige Ehrerbietigkeit erwiesen / thut unter andern hinzu in seiner Schutz-Rede cap. 30. daß sie in ihren Versammlungen auch für dieselbe gebetet / und spricht: Precantes sumus semper pro omnibus Imperatoribus, vitam illis prolixam, imperium securum, domum tutam, exercitûs fortes, Senatum fidelem, populum probum, orbem quietum: quæcunque *hominis* & *Cæsaris* vota sunt, d. i. Wir beten stets „ für

für alle Kayser / daß GOtt ihnen ein langes Leben / sicheres „ Regiment / sichere Wohnung / tapffere Krieges-Heere / treue „ Räthe / gute Unterthanen / und allenthalben Friede verleihen „ wolle ; ja wir wünschen ihnen alles / was sie als **Menschen** „ und **Kayser** sich wünschen. Aus welchem Formular man „ denn siehet / daß man nur für die **äusserliche Ruhe und Friede** gebeten / nicht aber / als wenn die damahligen Kayser für die Seligkeit ihrer Unterthanen sorgen müsten.

§. VI.

Ja spricht man / es habe eine andere Beschaffenheit mit Christlicher Obrigkeit als mit Heydnischer / fürnemlich da GOtt im Alten Testament beym Esaia cap. 49. v. 23. verheissen / **daß die Könige sollen Pfleger der Kirchen seyn / und die Fürsten ihre Säugammen** / und also ob zwar zur Zeit Pauli dieser Spruch noch nicht zu seiner Kraft kommen können / so seye es doch zu Constantini M. Zeiten angegangen / und bis auf unsere Zeiten continuiret / indem ja Constantinus M. die Christliche Kirche in einen florissanten Zustand gesetzet / denen grausamen Verfolgungen ein Ende gemacht / den Heydnischen Gottesdienst nach Vermögen abgeschafft / die Bedienungen am Hofe mit Christen besetzet / denen Bischöffen alle Caressen erwiesen / und also sich als einen rechtschaffenen Pfleger der Christlichen Kirchen aufgeführet / dem billig alle Christliche Fürsten nachfolgen solten. Aber mein Freund / indem man so raisonniret / gibt man zu verstehen / daß man weder das Recht der Natur / noch die ersten Buchstaben des Christenthums verstehe. Denn was das erste betrifft / lehret uns dasselbe / daß die Pflichten eines Regenten als Regenten einerley seyn / er mag Christlich oder Heydnisch seyn / weil das Recht der Natur / daraus dieselbe her-

herfliessen / hierunter keinen Unterschied weiß / dahero man denn auch in allen Collegiis politicis dociret / daß die Christliche Religion denen Rechten der höchsten Majestät keine Veränderung beybringe / sondern dieselbe in dem Zustande lasse / wie sie das Recht der Natur weiset. Was das andere betrifft / siehet man / daß man gern ein solch Christenthum leiden möge / das dem Ehr-Geitz / Geld-Geitz und Wollust nicht wehe thäte / sondern dabey man in seinem sündlichen Zustande und den Lüsten dieser Welt fein nach eigenem Willen leben könte / und daß man den Zustand der Kirchen für glückselig halte / da die so genannten Christen in grossem Ansehen für der Welt / in grossem Reichthum und Ehre und aller Uppigkeit ihres fleischlichen Sinnes stehen / im übrigen sich wenig bekümmern / wie sie den Satan / der in ihnen ist / unter die Füsse treten / durch rechtschaffene Busse und heiliges Leben ihren Glauben beweisen / und durch Liebe und Sanfftmuth die Irrende suchen zu bekehren / sondern mit Feuer und Schwerdt dieselbe verfolgen / und also allenthalben wieder die heilsame Lehre unsers Heylandes handeln / und sich doch dabey einbilden / sie seyn die rechten Christen / und bey ihnen die wahre seligmachende Religion. Denn wo man nicht ein solches Christenthum liebete / würde man sich schämen / sich so offte auff das Exempel Constantini M. und den damahligen Zustand der Kirchen zu beruffen / auch nicht in dem bekannten Programmate den vermeinten ietzigen glücklichen Zustand der Kirchen so sehr gerühmet / und wider diejenigen so getobet haben / die mit gantzem Ernst die Lehre von der Busse treiben / und sich und andere suchen selig zu machen. Und aus diesem falschen Sinne kömmt auch her die verkehrte Erklärung des gedachten Spruchs beym Esaia cap. 49. Die Glieder der wahren Christlichen Kirchen haben ja ihre eintzige wahre Pflege nur von ihrem Heylande / der

 ihnen

ihnen Krafft giebt / nach dem Reichthum seiner Herrligkeit/ starck zu werden durch seinen Geist an dem inwendigen Menschen/ Eph. III. v. 16. Sie erkennen ja/ daß/ wie der Rebe kan keine Frucht bringen von ihm selber/ er bleibe denn am Weinstock/ also auch sie/ sie bleiben denn in Christo Joh. XV. v. 4. Und also lassen sie sich das Ziel nicht verrücken/sondern halten sich an dem Haupte/ aus welchen der gantze Leib/ welcher ist die Gemeine/ durch Gelencke und Fugen Handreichungen empfähet/ und aneinander sich enthält / und also wächst zur Göttl. Grösse/ Coloss. II. v. 18. 19. Sie erkennen es als eine grosse Wolthat/ wenn sie unter dem Schutz der hohen Obrigkeit in äusserlicher Ruhe leben können/ aber als Christen und Glieder der Gemeine Christi halten sie es für eine Abgötterey / wenn sie in diesem regard solten einige Pflege bey Menschen suchen. Und also erkennen sie die hohe Obrigkeit nicht weiter für Pfleger und Säug-Ammen der Kirchen / als nur in Betrachtung des äusserlichen Friedens; Zu geschweigen / daß noch zweiffelhafftig ist / ob besagte Prophezeyung des Esaiä schon erfüllet sey / oder noch werde erfüllet werden / welches ich hier an seinen Ort gestellet seyn lasse.

§. VII.

Dieses sind die Früchte/daß man sich bißhero keinen deutlichen Concept von **der Christlichen Kirchen** gemacht/ noch dieselbe accurat von einen weltlichen Staat entschieden hat/ sondern wie dieser aus vielen kleinen Societæten bestehet / also auch man sich bißhero beredet/ daß also gleichfals **die Christliche Kirche aus dreyen Ständen bestehe / dem Wehr-Lehr-und Nehr-Stand** / wie solches in gedachter Disputation pag. 53. th. 6. weitläufftiger angeführet ist/ indem es da heist: Ecclesia cum sit totum aggregatum

è triè tribus Ordinibus à Deo institutis constans, singulis suæ partes à Spiritu S. delegatæ sunt, pro potestate, quâ quisque horum ordinum pollet. d. i. Weil die Christ-„ liche Kirche aus dreyen Ständen bestehet / welche von GOtt „ eingesetzet / so hat auch der H. Geist einem jeden eine besondere „ Macht hierinnen aufgetragen. Es ist meines Thuns nicht / „ die gantze Lehre von der Christlichen Kirchen / deren Kennzeichen / und von dem Unterscheid der sichtbaren und unsichtbaren Kirchen / 2c allhier vorzunehmen. Dieses dienet nur zu meinem Zweck / daß es ein grosser Irrthum sey / der zu vielen falschen Lehren Anlaß gegeben / daß man lehret / die Christliche Kirche bestehe aus dreyen Ständen. Es ist ja dieselbe nichts anders / als eine Gemeinschafft der Gläubigen / durch den Glauben an Christum / bestehend aus Lehrern und Zuhörern / und also weiß man in der Christlichen Kirchen keine andere Abtheilung als zwischen diesen beyden. Alle andere Absichten / die sonsten bey den Menschen vorfallen / hören hier auff / und also / wie es ungereimt ist / wenn ich die Christliche Kirche / darinnen Adeliche und Unadeliche Personen in der Gemeinschafft des Geistes stehen / wolte abtheilen in die Adeliche und Unadeliche / so ungeschickt ist es auch / wenn man saget / die Christliche Kirche bestehe aus Obrigkeit / Lehrern und Unterthanen / weil dieses solche entia moralia seyn / die in der Christlichen Kirchen nicht consideriret werden / weil die erste und letzte solche Personen seyn / welche / wenn sie als Glieder der Christlichen Kirchen betrachtet werden / diesen respect und Absicht niederlegen / indem sie nur zum weltlichen Staat gehören / da hingegen in der Kirchen sie als Zuhörer betrachtet werden. Der Herr Puffendorff de habitu religionis ad stat. polit. hat dieses wohl betrachtet / indem er §. 32. in f. spricht: Quam personarum va-

 rieta-

rietatem finis Civitatum producat, nemini est ignotum. Ast personarum, quæ respectu Ecclesiæ oriuntur, simplicissima est divisio in Doctores & Auditores. Das ist: „Es ist niemand unbekant/ wie viel unterschiedene Personen in „der Republiq, deren Endzweck zu erhalten/ gefunden wer„den. Aber in der Christlichen Kirchen ist eine einfache Enthei„lung in Lehrer und Zuhörer. Dahero er auch §. 41. hinzu thut: Unde & persona illa, quam quisque in civitate gerit, eiq; adhærens dignitas & potentia, ubi idem Ecclesiam ingressus fuerit, quiescit & non attenditur, & Christiani tantùm persona sese exserit. Sic qui supremi Ducis munere in civitate fungitur, idem in Ecclesia non plus Juris obtinet quàm gregarius miles. Nemini autem ignotum est, unum & eundem hominem citra confusionem, plures personas gerere posse, prout diversa munia aut „diversas obligationes sustinet. d. i. Dahero auch die „jenige Person/ die einer in dem weltlichen Staat præ„sentiret / und die derselben beywohnende Würde und „Macht / aufhöret und gar nicht attendiret wird / wenn „einer als ein Glied der Christlichen Kirchen betrachtet „wird / als in welcher sich nur die Person eines Christen „äussert und hervor thut. Dahero einer/ der in der Re„publiq der ober-Officiant über die Milice ist/ in der Kir„chen oder Gemeinde kein mehrer Recht hat als ein gemei„ner Soldat. Es ist aber ja eine bekante Sache/ daß ein „Mensch ohne Confusion viele Personē præsentirren kön„ne/ nachdem er unterschiedene Aempter führet. Wenn man dieses betrachtet hätte/ würde man mit solchen irrigen Concepten von der Christlichen Kirchen obige falsche Lehren nicht defendiret haben. Ich läugne nicht / daß Obrigkeit und Unterthaterthanen in der Christlichen Kirchen seyn; Aber ich läugne/ daß sie darinnen als Obrigkeit und als Unterthanen betrachtet werden/ sondern nur als Christen/ weil diese Nahmen zur Republic oder zum weltlichen Regiment gehören/ nicht aber zur Christlichen Kirchen / nach obiger Lehre des Herrn Puffendorffs. Es hat ja die Christliche Kirche einerley Natur und Eigenschafft/ sie mag ausser einem weltlichen Staat seyn / z. e. auff einer wüsten Insul/ oder in demselben / ja es mag sich die weltliche Obrigkeit darzu bekennen oder nicht / weil sie dadurch gar keine Veränderung leidet / daß der Fürst ein Glied derselben wird. Sihe Herr Puffend. §. 41. pr. Wie es nun irrig wäre/ wenn man sprechen wolte / daß die Kirche / die ausser einem Staat lebet / aus besagten dreyen Ständen bestehe / so ist es auch wider die wahre definition der Kirchen/ daß man ihr dieses in der Republic zumisset / es wäre denn / daß man sagen wolte / eine solche Kirche auff der wüsten Insul wäre keine vollkommene Kirche/weil sie nicht aus den 3. Ständen bestünde/wie etwa das keine vollkommene Familie kan genennet werden/ da nur ein Hauß-Herr und Hauß-Mutter/ aber kein Diener oder Magd / welches aber offenbahr wider die allgemeine Doctrin von der Kirchen Christi wäre.

§. IIX.

Ja wie alle irrige Lehren auch daran erkant werden/ daß sie nicht wohl zusammen hangen/so verräth sich der Autor besagter Disputation p. 54. §. 2. da er sagt/ es seyen nur 2. Orden in der Kirchen/Lehrer und Zuhörer. Denn wenn nur 2. seyn/ wie hat er vorhero sagen können / daß die Kirche aus dreyen Ständen bestehe? Und also ist hier eben eine solche contradiction, wie beym Carpz. JCto von dem Regiment der Kirchen/

 davon

davon ich unten mit mehrern handeln werde. Und da man pag. 55. ch. 7. dreyerley Macht der Kirchen macht/der Obrigkeit/ des Ministerii, und der Unterthanen/ begehet man eben diesen Irrthum / ja man weiß nicht / was man schreibet. Denn da man den Unterthanen kein besonders Recht bey den Theologischen Streitigkeiten zuschreibet/sondern nur saget/daß ihr Recht allen gemein sey/ so folget dann/ daß die Unterthanen keinen eigenen Stand in der Kirchen machen/denn sonst würden sie ja ihr eigen Recht auch haben/unterschieden von dem Recht eines Fürsten und des Ministerii. Und ist gewiß auch darinn eine grosse Confusion, daß man den Lehr-Stand von dem Stand der Unterthanen entscheidet. Denn entweder diese Abtheilung gehet auff die Republiq oder auff die Kirche. In der ersten Betrachtung findet man nur Obrigkeit und Unterthanen / wohin auch die Lehrer gehören; in der andern findet man nur Lehrer und Zuhörer. Und also mag man die so lange hergebrachte Abtheilung in den Lehr-Wehr-und Nehr-Stand betrachten / wie man wil so findet man irrige Concepten/ die einem zu falschen Schlüssen Anlaß geben Und erkenne ich/daß fast alle Irrthümer in dieser Materie von diesem Dinge herrühren. Denn weil man sich beredet / der Obrigkeitliche Stand gehöre mit zu der Christlichen Kirchen/ so hat man daraus geschlossen/ man müsse auch derselben einige Macht darinnen einräumen/ welche doch/ wenn man sie nach den Gründen gedachter Disputation betrachtet/gar schlecht ist/ wie unten mit mehrem soll berühret werden. Da hingegen/ wenn man bey der einfältigen Warheit von der Kirchen / daß dieselbe nur aus Lehrern und Zuhörern bestehe/ geblieben wäre/ wäre man auff so schädliche Irrthümer nicht gefallen/ wovon auch unsere Juristen nicht frey seyn/ wie denn der Herr Schilter, Instit. jur. Canon. Lib. 1. Tit. 3. §. 3. schreibet:

quod

quod Ecclesia sit pars Reip. oder daß die Christliche " Kirche ein Stück der Republiq sey/ da sie doch nur in der Republiq ist/ nicht aber als ein Stück derselben kan betrachtet werden / gleich wie die Seele des Menschen in dem Leibe ist / aber deßwegen kein Stück des Leibes ist.

§. IX.

Und dieses ist auch die Ursache/warumb ich in meiner Disputation de Jure Principis circa adiaphora die Distinction inter internam & externam potestatem, **von innerlicher und äusserlicher Gewalt** in der Lehre von dem Recht in Religions-Sachen/ verworffen habe/ weil dieselbe dunckel/und zu vielen falschen Meynungen Anlaß giebt. Denn man betrachtet entweder den Fürsten als ein Glied der Kirchen/ oder als ein Glied der Republiq. In der ersten Betrachtung hat er kein grösser Recht als ein ander gemeiner Christ; In der andern Betrachtung sehe ich auff den Endzweck der Republiq, und lerne daraus/ wie weit sich die Macht eines Fürsten erstrecke. Und also ist mir die Distinction unter der äusserlichen und innerlichen Macht in dem Recht eines Fürsten gantz nichts nütze/ sondern ich kan aus andern Gründen die Sache deutlicher begreiffen/ worauff man allemahl sehen muß. Man hat zwar in der gedachten Disputation pag. 56. §. 2. diese gemeine Distinction als nützlich defendiren/und hingegen meine Regul/ von dem Recht eines Fürsten/ als unzulänglich verwerffen wollen/ aus Ursache/ ein Fürst sey nicht allein für den äusserlichen Frieden zu sorgen schuldig/ sondern auch für die Seligkeit seiner Unterthanen/ und erkläret solches hernach mit dem Exempel derer so genannten Pietisten in Leipzig/ daß/ ungeachtet die Ruhe und Friede der Republiq dadurch nicht turbiret werde/ daß diese

Leu-

Leute sich des Abendmahls und der Kirchen zu Leipzig enthalten/ weil sie sich ein Gewissen davon machen mit dem Hauffen der Gottlosen diese Gemeinschafft zu geniessen/ dennoch die Obrigkeit sie wohl zwingen könne/ entweder in die Kirche und zum Abendmahl zu geben/oder die Stadt zu räumen/ damit sie andern Leuten kein Aergernüß geben. Aber wer sihet nicht/ daß hierdurch noch nichts bewiesen ist/ weil man das zum Beweißthum anführet/ welches bißhero von mir ist negiret worden/ welches man petitionem principii nennet? So lange als man dannenhero keinen bessern Beweiß anführet/ bleibt meine Meynung unumgestossen/ und gehöret das angezogene Exempel mit zu dem unzeitigen Eifer der Feinde der Frömmigkeit/die nicht leiden können/ daß Leute/ die in steter Busse sich von den todten Wercken zu reinigen suchen/ neben ihnen wohnen/ damit sie ihnen nicht stillschweigend ihr unchristliches Leben auffrücken. Leute die täglich fressen und sauffen/ und liederlich leben/ die leidet man ja/ und schreyet man nicht über Aergernüß/ ja man giebt täglich selbst vielfältiges Aergernüß/ dahero man billig mit dem Seneca de vita beata cap. 19. sagen mag: Expedit vobis, neminem videri bonum, quia aliena virtus exprobratio „delictorum vestrorum est, das ist: Es ist euch sehr viel „daran gelegen/ daß niemand für fromm angesehen wer„de/ damit nicht frembder Tugend euch eure Laster auff„rücke. Und ist wohl diß die eintzige Ursache/ weßwegen man den Leuten/ die in einem rechtschaffenen Wesen/ das ist in Christo ist/ einherzugehen trachten/ so gehäßig ist/ weil man wohl sihet/ daß sie andere in ihrem Leben beschämen/ und also derselben Autoritæt bey andern/ die sie als Götter verehren/ ziemlich verringern. So grob ist ja unter den heutigen Eiferern noch meines Wissens niemand gewesen/

daß

daß er diese so offenbahr Anti-Christische Thesin, daß man Leute zwingen könne zum Abendmahl zu gehen / so schlechter dings / wie in besagter Disputation geschehen / hätte gesetzt. Denn lieber! was kan da für Andacht seyn / da man wider seinen Willen zugezwungen wird? Es leidet ja vernünfftige Liebe keinen Zwang / wie soll man denn einem die Göttliche Liebe / die bey einem Communicanten seyn muß / ins Hertz mit Gewalt giessen können? Gewiß muß der jenige nicht wissen / was Göttliche Liebe / die durch den werthen Heil. Geist in unsern Hertzen muß angezündet werden / für eine Beschaffenheit habe / da er so gottlos und offenbahr Papistisch / Leute zum Abendmahl wil gezwungen wissen / welches auch in des Herrn Linckers Disputation de eo, quod est justum circa S. cœnam cap. 5. §. 26. wohl angeführet ist; wiewohl er bald darauff / durch die gemeine Lehren so wohl vieler Theologen in den Consiliis Wittenbergensibus, als vornehmer Juristen verleitet / meynet / daß man die Christen / die von der orthodoxie und dem einmahl angenommenen Glauben zu weit abgehen / nicht allein mit Kirchen-Zucht / sondern auch mit Weltlicher Straffe belegen könne / und führet zu dem Ende an das cap. 4. in f. X. de apostat. cap. 3. X. Baptism. ejus effect. can. 5. in f. distinct. 45. und thut hinzu zur Ursache / ut quos Dei timor à peccatis non revocat, saltem correctionis medicina compellat, aut disciplinæ severitas coërceat, & ideò cum gladiô spirituali etiam temporalem in eos stringi posse, docet Hermes Fasciscul. jure. public. c. 39. n. 72. Carpzovius jurispr. Eccles. Lib. 2. def. 295. n. 10. d. i. Damit / wenn jemand sich „ durch die Furcht Gottes nicht will von Sünden abhal- „ ten lassen / ihm zum wenigsten die medicin der corre- „

„tion zwinge/oder die harte disciplin bestraffe; und also
„lehret der Hermes in seinem jur. publ. c. 39. n. 72. Carpzo-
„vius jurispr. Eccles. Lib. 2. def. 295. n. 10. welches alles zwar bishero auff unsern protestirenden Universitæten aus dem jure Canonico (womit man leider! die jurisprudentiam Ecclesiasticam bishero corrumpiret/ und dafür man jetzo/ da man anfängt aus dem Recht der Natur und des Christenthums den Greuel zu sehen/ als für dem Palladio der irrigen Lehren fichtet/ und ja nicht wil einreissen lassen/ daß man aus dem göttlichen natürlichen und allgemeinen geoffenbahrten Gesetze und dem Christenthumb die Warheit in dieser edlen Disciplin, als aus den unverfälschten Brunnen/ schöpffen möge/ weil man wohl sihet/ wenn dieses auffkommen solte/ daß die jenige vermeinte Weißheit/ die man so lange Jahre getrieben/ und dabey man sich so lange Zeit so wohl befunden/ in schlechten Werth gerathen möchte/) dociret/ auch würcklich in praxi so außgeübet worden ist/ welches nicht allein wider die gesunde Vernunfft/ sondern auch das Christenthum streitet. Alle Stücke des Christenthums/ sie mögen nun facienda oder credenda genennet werden/ sind so beschaffen/ daß sie keinen Zwang leiden. Denn die letztere gehen auff den Verstand/ in welchen durch Zwang nichts kan gebracht werden. Die ersten concentriren sich auff die Liebe Gottes und der Menschen; diese aber gehöret mit unter die Tugenden/ davon Grotius spricht/ quod coactionem respuant, daß sie keinen Zwang leiden. Die angeführte Ursach dieser Meynung klinget ziemlich Rethorisch; wenn man sie aber resolviret/ ist sie sehr schlecht. Die Furcht Gottes lässet sich durch keine Weltliche Straffe oder Schwerdt einschärffen. Bey Kindern und andern unverständigen Leuten pflegt mans

ja wohl in der Kranckheit so zu practiciren / daß man ihnen die medicin auch wider ihren Willen offtmahls in den Leib giesset. Aber bey Heilung des Gemüths und der Seelen ist diese Art nicht zu practiciren/indem dadurch nichts außgerichtet/sondern vielmehr das Gemüth verbittert wird/ daß es sich desto schlimmer auff den rechten Weg bringen lässet. Und also gehöret dergleichen Satz mit zu der Philosophie des Ulpiani, davon ich droben gedacht habe.

§. X.

Hermes und Carpzovius beweisen mit ihrer Autoritæt nichts/ und ists jenem ja nicht zu verdencken / daß er als ein Catholischer Jurist dergleichen Lehre führet / auch bey dem Carpzovio nicht zu verwundern / indem ja seine meiste Jurisprudentia Ecclesiastica mit dergleichen Päpstischen Greueln angefüllet ist / weil es ja leider! so herkommens ist / daß man die Catholischen Juristen ohne Unterscheid gebraucht und ausschreibet / die man billig bey Anfang der Reformation, als solche Bücher womit bishero unziemliche Kunst war practiciret worden / hätte verbrennen sollen / damit man hernacher keinen Anlaß genommen hätte / falsche Lehren in Religions Sachen aus ihnen zu nehmen/ oder man hätte zum wenigsten auff allen protestirenden Universitæten eine solche Verordnung machen sollen / wie der Justinian in L. 3. §. 19. C de Veter. jur. Enucl. nach Verfertigung seiner Bücher/ bey harter Straffe verbietet/ die alten Bücher der Juristen nicht mehr zu gebrauchen/noch in den Gerichten anzuführen/also auch keinen Catholischen Juristen/in der Jurisprudentia Ecclesiastica ins künfftige mehr zu gebrauchen. Gewißlich wäre dadurch mehr gutes gestifftet worden/als durch die Verordnung des Justiniani. Und ist wohl die vornehmste Ursache/daß man das jus Canonicum auff den protestirenden Universitæten behalten / weil man sonsten nicht gewust hätte / was man mit den vielen Büchern hätte anfangen sollen. Das Recht der Natur war nicht bekant/ und war in ein Labyrinth der so genanten Gewissens-Fälle verwickelt. Das thätige Christenthum/welches einem die Augen eröffnet in dieser materie, stund ihnen nicht an/ und wie die Theologie in eitele unnütze Fragen verwandelt war / so seuffzete die Jurisprudentz unter der Last der Glossatorum, und hiesse es ja wohl recht / was unser Seel. Lutherus schreibet/ V. Tom. Jenens. fol. 122. **Da lag die alte Lehre vom Glauben Christi/ von der Liebe / vom Gebeth / vom Creutz/ vom Trost in Trübsal gantz danieder/ja es war kein Doctor in aller Welt/der den gantzen Catechismum/das ist/das Vater Unser/ Zehen Gebot und Glauben gewust hätte/schweige daß sie ihn solten verstehen. Des beruffe ich mich auff alle ihre Bücher/ beyde Theologen und Juristen; wird man ein Stück des Catechismi recht daraus lernen können/so wil ich mich rädern u. ädern lassen.** Und dahero hätte man auch in der Jurisprudentz eine gleiche Reformation vornehmen sollen / und wie der Seel. Lutherus seine Theologie säuberte von dem Unflath der Menschen-Satzungen/ so hätte sich auch ein Jurist darüber machen / und nach Vermögen die Jurisprudentz purificiren sollen. Doch hat es dem höchsten GOtt in seinem weisen Rath noch nicht gefallen dieses Werck damahls vornehmen zu lassen; und wäre es auch/Menschlicher Weise davon zu reden/ sehr gefährlich gewesen für den / der sich solches unternommen hätte.

Die Politici an den Höfen konten ja wohl geschehen lassen/ daß unser Seel. Lutherus mit unerschrockenem Muthe der Päbstlichen Clerisey die Warheit sagte/ und in die Theologie stürmete. Aber gewiß wann in der Jurisprudentz/ die ja eben solche Reformation ihrer Art nach nöthig hatte / ein ander ein gleiches Werck vorgenommen hätte/ würden sie ihm keine hülffliche Hand geleistet/ sondern vielmehr gedrucket haben/ weil dieses Werck mehr auff ihre Studien wäre gerichtet gewesen / und ihre Blösse gezeiget hätte. Die Reformation, die einige Stände in der Jurisprudentz zur Zeit des Friderici III. vorzunehmen willens waren/war noch in frischem Gedächtnüß/und sahe man daraus wohl/ wie schlechten Fortgang man in dergleichen Sachen sich zu promittiren hätte.

§. XI.

Aus diesen erhellet nun auch / daß die gemeine Lehre in jure publico, **als wenn die protestirende Fürsten in Teutschland bey ihrer Regierung zwo Personen** repræsentireten/**nemlich eine Bischöffliche und eine Fürstliche**/ jene in Religions-Sachen/ diese in Weltlichen/ aus einem irrigen principio herfliesse, nemlich weil man in dem jure Canonico lehret/ daß die Religions-Sachen für die Bischöffe gehören. Denn wenn man betrachtet hätte, daß das Recht in Religions-Sachen eben so wohl ein Stück der höhesten Majestät sey / als andere Regalien/auch aus eben dem Grunde herfliesse / daraus die andere kommen / würde man auff diese zwofache Betrachtung des Fürsten nicht gekommen seyn. Denn wie es ungereimt wäre / wenn man sagen wolte / daß ein Fürst in Ausübung des Rechts Krieg zu führen eine andere Person repræsentirte/ als in dem Recht Gesetze zu machen/ eben so ungeschickt

geschickt ist es auch / daß man dem Fürsten in Ausübung des Rechts in Religions-Sachen eine andere Person affingiren und andichten wollen. Alle Rechte/ die ein Fürst hat in Regierung seiner Unterthanen/ hat er als Fürst / und hangen dieselbe unauflößlich zusammen/so daß/wenn man einige davon nehmen wolte / eine unvollkommene und zur Regierung der Unterthanen nicht zulängliche Majestät daraus entstehen müste. Vor der Reformation waren freylich die jura Episcopalia von den juribus principum entschieden/ weil man im Pabstthum es für eine Tod-Sünde hielte/wenn ein Fürst sich die jura Episcopalia, die doch in der That auff Weltliche Sachen giengen/ anmassen wolte. Nach der Reformation ist es am besten / daß man diesen Unterscheid weg läst / weil er zu einigen falschen Conclusionibus Anlaß giebt/ davon hier nur einige berühren wil. Christianus Weberus in seinem Tr. de jure Consistoriorum cap. 47. wil weitläufftig behaupten / daß es allerdings nöthig sey/ daß ein Fürst in seinem Territorio ein Consistorium auffrichte/und die so genannte Consistorial-Sachen davor debattiren lasse / und führet zu seinen Beweiß unter andern §. 2. an (1) weil die Pol cey von der Christlichen Kirchen entschieden sey/ (2) §. 5. weil es die Würde des Ministerii erfordere/daß man dessen Glieder nicht vor Weltliche Gerichte ziehe/ und führet zu dem Ende aus dem Päbstischen Rechte an Can. 39. c. 11. q. 1. Si quis contra quemlibet Clericum caussam habuerit, Episcopum ipsius adeat, ut aut ipse cognoscat, aut certe ab eô judices deputentur. Das ist: „ Wenn jemand wider einen Geistlichen eine Sache hat / „ so soll er zu seinem Bischoffe gehen / daß er entweder „ selber die Sache untersuche / oder gewisse Commissarios

rios ordne; ja da er die jenigen / die da meynen / Consisto-„ rial-Sachen könten auch wohl in der Cantzeley oder vor der Regierung abgethan werden/refutiren wil/ spricht er an eben demselben Orte; Sicut judicium divinum aliud est ab humano, sic & alius est baculus Aaronis & alius gladius Pharaonis, ac alia est clavis Petri, & alius est clavus Neronis. Das ist: Wie GOttes Gerichte von Menschlichem „ Gerichte entschieden ist / so ist auch die Ruthe Aarons „ von dem Schwerdte Pharaonis entschieden / und Pe-„ tri Schlüssel hat mit der Keulen Neronis nichts zu „ schaffen. Welche Gründe gewiß bey weitem nicht zuläng-„ lich seyn zu Behauptung seiner Meynung / die / wie aus angezogenen Oertern zu sehen ist/ hergeflossen ist aus dem/ daß man den Fürsten bisher zwo Personen angedichtet hat; durch welche Lehre sich der gute Mann hat verführen lassen/als wenn deswegen auch nothwendig müsten zwey sonderbahre unterschiedene Gerichte seyn / davon das eine von dem Fürsten als vom Bischoffe/das andere aber als vom Fürsten dependirte; denn sonsten sehe ich nicht / wie sich der Text aus dem jure Canonico hieher schicke. Und wäre er also von solchem Irrthumb befreyet geblieben/ wenn er betrachtet hätte/ daß das Recht in Religions-Sachen / so die Fürsten haben / ihnen auch als Fürsten zukomme. Woraus denn auch dieses fliesset / daß das Consistorium in der That kein geistlich sondern ein Weltlich Gericht sey/ und daß sich die Textus aus dem jure Canonico, die von dem judicio Episcopali oder Bischöfflichen Gericht handeln / auff unsere Consistoria gar nicht schicken / weil der Grund/ worauff dieses in dem Päpstischen Rechte gebauet/ bey den protestirenden wegfällt. Denn unsere Juristen gestehen

hen selber daß das Consistorium nicht deßwegen ein geistlich Gericht genant werde/ weil Theologi oder geistliche Personen darin sitzen/ sondern weil der Bischoff oder der jenige der die Bischöffliche jura exerciret/ dieses Gerichte zu Entscheidung der geistlichen Sachen bestellet hat. Dn. Stryk in not. ad Brunn. lib. 3. cap. 1. §. 5. Wann man nun ihnen weiset/ daß das ein falscher Grund sey / was man von der zweyfachen Person des Fürsten gelehret / so fällt auch das weg/daß das Consistorium ein geistlich Gerichte sey.

§. XII.

Und damit nicht jemand meyne/ daß dieses ein unnütziges Wort-Gezäncke sey/ so hat man hievon den Nutzen / daß man die Thorheit erkennet / die man in Anführung der Texten aus dem jure Canonico oder wohl gar aus Heil. Schrifft in dieser materie begehet/ als z. e. wenn Werberus Sect. 26. beweisen wil/ daß die Consistoria in Criminal-Sachen mit Leibes-Straffe niemand belegen können / führet er dazu an C. 5. X. Ne Clerici vel Monach. Clericis in sacris ordinibus constitutis ex Concilio Toletano, judicium sanguinis agitare non licet. Das ist: Geistlichen Personen ist nach dem Concilio Toletano „ nicht vergönnet / ein Blut-Gericht zu hegen; und am „ Ende desselben Orts aus dem Luc. 9. v. 55. Ihr wisset nicht/welches Geistes Kinder ihr seyd? des Menschen Sohn ist nicht gekommen der Menschen Seelen zu verderben/ sondern zu erhalten; welche beyde loca sich darauff gar nicht schicken/ weil in jure Canonico die Episcopi und Clerici vom Pabste ihre Rechte hatten / welcher das Ansehen nicht haben wolte/ daß er Menschen-Blut ver-

vergosse/ und zu solchem Ende seinen Creaturen solches auch untersagete. In unsern Consistoriis vertreten die Herren Assessores die Person des Fürsten/ und also wie niemand einem Fürsten verübeln kan/ daß er Maleficanten am Leben straffet/ also schicket sich der locus aus dem jure Canonico gar nicht auf unsere Consistoriales. Der Spruch aus dem Luca ist gar übel appliciret/ denn/ wenn gleich das Consistorium einen am Leben straffte/ so verdürbe es dadurch ja keines Menschen Seele/ indem ja am besagten Orte vom geistlichen Verderben und Stürtzung zur Hölle gehandelt wird/ von dem ja die leibliche Straffe gantz entschieden ist; Und wüste ich nicht/ was Weberus einem antworten wolte/ der aus Anführung und applicirung dieses Spruchs ihm imputiren wolte/ daß er damit zugleich dem Fürsten das Recht weltliche Straffe auszuüben benähme/ weil er diesen Spruch von weltlicher Straffe auslegte. Doch ich wil diesem Manne dergleichen Consequenz nicht aufbürden/ sondern nur dieses hiebey erinnert haben/ daß/ wenn ein Jurist in seinen Schrifften dergleichen Application gemacht hätte/ die Eifferer ihn von dergleichen Consequenz und Imputation nicht würden frey gelassen/ sondern für einen Auffrührer des Volcks/ für einen Weigelianer ꝛc. außgeschryen haben. Ich könte mehr loca anführen/ da man das Jus Canonicum auff gleiche Art appliciret; Doch kan dieses gnug seyn zu beweisen/ daß es uns mit dem jure Canonico gehe wie mit dem jure Romano, als woraus man vielfältig die Leges auch obtorto collo appliciret/ umb deren Nutzen in praxi zu erweisen.

§. XIII.

Zum andern so sihet man auch hieraus/ daß die Distinction inter jus Episcopale & jus Sacrorum, wie mans nennet/nichts nütze sey. Sihe den Hrn. Stryk. de jure papal. cap. 2. §. 7. & in not. ad Brunnem. Lib. 3. c. 1. §. 11. Denn warum wil man doch unnöthige Distinctiones gebrauchen/deren man kan entübriget seyn? Man deducire die Fürstlichen Jura aus rechtmäßigen Gründen / so wird man nicht nöthig haben sich mit solchen Distinctionibus zu behelffen / als welche man hat erfinden müssen/ nachdem man einmahl von der Warheit abgewichen ist. Ja/ spricht man/diese Distinction äussere sich ja gnug dadurch / daß die Consistoria das jus Episcopale von Fürsten überkommen / das jus Sacrorum aber ihm vorbehalten sey. Aber hierauf ist leicht zu antworten / daß / ob zwar die Fürsten ihren Consistoriis gewisse Sachen auffgetragen / andere aber und zwar die wichtigsten sich selber vorbehalten haben/dennoch nicht nöthig sey / daß man zwo unterschiedene Arten von jurisdictionen mache/weil ja die Consistoria ihre gantze jurisdicton von dem Fürsten haben/ nicht anders wie die andern Collegia im Lande/ und dannenhero wie ich irren würde/ wenn ich der jurisdiction in weltlichen Sachen/ so fern sie dem Fürsten zukömmt/ wolte einen andern Nahmen geben als derjenigen / die z. e. der Regierung zukömmt/ so scheinets mir auch in der Materie von geistlichen oder Religions-Sachen. Denn weil man zugiebt / daß die jurisdictio Consistoriorum delegirt sey/ so ist ja dieselbe einerley Art mit derjenigen/ die sich der Fürst vorbehalten hat.

§. XIV.

Dahero sehe ich nicht/wie man defendiren könne/ was Henricus Gebhard, de potestate & Regimine Ecclesiast. §. 223. von den Consistoriis schreibet: Et ita videmus passim, Statûs Imperii in suis territoriis consensu provincialium Statuum & subditorum exercitium jurisdictionis

nis Ecclesiasticæ omnimodò Consistoriis demandâsse, ut de eo Constitutiones Ecclesiasticæ testantur. Idqve exercitium jurisdictionis Status Imperii ad se revocare, vel causam aliqvam avocare non possunt, eò qvòd judicia hujusmodi Ecclesiastica, (curiam Christianitatis appellant Angli,) totum presbyterium Ecclesiæ repræsentant, nec absolutè ad Principes spectant, ut Curiæ merè seculares, uti & jure Canonico dispositum reperitur, cum Episcopus demandat Collegio vel Archi-Diacono jurisdictionem Ecclesiasticam, qvòd eam impedire vel avocare neqveat, cum jurisdictione sua se abdicârit, nisi exemtio sit singularis. Unde conseqvitur, si Episcopus uti ordinarius, delegat suam jurisdictionem Ecclesiasticam suo Consistorio, in qvo etiam lis contestata est, qvod omnes actûs judiciales & termini processûs à Consistorio & Consistorialibus pendeant, nec ordinario ulla pars processus, sive ordinem justitiæ sive substantiæ (*fortè legendum:* substantiam) respiciat, expediri possit. Nec obstat, qvod jurisdictio Ecclesiastica sit ipsius Principis æqvè ut temparalis & secularis. Suprà enim responsum est, aliam & diversam esse rationem utriusqve rationis, qvæ idcirco turbari & confundi non debet. d. i. Und dahero sehen wir durchgehends / daß die Reichs-Stände in ihren Ländern mit Bewilligung der Land-Stände und der Unterthanen / die Außübung der Jurisdiction in geistlichen Sachen gänzlich den Consistoriis auffgetragen haben; Dahero können sie selbige nicht wieder zu sich ziehen / oder eine an dem Consistorio hangende Sache avociren / und zwar deßwegen / weil diese geistliche Gerichte (die Engeländer nennen sie ein

Rathhauß der Christenheit) das gantze Ministerium der Christlichen Kirchen repræsentiren; und schlechterdings von dem Fürsten nicht dependiren/ wie etwan die weltlichen Gerichte; Dahero man auch im jure Canonico verordnet sihet/ wann ein Bischoff einem Collegio oder Archi Diacono die so genannte geistliche Jurisdiction aufträgt/ daß er dieselbe nicht verhindern noch zurücke fordern könne/ indem er sich seiner Jurisdiction begeben. Dahero denn folget/ wenn ein Bischoff als der ordentliche bestellete Richter/ dem Consistorio seine Jurisdiction aufträgt/ in welchem schon der Krieg Rechtens befestiget/ daß alle Gerichts-Handlungen und Terminen des Processes von dem Consistorio und dessen Assessoribus dependiren/ noch von dem Bischoff/ als sonsten ordentlichen Richter können verrichtet werden/ es mögen dieselbe zur Ordnung des Processes oder zu den meritis causæ gehören. Und ist diesem nicht zuwider/ daß die jurisdictio Ecclesiastica auch den Fürsten zukomme/ so wohl als die weltliche. Denn es ist schon droben geantwortet/ daß dieselbe unterschiedener Natur seyn/ und dannenhero nicht müssen mit einander vermischet werden. In welchen Worten gewiß viel Irrthümer stecken/ die aus dem/ was ich schon gesagt/ leicht können widerleget werden/ weil das Consistorium seine jurisdiction dependenter vom Fürsteu hat/ und folglich dem Fürsten nichts vorwerffen kan/ wenn derselbe eine Sache/ die schon anhängig gemacht ist/ avociren wil. Das jus Canonicum schicket sich hieher nicht/ weil die Bischöffe nach demselben ihre jurisdictionem Ecclesiasticam nicht auff die Art besitzen/ wie die protestirende Fürsten die ihrige/ nemlich jene

depen-

dependenter vom Pabst / diese aber independenter und jure proprio.

§. XV.

Und also kan man nun deutlich verstehen / was der Herr Strauchius Dissertat. Academ. 3. §. 36. gesetzet hat / da er spricht: Hodie in Imperio Germanico Protestantes Principes potestatem circa sacra recuperârunt jure propriô vi cujus Clerici obligantur eorum constitutionibus. Inde tamen satis supinè à quibusdam dicuntur duplicem habere personam. Cum enim Principibus potestas Legislatoria circa sacra de se competat, ut Principibus, jure proprio, & ut sunt Rectores Civitatis vel suæ communitatis, non aliam propter exercitium hujus potestatis personam possunt repræsentare, quàm quâ leges circa profana condunt. Sed cùm potestas una sit eademque, non potest hujus unius potestatis ratione duplicem personam gerere, nec rectiùs Episcopalia jura fortè dixeris Principes nostros exercere, non magis atque si jurisdictionem Ministro Tuo mandatam vel de facto ab ipso usurpatam, cùm vindicaveris, Minister appellari possis, ejusque personam repræsentare respectu illius dixeris. Nec hæc de verbis est observatio, sed ad jus rei multum interest, itane an aliter loquaris. d. i. Jetzo haben die protestirende Fürsten in Teutschland das Recht in Religions-Sachen / jure proprio wieder erlanget / Krafft welches die Geistliche ihren Verordnungen unterworffen seyn. Dannenhero ists eine Nachlässigkeit / daß einige sagen / daß die Fürsten eine doppelte Person repræsentiren. Denn weil ihnen das Recht in Religions-Sachen als Fürsten zukommt jure proprio, und sofern sie Regenten ihrer Länder seyn/so können sie wegen Außübung dieses Rechts/ keine andere Person repræsentiren/ als sie haben in denen weltlichen Gesetzen. Sondern weil ihre Macht einerley ist/ so können sie keine zweyfache Person tragen/ und kan man dannenhero ihre Rechte in Religions-Sachen nicht mit Grunde der Warheit Bischöffliche Rechte nennen/ so wenig als ein Herr wegen derjenigen jurisdiction, die er seinem Bedienten auffgetragen/ oder dieser sich aus eigener autoritæt angemasset/ und die der Herr ihm wieder genommen/ sich einen Diener nennen oder sagen wird/daß er seines Bedienten Person darinn repræsentire. Und diese observation ist kein leerer Wort-Streit/ sondern es ist in der That viel daran gelegen/ob man so oder anders rede. Nun hat er am besagten Orte den Nutzen dieser observation nicht gezeiget; Dasjenige aber/ was ich hierin gesetzet/ weiset uns denselben klärlich.

VI. Satz.

Die Pflicht eines Fürsten als Fürsten erfordert nicht/ daß/ wenn seine Unterthanen einer falschen Christlichen Religion zugethan seyn/er dieselbe zu der wahren seligmachenden bringe und führe.

Erklährung.

§. I.

Dieses fliesset aus obigen/ allwo erwiesen/ daß die Pflicht eines Fürsten nicht weiter gehe/als auff den äusserlichen Frieden/und wenn er diesen bey den Unterthanen erhalten/

ten/ so hat er seiner Pflicht ein Gnügen gethan; Und wenn er dannenhero weiter gehen wil / so äussert sich die Person eines Menschen oder eines Christen/ bey welcher aber ein Fürst keine Gewalts-Mittel gebrauchen kan / sondern nur diejenigen / die die gesunde Vernunfft und das Christenthum einem jeden Menschen und Christen gegen andere/ die sie auff den rechten Weg zu leiten suchen/ an die Hand geben. Und dahero kan man nicht so schlechter Dings hingeben lassen/ was der Herr Conring. in seiner sonst herrlichen Dissertation de autoritate & officio Majestatis Civilis circa sacra gesagt / da er §. 106. spricht: Manet ergò ratum, quod ante demonstravimus, neminem ad Christianam fidem amplexandam vi quadam licere cogi, aut si quis ip detrectet, eo nomine quem pœna aliqua affici meritò posse. Itidem tamen à nobis est ostensum, majestatis officium esse, quomodocunque licet, cives ad Christum perducere: videndum ergò, quinam sint modi illi liciti. Primò enim licet utique omnem vim atque injuriam dissidentium, cùm à cultu ipso divino, tum ab iis, qui religionem Christianam aut jam tum profitentur, aut cupiunt addiscere, amoliri. Quod profectò haut leve est propagandæ veritatis adminiculum. Neque enim illa progressum facere potest, si nemo toleretur qui docet quod rectum est, aut libri utiles manibus omnium excutiantur: Sique ex animi sententia Deum non liceat colere per nequitiam quorundam segregium. Deinde citra injuriam civium aliter sentientium fieri etiam potest, ut sedulo curentur cives institui in doctrina Christiuna, & adversæ opiniones fortissimis argumentis expugnentur, cultus quoque religionis ipse ritè exerceatur. postremò nulle fit

aliis

aliis injuria, si extraordinariis præmiis cives ad fidem amplexandam invitentur. d. i. Bleibet dahero feste / welches wir vorhero gezeiget / daß niemand zur Christlichen Religion mit Gewalt könne gezwungen werden / noch wenn er sich dessen wegert / mit einiger Straffe könne beleget werden. Dennoch aber ist auch gewiesen / daß ein Fürst schuldig sey / auff alle Art und Weise / seine Unterthanen zu Christo zu führen: Müssen wir dahero betrachten / was das für rechtmäßige Arten seyn. Und zwar (1) ist es vergönnet / alle Gewalt und Unrecht der Dissentirenden so wohl von dem Gottesdienst selber / als auch denjenigen / die entweder die Christl. Relig. schon bekennen / oder dieselbe lernen wollen / abzuwenden; welches in Warheit nit eine geringe Hülffe ist / die Warheit auszubreiten / weil dieselbe keinen Fortgang haben kan / wenn niemand geduldet würde / der dieselbe lehret / oder wenn nützliche Bücher aus den Händen gerissen würden / und wenn sie nach ihres Hertzens Meynung ihren GOtt nicht ehren dürfften / wegen der Boßheit der Widriggesinneten. Zum andern / so kan es ohne Præjudiz der andern Unterthanen geschehen / daß die Unterthanen fleißig in der Christlichen Lehre unterrichtet / und die widrigen Meynungen mit starcken Gründen widerleget werden / und daß der Gottes-Dienst ordentlich verrichtet werde. Zum dritten geschicht den andern kein Unrecht / wenn die Unterthanen mit ausserordentlichen Belohnungen angelocket werden / die Christliche Religion anzunehmen. In welchen Worten der Herr Autor zwar wohl erinnert / daß zur Christl. Religion die Obrigkeit niemand zwingen könne; aber was die Mittel betrifft / die er derselben zuschreibet / muß mit Unterschied davon geredet werden.

§. II. Was

[illegible] betrifft / [illegible] eines [illegible] der andern [illegible] / und er [illegible] / wider die [illegible] Confession [illegible] L. 6. C. de [illegible] / den [illegible] und [illegible] praetext [illegible] / [illegible]

[illegible] ten Ort [illegible] / daß die [illegible] geben [illegible] der [illegible] / die [illegible] den [illegible] Heyden [illegible] / sie [illegible] Heylande erwiesen / [illegible] sich / sie thäten [illegible] / wenn sie auff diese [illegible] / [illegible] und [illegible] nicht frey gewesen [illegible]. [illegible] an die verwegene und [illegible] des Cyrilli, der [illegible] wird / [illegible] lib. 7. cap. 13. [illegible] zu lesen ist / [illegible] den [illegible]

 [illegible]

zu erkennen giebt / und uns lehret/ daß wir uns nicht verwundern dürffen / daß man den Nestorium, der [illegible] grosser Ketzerey beschuldiget wurde/ so hart tractiret [illegible] wol ers mit seinem Verfahren wider [illegible] verdienet hatte/ als von welchen Socrat. [illegible] l. 7. cap. [illegible] get/ daß da er seine Antrits-Predigt vor dem Käyser [illegible] sio gethan / er den Käyser angeredet habe / und gesprochen: Mihi, O Imperator, terram Hæreticis purgatam [illegible] & ego tibi cœlum retribuam: Tu mihi [illegible] Hæreticis subveni, & ego Tibi in profligandis [illegible] subveniam, das ist: O gnädigster Käyser / [illegible] die Erde von den Ketzern / so will ich euch den Himmel [illegible] ben. Kommet mir zu Hülffe in Dämpffung der Ketzer, [illegible] will ich euch secundiren in dem Kriege wider die Perser. Uber welche Gottlose Rede sich schon damahls/ wie Socrates bezeuget / viele vernünfftige Leute geärgert / und solche [illegible] ausgeleget haben; worum aber er sich nicht gekehret / sondern schon am fünfften Tage seines Dienstes die Verfolgung wider die Arrianer angestellet. Dergleichen Nestorii sich [illegible] heute viele finden möchten/ ob sie gleich sonsten auf den Nestorium tapffer zu schelten wissen.

§. III.

Was das andere Mittel betrifft/ welches der Herr Conring. vorschlägt/ hab ich schon droben meine Meynung [illegible] davon gesagt/ daß die Schul-Sorge einem Fürsten zukomme/ sofern es zur Ruhe des gemeinen Wesens nöthig ist / daß die Gemüther der Kinder beyzeiten zu den principiis der socialitat und der Liebe gegen andere angeführet werden/ damit sie nicht [illegible] verwildern; wiewohl/ wenn ein jeder Hauß-Vater bey Auferziehung seiner Kinder seine Schuldigkeit in acht nähme/ und

die

die Seinige nicht allein in dem Recht der Natur / das ist/ wie sie mit ihren Neben-Menschen friedlich und ruhig umgehen müssen/ sondern auch in dem Christenthum mit allem Fleiß unterrichtete,/ und nicht/wie es heute leider! unter den Christen hergehet/die Sorge für ihre Kinder andern übergäben/es nicht nöthig wäre/ daß man hiermit den Fürsten beschwerete. Wenn man den Uhrsprung der öffentlichen Schulen ansihet / ist es wohl gewiß / daß dieselbe bey den Gottlosen ihren Anfang genommen; weil die Frommen so wohl im Alten als Neuen Testament es für ihre grössesfte Sorge jederzeit gehalten /. ihre Kinder in der Furcht Gottes zu erziehen / und zu der wahren Weißheit anzuführen/ und also wie die Kinder dieser Welt das jenige / was sie am liebsten haben/ ich meyne den Mammon/selber verwahren/ und nicht andern in die Hände geben/ also haben vernünfftige Leute jederzeit erkant / daß sie wider ihre Pflicht gröblich sündigen würden / wenn sie ihre Kinder andern anvertrauen solten/ vornemlich wenn sie sehen / daß die Lehren in den öffentlichen Schulen auff keine wahre Weißheit / sondern auff eitel Thorheit / und solche Sachen gerichtet seyn / die besser wären / daß man sie niemahls gelernet hätte / von welchem elenden Wesen schon so viele Klagen verhanden/daß nicht nöthig / hie etwas davon zu gedencken. Was aber das dritte betrifft/ halte ich nicht dafür / daß das ein löbliches und rechtmäßiges Mittel sey andere zu bekehren. Durch äusserliche zeitliche Belohnungen wird niemand ein rechter Christ / sondern nur ein Heuchler / womit einem Fürsten nichts gedienet. Man wirfft dem Käyser Juliano als eine Schandthat vor / daß er auff diese Art gesucht die Christen zum Heydenthumb zu bringen. Doch ist ihm als einem Heyden dieses nicht so sehr zu verübeln/ als wenn Christliche Obrigkeit auff diese Weise wolte Christen machen.

Und werde ich nicht irren/ wenn ich dieses für eine Art von Simonie außgebe. Denn wie Petrus Actor. IIX. dem Simoni, der die Wunder-Gaben mit Geld kauffen wolte/ dieses als eine verdammliche That vorhielte/ so kan man aus eben dem Grunde wieder einen solchen/ der durch zeitliches Interesse jemand sucht zu bereden ein Christ zu werden/ schliessen. Denn wie Simonis Sünde darinn bestund/ daß er auff unzulängliche Art die Gaben des Heiligen Geistes erlangen wolte/ also bildet sich ein solcher Mensch ein/ daß seine Methode durch zeitliche Belohnungen auch rechtmäßig sey/ da sie doch nichts weniger ist. Und also halte ich nicht dafür/ daß diese letzte Methode des Herrn Conrings einem Fürsten zu recommendiren sey.

§. IV.

Weil dann nun das Recht zu straffen und zu belohnen einem Fürsten als Fürsten zukomme/ diese aber nicht zulänglich seyn jemand zu der wahren Religion zu bringen/ so bleibet ihm nichts übrig für dem Fürsten/ als die jenige Mittel/ die ein jeder Mensch hat/ nemlich durch sanfftmüthiges Vermahnen und Lehren andere zu gewinnen; wenn er aber dieselbe gebrauchet/ wird er darinnen entweder als ein Mensch oder als ein Christ betrachtet/ wie schon vorhero erinnert worden. Und dieses ist es auch/ was der Herr Conring. an besagten Orte §. 45. & 96. auch behauptet/ da er spricht: Si competeret Majestati Civili imperium circa fidem Christianam, competeret illud aut jure naturæ, aut singulari quodam jure divino. Jam verò jus naturæ nō dat Magistratui imperium, quod sese extendat ultra ea, quæ ad felicitatem civilem faciunt. Ex speciali autem liberalitate divina eidem non esse datum, inde liquet, quoniam aut illam necessum est acceperit communem cum reliquis Christianis, ita ut

omnes

omnes Christiani in incredulos habeant vim coactivam; aut singulariter hoc ipsi datum est. Prius non factum esse, patet inde, quod Christus nullibi Apostolis & reliquis Christianis jurisdictionem concessit. Nec dixeris, factum esse posterius, utpote cum talis alicujus divini mandati nullum extet vel levissimum vestigium, das ist: Wenn der weltlichen Obrigkeit eine Macht über den Christlichen Glauben zukäme/ so hätte sie dieselbe entweder aus dem Recht der Natur/ oder aus dem Göttlichen geoffenbahrten Rechte. Nun aber giebt ihr das Recht der Natur dazu keine Gewalt die sich weiter erstreckete als die äusserliche Bürgerliche Glückseligkeit gehet. Daß aber GOtt aus sonderbahrer Freygebigkeit ihr dieses nicht [illegible] weil sie solches entweder mit [illegible] Christen über die Ungläubigen einige Herrschafft hätten/ oder es muste ihr als ein besonder Recht gegeben seyn. Daß das erste nicht sey/ erhellet daraus/ daß Christus nirgends seinen Aposteln und übrigen Christen einige Jurisdiction gegeben. Von dem andern aber findet man nicht das geringste. Dahero er auch aus des Procopii arcana historia von unserm Justiniano anführet/ daß verständige Leute ihm widerrathen/ die Samaritaner nicht mit Gewalt zur Christlichen Religion zu zwingen / woran er aber sich nicht gekehret; denn er ware gewohnet/die Ketzer/ wenn sie sich durch sein dispuüren nicht bekehren wolten/ins Gefängnüß zu werffen/ wie Procopius weitläufftig erzehlet. Und hat man an dem Vorfahren wider die Samaritaner desto weniger zu zweiffeln / weil davon in der Novell. 144. weitläufftig zu lesen ist. Daß aber Procopius lib. 5. cap. 7. schreibet / er habe die meisten Samaritaner [illegible] ad pietatem & Christi sacra [illegible] / [illegible] von [illegible] anders als von Heucheley verstanden werden. Viel [illegible] ist es / was Ammianus Marcellinus lib. 25. von dem Valentiniano schreibet / eum hoc moderamine Principatus sui inclaruisse, qvod inter religionum diversitates medius steterit, nec qvenqvam inqvietaverit, neque [illegible] dictis minacibus subjectorum cervicem ad id, qvod [illegible] credebat, inclinaverit, das ist: Daß er durch seine [illegible] und moderate Regierung sey berühmt [illegible] / daß er sich gleichsam bey denen unterschiedenen [illegible] neutral gehalten / und niemand beschweret / noch [illegible] dräuende Gesetze jemand zu seiner Religion disponiret und beredet. Welches Exempel den Constantinum, Theodosium und andere / die ihre Unterthanen mit [illegible] Christlichen Religion gezwungen / beschämet / und [illegible] sehr / daß man in der Leipziger Disputation pag. [illegible] den Carolum M. für einen Rectorem veræ Religionis [illegible] Vorsteher der wahren Religion ausgeben darff / da doch [illegible] bahr / daß die damahlige Religion durch und durch mit [illegible] [illegible] Irrthümern angefüllet gewesen / Carolus M. [illegible] Sachsen mit Gewalt dazu gezwungen hat. Und [illegible] man billig Bedencken tragen sollen / diesen Käyser unseren [illegible] [illegible] Fürsten als ein Exempel eines löblichen [illegible] in Religions-Sachen vorzustellen.

§. V.

Doch ist es endlich kein Wunder / daß man den Carolum M. in dieser materie so sehr erhebet / weil von ihm bekant / daß er den Clericis geschmeichelt / und ihre Macht und Autoritæt sehr vermehret. Die Capitula Carolina geben davon genugsam Zeugnüß / davon nur einige anführen wil; Capitul 364. lib. 5.

heist

heist es: Nemo audeat Clericum aut Monachum aut sanctimonialem fœminam ad Civile judicium accusare, sed ad Episcopum; & ipse ex Legibus vel Canonibus consentaneam & justam sententiam proferat. Si quis hanc Constitutionem violaverit, in Magistratu positus X. Libris auri pœna multabitur: Si executor est, in catenis Ecclesiarum recludatur luiturus & officium perdat, das ist: Niemand soll sich unterstehen einen Geistlichen oder Mönchen oder eine Nonne vor dem weltlichen Richter zu verklagen/ sondern vor dem Bischoff/ welcher dann den Gesetzen und canonibus gemäß das Urtheil sprechen soll. Wenn aber jemand diese Verordnung übertreten wird/ weil er ein Obrigkeitlich Ampt hat/ soll er um zehen Pfund Goldes gestraffet werden; wenn er aber nur die execu[illegible] so soll er in [illegible] verwahret werden/ auch also büssen und sein Ampt verlohren haben. Cap. 281. Lib. 6. Quicunque Litem habens, sive possessor sive petitor fuerit, vel in initio litis, vel decursis temporum curriculis, sive cum negotium peroratur, sive cum jam cœperit promi sententia, judicium elegerit sacrosanctæ legis Antistitis, illico sine aliqua dubitatione, etiamsi alia pars refragatur, ad Episcoporum judicium cum sermone litigantium dirigatur; nec liceat ulterius retractari negotium, quod Episcoporum sententia decideritur, das ist: Wer mit einem andern einen Proceß hat / entweder als Kläger oder Beklagter / und dieselbe Sache entweder bey Anfang des Processes/ oder eine Zeitlang hernacher / ja auch nach gesprochenem Urtheil/ von dem Bischoff/ als dem Vorsteher des heiligen Gesetzes/ will abgethan wissen/ so soll alsobald die Sache/ wenn gleich [illegible] ander nicht wil / mit den Gerichts-Acten [illegible] den Gerichte übergeben werden; [illegible] met seyn / diese Sache umzustossen / [illegible] durch den Bischoff entschieden. Durch [illegible] ordnungen unserm Teutschlande unsäglicher Schade [illegible] wachsen müssen / wie solches der Herr Conring in seiner Dissertation de Judiciis Germanicis §. 34. in f. [illegible] cket / [illegible] dadurch der Weg gebahnet / daß die [illegible] geistliches als weltliches [illegible] Vaterlande völlig über den Hals geworffen / [illegible] zu den Zeiten Lutheri mit aller Macht [illegible] siehet man am angezogenen Orte des letzten [illegible] intriguen man gebraucht den Carolum M. [illegible] zu bereden / indem man vorgegeben / [illegible] hätte schon dergleichen zu seiner Zeit gemacht / wie [illegible] gedacht wird / welchen [illegible] Jacob. [illegible] ad Tit. C. Theod. de Episcopali audientia in [illegible] Commentario [illegible] weitläufftig gewiesen hat. Von der [illegible] der Excommunication stehet Cap. 42. Lib. 5. Ut [illegible], qualis [illegible] modus istius excommunicationis: in Ecclesiam non debet intrare, nec cum ullo Christiano cibum vel potum sumere, nec ejus munera quisquam accipere debet, nec ei osculum porrigere, nec ei orationem adjungere, nec salutare, antequam ab Episcopo suo sit reconciliatus, das ist: Damit ihr wisset die Art der Excommunication, so soll ein Excommunicirter nicht in die Kirche kommen / noch mit einem Christen essen oder trincken / auch soll niemand von ihm Geschencke / oder einen Kuß [illegible] / noch mit ihm beten / noch ihn grüssen / ehe er von dem Bischoffe wieder versöhnet. Mit welcher [illegible]

[illegible]

ordnung man dem Pabst Gelegenheit gegeben/ wieder die Kayser selber mit der Excommunication zu verfahren/ und sie ärger als Bestien zu tractiren/ wie solches der gute Henricus V. wohl hat erfahren müssen. Aus welchen allen denen man sihet/ wie weit Carolus M. pro Rectore veræ Religionis zu halten sey. Wenn die Leute mit Gewalt zur Religion zwingen/ viele Kirchen bauen / der regiersüchtigen Clerisey alles einräumen/ sich ihrer Hülffe und intriguen wieder bedienen / und die Bezwingung frembder Länder einen Vorsteher der wahren Religion machen / so kan Carolus M. mit allem Recht darunter gezehlet werden. Und dieses ist es/ was unsern Affter-Päbsten in dem Sinn lieget/ daß sie gern wieder solche Fürsten haben wolten/ die nach ihrer Pfeiffe tantzten / und unter welchen sie das völlige Regiment in Religions-Sachen besässen / und die Dissentirende auff alle Art und Weise verfolgen könten. Dannenhero/ wenn nur ein Fürst das unnöthige Verketzern und Verdammen anderer Religions-Verwandten ihnen untersaget / so schreyen sie alsobald über Gefahr der wahren Religion / bereden sich und andere / daß Ecclesia pressa sey/ und lassen sich lieber absetzen / ehe sie dem Fürsten ein Haar breit in rechtmäßigen Sachen weichen solten/ davon die Exempel in der Marck Brandenburg bekant seyn. Ja/ sie fallen wohl so weit / daß / wenn sie mercken/ daß ein Fürst ihrer autoritæt etwa zu nahe kommen möchte/ sie auff Jesuitische principia kommen / davon sich wohl in unserer Lutherischen Kirchen möchte ein und ander Exempel finden lassen / wovon aber zu anderer Zeit vielleicht bessere Gelegenheit zu handeln seyn wird.

§. VI.

Ehe ich weiter gehe / wil ich mich mit der autoritæt des Herrn Puffendorffs in tr. de habitu religion. und der angehäng-

[illegible] Refutation eines Niederländischen Politici, wider das Wüten der unzeitigen Eiferer bewaffnen/ damit sie meinen obigen Satz / der ihnen ziemlich paradox wird in die Augen fallen/ nicht für gefährlich und neu ausschreyen. Sonsten halte ich dafür/ daß meine Erklährung so viel Gründe in sich hat/ daß nicht nöthig wäre/ bey Leuten / die ohne Vorurtheil Menschlicher autoritæt die Sachen betrachten/ hiervon mehr zu gedencken: Ich will nur einen locum excerpiren/ weil es zu weitläufftig fallen würde/ alles hieher zu setzen. Adrianus Houtuin hatte in seiner politicâ §. 65. gesetzet / daß die Fürsten / als allgemeine Väter der Republiq, ihre vornehmste Sorge solten für die Seligkeit ihrer Unterthanen seyn lassen. Drauf antwortet der Herr Puffendorff: Præterqvam qvod titulus patris patriæ sit metaphoricus, alio sanè fundamento officium paternum, alio Regium nititur, & alterius generis cura liberis, ætate tenera, qvàm integro alicui populo debetur. Nec ut æternam salutem civibus procurent Principes, imperia in hos sunt collata, cui obtinendæ alia media aliamqve viam Deus præscripsit, das ist: Uber dem daß der Titul des Vaters des Vaterlandes eine metaphorische Redens-Art ist / so beruhet die Pflicht eines Vaters auff einem gantz andern Grunde/ als eines Fürsten/ weil diesem das Regiment nicht gegeben / daß er für die Seligkeit seiner Unterthanen sorgen solle / als welche zu erlangen GOtt andere Mittel und Wege vorgeschrieben. Er antwortet auch auff den Spruch Pauli 1. Tim. II, 2. auff gleiche Art/ wie ich schon droben gethan / daß also nicht nöthig solches hieher zu setzen. Sonsten kan hie beygefüget werden der 5. §. aus dem tr. de habitu religionis, da er weiset / daß die Republiqven nicht wegen der Religion auffgerichtet/ auff welchem

chem Grunde er seine meiste Conclusiones im besagten Buche gebauet hat. Und also wer meinen obigen Satz umstossen wil/ der muß diesen Tractat völlig widerlegen/ welches/ wie es bishero nicht geschehen/ indem sich noch keiner dran gemacht/ ungeachtet es die gemeinen Irrthümer in der Jurisprudentia Ecclesiastica handgreifflich weiset/ also auch ins künfftige nimmer wird geschehen können. Und ist gewiß zu verwundern/ daß/ da man so viel Lermens wegen seiner Lehre in jure naturæ gemacht/ man dieses Buch so frey hat paßiren lassen/ da es doch die vornehmsten Stützen auch unsers Affterpabstthums plat darnieder reist/ daß die Affter-Päbste/ nunmehr als derselben beraubet gleichsam herum taumeln/ und schon zu fallen anfangen/ daß kein Retten mehr da ist.

VII. Satz.

Von der Warheit derer durch Theologische Controversien in Streit gezogenen geistlichen Dinge durch einen Rechts-Spruch zu urtheilen/ kömmet keinem Menschen/ und also nicht einem Fürsten / Vermöge seines Fürsten-Rechts/ zu.

Erklährung.

§. I.

Durch Theologische Controversien verstehe ich solche Fragen/ die aus dem geoffenbahrtem Worte GOttes müssen entschieden werden/ und also gehören hier die Fragen/ die aus dem Licht der Vernunfft können erörtert werden/ nicht her/ nicht zwar/ als wenn ein Fürst dieselbe nach eigenem Gefallen decidiren könte/ sondern weil davon die Frage nicht ist. Woraus man denn sihet/ daß in den Systematibus und locis Theologicis nicht allein purè Theologische Sachen pflegen tractiret zu werden/ sondern auch andere/ die zur Philosophie oder dem Recht der Natur mit gehören/ z. e. von der Weltlichen Obrigkeit / von Contracten/ vom Eyde/ von der Ehe. Und weil das geoffenbahrte Wort GOttes nicht für gewisse Leute allein geschrieben/ sondern für alle und jede / sie seyn von was Stande sie wollen/ so folget dann auch/ daß Juristen/ Medici/ Kauffleute/ Schuster / Schneider / mit einem Wort/alles was man Layen nennet / &c. mit gehören zu denjenigen/ denen die Theologische Streitigkeiten angehen/ und daß es dannenhero eine grosse Papenzende Verwegenheit sey/wenn man diese / da sie sich mit in solche Controversien meliren/ so schlechter dings verwirfft/ daß sie über die Schnur hauen/ und sich in Dinge mischen/ die sie nichts angehen. Man weise doch einen eintzigen locum aus der gantzen Heil. Schrifft / womit man dieses behaupten wolle? Und wenn man spricht/diejenige/ die von Profession keine Theologi seyn/könten ja nicht Theologica tractiren/ so antworte / daß es ein grosser Mißbrauch sey/ daß man diejenige / die sonsten in der Schrifft Diener des Worts GOttes genennet werden/ (dahin auch Professores Theologiæ gehören/ denn sie sind auch Diener und nicht Herren des Worts/) nur allein Theologos nennet/ indem solches ja nirgends gegründet ist. Diejenige/die sich üm die Theologie bekümmern sollen/ müssen ja Theologi seyn; Nun will ja der grosse GOtt/ daß alle und jede zur Erkäntnüß der Wahrheit kommen/ welches ohne die Theologie nicht geschehen kan. Und also so wenig/ als man den Juristen/ Medicis und andern den Weg zur Seligkeit absprechen kan / so wenig kan man auch

behau-

behaupten / daß diese keine Theologi seyn können oder sollen. Sehen wir auff die eigentliche Bedeutung dieses Worts/so heist es ja nichts anders / als einen solchen / der sein Gespräch von GOtt oder mit GOtt hält/welches ein jeder Christ zu thun schuldig ist. Ich weiß gar wohl/ daß es so Herkommens / daß man dieses Wort auff gewisse Personen allein restringiret; Allein wie dieses mit der falschen Zanck-Theologie auffgekommen/so solte billig bey denjenigen / die sich rühmen / daß sie die wahre Lehre haben/dieser Mißbrauch abgeschaffet werden. Es wäre ja endlich wenig daran gelegen/ ob man dieses Wort so gebrauchte oder nicht; wenn es nur nicht zu groben Irrthümern Anlaß gäbe/ dahin der obige gehöret.

§. II.

Daß man in der Leipziger Disputation pag. 44. §. 11. zum Beweiß anführet 2. Timoth. X. v. 2. & seqq. thut man nur deßwegen / daß man dem Leser eine blaue Dunst vor die Augen mache. Paulus vermahnet daselbst seinen Timotheum, daß er nicht unterlassen solle seine Zuhörer rechtschaffen zu vermahnen/ und in aller Warheit zu unterrichten. Lieber! wie wil man doch aus diesem Orte erzwingen / daß diejenige / die man nach dem heutigen Stylo Theologos nennet/nach der Schrifft diesen Nahmen alleine führen. Timotheus war ein Prediger/ und also erforderte es ja sein Ambt / seine Zuhörer zu vermahnen. Nun ist ja ein grosser Unterscheid nach der heutigen Redens-Art unter einem Prediger und unter einem Theologo. Und also wenn dieser Weg zu Behauptung seiner Meynung was thäte / so müste auch folgen / daß die Professores Theologiæ auff Universitæten keine Theologi wären / und folglich üm Theologische Controversien sich nicht bekümmern dörfften / weil sie ja keine Prediger wie Timotheus, und also würde die gange Disputation aus diesem Grunde übern Hauffen fallen. Zudem handelt Paulus ja nicht von Theologischen Controversien oder de credendis, sondern de faciendis, von dem / was die Zuhörer thun solten. Und ob sie gleich solten gewarnet werden für die jenige / die die Ohren von der Warheit wendeten / so hat Paulus im vorhergehenden Capitul v. 1. 2. 3. 5. & seqq. sich deutlich erklähret / was er für Leute verstehe / nemlich **Geitzige / Ruhmräthige / Hoffärtige / Lästerer / den Aeltern ungehorsam / Undanckbare / Ungeistliche / die mehr lieben Wollust denn GOTT / die da haben den Schein eines gottseligen Wesens / aber seine Krafft verläugnen.** Hier wird gar nicht gedacht von solchen Leuten / die etwan einen Irrthum im Verstande hegeten / sondern deren Wille verkehret war / und die Gottseligkeit für unnöthig hielten. Für solche wil Paulus gewarnet wissen. Dieses Amt aber zu vermahnen / hat Paulus niemahls auf die Prediger allein restringiret / sondern Coloss. III. v. 16. spricht er: **Lasset das Wort Christi unter euch reichlich wohnen in aller Weißheit / lehret und vermahnet euch selbst.**

§. III.

Findet man also gar keinen Grund / warum man dem Grotio, Peucero und andern verwirfft / als wenn es ihrer Profession nicht gemäß gewesen / die Theologie zu tractiren / und giebt man dadurch deutlich zu verstehen / daß man gern das Papistische Joch in unserer Kirchen wieder einführen wolte. Es braucht keine besondere Vocation, sich üm die Erkäntniß der Warheit / sie sey natürlich oder übernatürlich / zu bekümmern. Es hat ein ieder von GOtt das Privilegium, diese Wissenschafften zu tractiren. Und solte man billig die Leute dazu anhalten/ daß sie sich mehr üm die Theologie, als leyder! geschicht/bekümmerten/daß sie geschickt wären/von ihrer Religion Red und Antwort zu geben/und sich nicht auf die autoritæt ihrer Schulmeister und Prediger zu beruffen/welches elende Wesen ja durchgehends in unserer Lutherischen Kirchen eingerissen ist/ daß der gemeine Mann meynet / es sey gnug/ wenn er in die Kirche gehe/ seinen Morgen-und Abend-Segen lese / das übrige dem Prediger überlasse / worinnen gewiß die Reformirte uns beschämen / weil z. e. in Holland offtmahls ein Schiffer einem vornehmen Theologo auff der Universitæt gnug solte zu schaffen machen/ wenn er sich mit ihm ins Gespräch einliesse. Und kan man gewiß den grossen Fehler hierinnen keinem andern Grunde zuschreiben / als daß man die Leute bey dem Vorurtheil Menschlicher autoritæt lässet ; Und kan mans im Pabstthum nicht gröber machen/ als mans in der gedachten Disputation pag. 44. §. 2. gemacht. In der Apostel Geschichte cap. 4. lesen wir / daß / da die Apostel das Volck lehreten / und kündigten von JEsu die Aufferstehung der Todten/ dieselbe ins Gefängnüß geworffen wurden/ weil es die Pharisäer verdroß/ daß sie solches thäten. Des Morgens wurden sie vor den Hohenpriester Hannas geführet/und die übrigen Pharisäer. Da hätte man nun meynen sollen/ es würden diese vornehme Leute die Lehren der Apostel eines groben Irrthums beschuldigen/ und denselben widerlegen. Aber da bestund die gantze Anklage in dieser Frage: Aus welcher Gewalt/ oder in welchem Nahmen habt ihr das gethan? Sihe/ mein Freund / war dieses nicht eben die objection, die du den Juristen und Medicis vorwirffst. Denn es wolten ja die Hohenpriester nichts anders sagen / als daß sie kein Recht hätten/sich in die Theologie zu mischen. Sie hätten ja niemahls Collegia Theologica gehalten / sie wären

ja

ja keine Doctores Theologiæ, wie sie denn die Schrifft verstehen wolten? und was dergleichen fable exceptiones mehr seyn können. Wil man ein deutlicher Exempel / daß die Pharisäer zu ihrer Zeit eben dieselbe Art zu procediren gehabt, so lese man Joh. IX. das Exempel von dem Blinden / dem unser Heyland das Gesichte wieder gab. Dieser / nachdem er die That rühmete / wurde endlich vor die Pharisäer geführet / und gefraget / was Christus mit ihm vorgenommen / da Er ihm das Gesichte wieder gegeben / und da man ihn so vielmahl fragete / und gleichsam einen Inqvisitions-Procefs wider ihm anstellete / wurde er endlich ungedultig / und sagte seine Meynung von Christo / daß er Ihn für einen solchen hielte / der von GOtt gekommen wäre. Wie verhielten sich die Pharisäer dabey? Refutirten sie ihn etwa und wiesen ihm / daß er irrete? Nein; sondern sie sahen ihn viel zu gering dazu an / daß sie ihn einiger Refutation würdig hielten / und sprachen dannenhero aus vollem Eifer: Du bist gantz in Sünden gebohren / und lehrest uns / und damit stiessen sie ihn hinaus. Gleich als wenn sie sagen wolten: Du liederlicher Kerl / du verstehest ja die Schrifft nicht / wie wilt du von diesem Manne judiciren? Wir haben Ihn schon längsten in unsern Predigten und in unsern Disputationibus für einen Ertz-Ketzer und Verführer declariret / und du unterstehest dich zu sagen / daß Er von Gott sey? und widersprichst also unserm gantzen Ehrwürdigen Ministerio. Du bist nicht werth / daß man dir antworte / sondern weil du wider die receptam doctrinam geredet / verdienest du / daß man mit der Execution der Schläge wider dich verfähret. Wie denn auch geschehen.

§. IV.

Was aber am gedachten Orte der Disputation aus dem Jeremia XXIII, 21. angeführet worden / thut nichts zur Sache.

Denn

Denn es spricht der grosse GOtt durch den Mund Jeremiæ: **Ich sandte die Propheten nicht/ noch lieffen sie/ ich redete nicht zu ihnen/ noch weissageten sie.** Aus welchen Worten man ja nimmer beweisen wird/ wozu man sie angeführet. Der gantze Context weiset/ daß von solchen Propheten geredet wird/ die zwar ihre äusserliche Vocation von dem Volcke hatten/ und also im offentlichen Ampte waren/ aber das Gesetz Gottes nach ihrem fleischlichen Sinne auslegeten / die Predigt von der Busse unterliessen/ die Boßhafftigen mit ihrem eigenem bösen Leben stärcketen/ daß sich niemand bekehrete von seiner Boßheit. Und daher spricht GOtt: **Ich sandte die Propheten nicht / noch lieffen sie.** Sihet man also klärlich/ daß hier gar nicht gesaget werde/ daß Juristen u. Medici sich umb Theologische Controversien nicht bekümmern sollen/ sondern es wird geredet wider die jenige/ die zwar auf ihre äusserliche Vocation trotzen/ im übrigen aber in Unbußfertigkeit stehn/ und den Saamen des lebendigen Wortes Gottes nicht besitzen / sondern mit dem äusserlichen Buchstaben zufrieden seyn. Denn weil diese Leute sich selber noch nicht bekehret/ auch nicht in dem Stande seyn/ daß sie Gott gefallen/ kans nicht anders seyn/ als daß es dem höchsten Gott sehr mißfalle/ wenn sie mit rohen Hertzen das Wort Gottes tractiren / andere lehren wollen / da sie die ersten Buchstaben noch nicht verstehen. Und also gebe ich gerne zu / daß wenn ein Jurist und anderer mit einem Welt-Sinn die Theologiam tractiren wolte / dieser Spruch freylich ihn auch träffe. Aber es haben sich auch die so genannten Theologi wohl hierbey zu prüfen/ daß indem sie den Juristen diesen Ort vorwerffen/ diese ihn nicht wieder retorquiren/ weil er sich vielleicht besser auff diejenigen unter ihnen appliciren ließ/ die sich für grosse Lehrer auffwerffen/ und wie die falschen Propheten beym Esaia v. 17 die armen Leute allenthalben bereden wollen / sie lebeten in einem glückseligen Zustande / und aus ihres Hertzens Gesichte und nicht aus des HErrn Munde predigen / das ist / die die Lehre vom wahren thätigen Glauben / von der Liebe / Demuth / Sanfftmuth / Verleugnung seiner selbst / für Enthusiastische Grillen nach ihren verkehrten unbußfertigen Hertzen ausschreyen / und nicht nach dem Willen Gottes den Leuten ihr Elend unter Augen stellen / und zur wahren Busse führen / sondern sie nach eigenen Lüsten in Haß / Neid / Geitz / Hoffarth / und was mehr der heilsamen Lehre zuwider ist / leben lassen / wenn sie nur ihre Predigten fleißig besuchen / und ihnen allen gebühren den Respect geben.

§. V.

Was nun ferner die Warheit unsers Satzes selbst betrifft / so fliesset derselbige aus den vorigen und also werden hier nicht viele neue demonstrationes vorkommen. Sofern ein Fürst ein Christ ist / ist er ja verbunden den Grund seiner Seligkeit zu wissen / und sich also die wahre Theologie bekant zu machen. Aber dagegen hat er kein Recht / daß er das jenige / was er in Religions-Streitigkeiten für wahr erkennet / andern auffdringen wolte / daß sie solches auch für wahr halten. Denn dieses kömt ihm weder als Fürst zu / noch als einen Christen. Jene Qualität gehet auff den äusserlichen Frieden / dazu diese Streitigkeiten nicht gehören / diese aber gibt ihm kein Recht andere zu zwingen. Und haben die Unterthanen ihren Willen in Glaubens-Sachen dem Fürsten niemahls unterworffen / und wäre es gewiß eine ungereimte Sache / wenn ein Unterthan bey Abstattung seines Eydes sich auff folgende Art seinem Fürsten unterthänig machte: Ich N. N. gelobe und verspreche / daß ich meinen Willen des Fürsten Willen auch darin unterwerffe / daß ich nach seiner Will-

kühr

führ meinen Gott lieben / ehren / und auff ihn vertrauen / auch mir keine andere Concepten von göttlichen Sachen machen wolle / als mir mein Fürst vorschreiben wird. Es hat ja GOtt deswegen einen jeden seinen eigenen Verstand gegeben / daß er denselben zur Erkäntniß nützlicher Warheit anwenden solle / und solches nicht allein in natürliche / sondern auch in Begriff geoffenbahrter übernatürlicher Sachen; ja er wird auch am Tage des Gerichts von einem jeden insonderheit Rechenschafft fordern / da sich keiner auff den andern wird beruffen können / die Kinder nicht auff ihre Eltern / noch die Zuhörer auff ihre Lehrer. Und ob zwar es offtmahls geschicht / daß einer / über den der ander die Inspection hat / durch dieses Nachläßigkeit Schaden an seiner Seelen leydet / so wird ihm doch solches zu seiner Entschuldigung nichts helffen / ob gleich jener deswegen härtere Straffe zugewarten Ezechiel XXXIII. 7. 8. spricht GOtt zum Propheten: Und du Menschen Kind / ich habe dich zu einem Wächter gesetzet über das Hauß Israel / wenn du etwas aus meinem Munde hörest / daß du sie von meinetwegen warnen solt. Wenn ich nun zu dem Gottlosen sage: Du Gottloser must des Todes sterben / und du sagest solches nicht daß sich der Gottlose warnen lasse für seinem Wesen so wird wohl der Gottlose umb seines gottlosen Wesens willen sterben / aber sein Blut wil ich von deiner Hand fordern. Derowegen auch bey dem Propheten Habacuc II. 4. stehet: das der Gerechte seines Glaubens leben werde. Zugeschweigen daß man in Erkäntniß göttlicher Dinge die Gnade des Heil. Geistes nöthig habe / die man gewiß nicht vom Fürsten / sondern von Gott selbsten erbitten muß bey Lesung seines Heil. Wortes. Wäre es nicht ein unverständiges Wesen / wenn etliche Philosophi mit einander stritten / und die Entscheidung ihrer Controvers ihrem Fürsten aufftrügen dergestalt / daß sie das für unstreitig wahr halten wolten / was er sprechen würde? Man lieset bey dem Svetonio de Illustr. Grammat. daß der Käyser Tiberius ein frembdes und so genantes Barbarisches Wort in seiner Rede gebrauchte/ und solches für gut Lateinisch wolte außgeben / auch der damahlige berühmte Jurist Atrejus Capito aus Schmeicheley zu des Käysers defension anführete/ es wäre dieses Wort gut Latein/ und wenn es gleich nicht wäre / so wäre es doch durch die Käyserliche autorität dazu gemacht. Da geschahe es/ daß Marcus Pomponius Marcellus sagete / der Käyser könte zwar frembden und barbarischen Leuten das Römische Bürger-Recht geben / aber nicht frembden und barbarischen Wörtern. Im vorigen seculo entstund in Franckreich ein hefftiger Streit wegen der pronuntiation des Buchstabens Q in dem Parlament zu Paris / und wolte die Sorbona die Frantzösische Pronunciation behaupten / nahm auch deßwegen einem aus ihrem Collegio seine Einkünffte/ daß er die alte Lateinische pronuntiation der Frantzösische vorzöge / mit welchen es auch viele von den Richtern hielten. Da interponirte sich nun der berühmte Petrus Ramus, vorgebend / die Römische Sprache müste nach der Frantzösischen nicht examiniret werden / und hätten die Richter im Parlament kein Recht solche Grammaticalische Streitigkeit zu schlichten/ wie solche Historie weitläufftig zu lesen bey dem Zwingero Theatr. Vit. human. L. 1. f. 1[illegible]. Nun wird ein jeder gestehen müssen/ daß so wohl Marcus Pomponius Marcellus als Petrus Ramus recht raisonniret/ daß sie dem Käyser und weltlichen Richtern die Macht nicht eingeräumet neue Wörter zu machen/ und die gewöhnliche pronun-

tiation

tiation zu verändern / als welches von dem allgemeinen Gebrauch der Sprache dependiret. Dahero auch die Glossa ad L. 32. §. 4. ff. de Legat. 3 spricht / daß in den Sprachen der gemeine Gebrauch aller Regel und Verordnung vorgezogen werde. Und Ulpianus gedencket in L. 4. pr. ff. de Legat. 1. daß die Wörter einer Sprache unveränderlich seyn / und der Celsus aus den Servio in L. 7. §. 2. ff. de suppellect. Legat. saget: non ex opinionibus singulorum, sed ex communi usu nomina exaudiri debere, das ist: Daß man die Wörter nicht nach diese oder jenen seiner privat-Meynung / sondern nach dem gemeinen Gebrauch verstehen müsse. Wiewohl beyde Juristen diese Regul in gedachten Legibus zu weit extendiret / und auff die casus Legum übel appliciret haben / welches zu demonstriren hier zu weitläufftig wäre. Dieses siehet man zum wenigsten aus angeführten Exempeln / daß man dem Käyser und den weltlichen Richtern nicht gestattet / diesen Wort-Streit zu schlichten. Vielweniger ist es einem Fürsten vergönnet / solche Streitigkeit / die nicht umb Wörter seyn / sondern umb Sachen selbst / nach seinem Gefallen zu schlichten / und andern auffzudringen.

§. VI.

Der Herr Seckendorff hat in seinem Christen-Staat dieses vernünfftig erwogen / indem er Lib. 2. cap. 9. §. 6. spricht: Die Fürsten müssen sich nicht zu Herrn über den Glauben selbst machen / oder mit ihrer Hoheit und Gewalt denen Lehrern der Kirchen oder den Gemeinden / Glaubens-Artickul auffdringen; denn dieses kommet keinem Menschen zu / sondern ist ein Fürbehalt / der Gott allein gebühret / und aus seinem Worte zu verstehen ist. So viel kan der

der Christliche Regent thun/ daß er über streitige Lehr-Puncten die Erforschung und Erwegung durch Zusammenberuffung der Bischöffe und Lehrer verfüget/ auch für sich/ wie ein jeder Christ/ und er umb so viel [illegible] mehr/ als der Oberste und Vornehmste in der Gemeine schuldig ist/ die Sache alles Fleißes betrachtet und glaubet was er nach seinen gnugsam aus Gottes Wort unterrichteten Gewissen war findet; aber aus Obrigkeitlicher Macht/ kan er nichts darin aussprechen/ dadurch das Gewissen der Unterthanen verbunden würde; denn solche sind sie niemand als Gott unterworffen/ und stehet fest/ was die Apostel dort der Jüdischen Obrigkeit und Synagog, die ihnen die Bekäntnüs und Predigt Christlicher Lehre einlegen wolten/ entgegen setzten; Man [illegible] GOTT mehr gehorchen als den Menschen. Mit welchen Worten er denn deutlich meiner Meinung beypflichtet/ [illegible] halte ich nicht für nöthig/ hievon mehr zu gedencken/ weil [illegible] leicht jemand seyn wird der dieses leugnen solte; denn daß [illegible] in der Leipziger disputation in der Vorrede und sonsten [illegible] und wieder die so genanten Pietisten beschuldiget/ sie gäben [illegible] Fürsten völlige Macht und Gewalt in Religions-Sachen/ [illegible] eine offenbahre Unwarheit/ und hat der Herr Spener/ auf [illegible] man zielet/ niemahls den Fürsten mehr eingeräumet/ als ihnen zukömt/ dannenhero wiederleget sich solche Beschuldigung [illegible] selbsten.

§. VII.

Grotius in seinem Tractat de jure summarum potestatum circa sacra wiederspricht mir sehr cap. 5. §. 3. & seqq. alwo er behaupten wil/ daß Religions-Streitigkeiten eines Fürsten judicio imperativo unterworffen seyn/ also

also daß er zwar dieselbe nach allem Vermögen nach Gottes Wort untersuchen solle / damit er nicht irren möge; wenn er aber sein Judicium davon gefället / so könne er solches durch Gewalts-Mittel promulgiren / und käme zwar einem jeden Menschen das Judicium directivum zu / aber der höhesten Majestät das Judicium imperativum. Gewiß ist es zu verwundern / daß dieser sonst kluge und vernünfftige Mann auff diese Meynung gefallen sey / da er selber in seinem Tit. de jure bell. & pac. Lib. 2. Cap. 20. §. 48. weitläufftig defendiret / daß zur Religion niemand könne gezwungen werden / und auff die dubia, die man im Papstthum machet / deutlich antwortet; Nun ist aber das judicium imperativum nichts anders / als eine Fürstliche sentence, wodurch man die Unterthanen zwingen wil / die Meinung des Fürsten anzunehmen / welches einen formalen Zwang mit sich bringet. Die Gründe / die er anführet / seyn gar leicht zu beantworten. Er spricht §. 3. Es ist ja nöthig / daß unter den Menschen wie in Weltlichen also auch in diesen Sachen ein höchstes Gericht sey / von dem man gleichsam nicht appelliren könne / weil es / wie er §. 4. saget / absurd / das ein progressus in infinitum sey / sondern es sey allerdings nöthig / daß man endlich wo subsistire. Führet auch §. 5. des Brentii Zeugnüs an / da er spricht: Ut privatus privatam, ita Princeps publicam habet de doctrina religionis potestatem judicandi & decidendi, das ist: Wie eine privat-Persohn eine privat-Macht hat in der Lehre der Religion / also hat ein Fürst ein offentliche Macht dieselbe zu decidiren und zu richten / confirmiret auch in den folgenden §§. seine Meinung noch weiter mit vielen Exempeln der alten Käyser und anderer Fürsten; und setzet Cap. 8 §. 5.

von

von der Controvers de ubiqvitate in Teutschland hinzu: Ita & nuper Germaniæ qvidam Principes ubiqvitario dogmate Ecclesias suas alioqvin recte constitutas repurgarunt, das ist: So haben auch neulicher Zeit einige Fürsten ihre sonst wohlbestellete Kirchen von der Lehre der Allgegenwart des Leibes Christi purgiret und gereiniget. Er antwortet auch auff die dubia, die man etwa machen könte von der Unwissenheit der Fürsten in dieser materie, ingleichen / daß gleichwohl ein jeder das Recht zu judiciren habe/ und was dergleichen dubia mehr seyn können; vornemlich aber bemühet er sich cap. 6. §. 6. 7. & 8. zu weisen/ daß ein Fürst nicht verbunden sey dem judicio des Ministerii zu folgen/ weil es aus Menschen bestehe / diese aber hätten in Glaubens-Sachen keine autorität; Cap. 7. §. 14. & seqq. handelt er von dem Rechte eines Fürsten in Conciliis, und weiset/ daß die Schlüsse der Bischöffe dem Urtheil der Fürsten unterworffen / und daß ihm neben der Execution auch das Recht zu judiciren/ denselben etwas hinzu zu thun/abzuthun/und zu ändern zukomme/ weil es zu ungereimt wäre/ daß ein Fürst/ als der oberste Regent / die blosse execution haben solte von dem was die Bischöffe beschlossen / und sagt: Sane ratio non patitur, ut approbare aliqvis dicatur in earum rerum genere, qvas improbare ipsi non liceat. Nam consentire is demum dicitur, cui & licet dissentire, juxta illud Senecæ: Si vis scire, an velim, effice, ut possim nolle, das ist: Gewiß ist es wider die gesunde Vernunfft/ daß man von einem sage/ daß er das approbire/ was ihm nicht vergönnet ist zu improbiren. Denn der jenige consentiret allererst recht/ der auch dissentiren darff/nach dem

Aus-

Ausspruch Senecæ: Wenn du wissen wilt / ob ich wolte/ so mache erst/daß ich dörffte nicht wollen.

§. VIII.

Nun ist nicht zu läugnen/ daß dieser Autor mit denjenigen/die diese Materie nach den gemeinen Lehren tractiren/ vornemlich denjenigen/die in der Leipziger Disputation enthalten/ gar leicht fertig werden könte/ und getraute ich mir wohl / exercitii gratiâ ihn wider seine Widersacher zu defendiren/weil die gemeine Lehr-Sätze der meisten Theologen und Juristen da hinaus lauffen/ daß die Theologi die Controversien untersuchen / dem Fürsten zur blossen approbation vorbringen/ und ihn bitten sollen/ ihre Decision pragmaticâ sanctione zu confirmiren/ und als ein öffentliches Gesetz den Unterthanen zu promulgiren; Und fehlet an solcher Art zu procediren nichts mehr / als daß man solche Decisiones öffentlich an den Thoren und andern öffentlichen Oertern nur anschlagen lasse/ damit die Unterthanen auff diese Art ihre Conceptus am besten darnach einrichten könten. Jedoch sind wenige unter diesen Leuten so unverschämt / daß sie sich für infallible ausgeben/ und dafür angesehen seyn sollen/der Fürst müsse ihre Decisiones blindlings annehmen/ sondern sie gebē den Fürsten mit der Leipziger Disputation potestatē approbandi. Räumet man aber dem Fürstē ein die facultatem judicio publico approbandi, so hat Grotius schon gewonnen Spiel wider diese gemeine Lehre / weil dem Fürsten alsdann auch nothwendig facultas reprobandi, addendi, corrigendi muß überlassen werden/ wenn man ihn nicht zum blossen Executoren der Theologen machen wil / welche Nachrede man auch doch nicht gerne haben wil. Aus diesen sihet man also klärlich/ daß diesen rechtschaffenen Mann / dem unsere

Jurisprudentz zu dancken/ daß sie von der Last der Glossatorum [illegible] befreyet/ die gemeine Lehren versühret/ und weiter gesehen hat/ daß dieselben nicht connectirten/ ist er auf seine im vorigen paragrapho angeführte Meinung gekommen/ die mir nach meinen obigen Sätzen zu refutiren/ gar leicht ist. Denn es ist ein falsches præsuppositum, als wenn in Religions-Streitigkeiten ein äusserlicher Weltlicher Richter/ mit Weltlicher Macht versehen seyn müsse/ und daß es folglich nöthig sey/ daß man um [illegible] Disputationes zu vermeiden/ endlich bey einer gewissen Meynung/ von Menschen gefället/ bleiben müsse. Es kan man auch dem Grotio nicht zugeben/ daß sich das judicium eines Fürsten als Fürsten/ auf alle Sachen erstrecke/ weil meine obige Sätze weisen/ daß ein Fürst nur solche Streitigkeiten [illegible] sein Urtheil schlichten könne/ die auf äusserliche Unruhe gehen. In denen Juristischen Streitigkeiten die im Gerichte vorkommen/ und de meo & tuo geführet werden/ kömmt einem Fürsten unter seinen Unterthanen das Recht ein End-Urtheil zu machen zu/ und leidet es der Zustand des gemeinen Wesens nicht/ daß man allemahl ein solches Urtheil streitig machen oder [illegible] appelliren könte/ sondern da ists allerdings nöthig/ daß da ein Rechts-kräfftiges Urtheil gefället werde/ welches man nicht umstossen könne/ sofern es seine effectus hat in dem Bürgerl. Leben; Denn auch hiemit keinem Menschen benommen ist/ wenn er solche Urtheil/ die schon Rechts-kräfftig worden seyn/ in denen Autoribus lieset/ sein judicium davon zu sagen/ und wenn er mercket/ daß man aus falschen Gründen ein Urtheil gefället [illegible] entweder privatim oder öffentlich zu sagen/ wenn sie gleich vor 1000. Jahren gesprochen/ und in praxi [illegible] Rechts-kräfftig geworden. Denn hierdurch wird

das.

dasselbe Urtheil an seiner Krafft nicht gehindert/ noch der Weltliche Friede gestöret. Und wäre es gewiß ungereimt / daß/ wenn einer eine Defension für den Käyser Wenceslaum anietzo schreiben wolte/und seine Unschuld darthun / ein anderer zu Umstossung dieser Defension anführen wolte exceptionem rei judicatæ, oder es wäre zu spät hiemit aufgezogen zu kommen/ weil das Urtheil schon längsten exeqviret worden. Denn wie die Juristen sprechen/daß in criminalibus und matrimonialibus ein Urtheil nicht nach denen gemeinen fatalibus in rem judicatam erwachse/ so mag man auch in allen Gerichtlichen Streitigkeiten sagen/ daß dieselbe in so weit niemahls Rechtskräftig werden/daß einem solte unvergönnet seyn/sein judicium davon zu sagen/ wie dann z. e. in Carpzovii definitionibus alle Urtheil schon längsten Rechts-kräfftig worden/ dennoch aber ist niemanden/ der dieselbe liefet/ verbotten zu zeigen/ daß viele Definitiones aus unzulänglichen und irrigen rationibus decidendi gemacht seyn/also daß man in diesem Fall wohl appliciren könne/ daß der Irrthum offtmahls ein Recht mache. Gehet nun dieses in solchen Juristischen Streitigkeiten nicht an/ daß man da sagen könne/ es sey absurd, daß man da in infinitum disputire/ viel weniger kan man dieses in Theologischen Streitigkeiten appliciren/ da keine menschliche autoritæt etwas gelten kan. Des Brentii Zeugniß trifft zwar die Vertheidiger der gemeinen Lehren / und sonderlich den Autorem gedachter Disputation, der nicht allein mit solchen flosculis seine Disputation durch und durch ausgezieret/ und auch eine Distinction macht inter decisionem privatam & publicam, materialem & formalem, davon unten ausführlicher wird gehandelt werden; aber wider mich erhält man dadurch nichts/ weil dieses Zeugniß des Brentii nach der gemeinen Meinung schmecket/

[illegible] ich schon verworffen habe / und das Gegentheil bewiesen. [illegible] den Exempeln der Kayser habe ich meine Meynung schon [illegible]; Wie weit die Meynung / daß ein Fürst Macht habe / [illegible] Schlüsse der versammleten Bischöffe, auff den Conciliis zu confirmiren / und pragmaticas sanctiones zu geben / wahr sey / werde ich bald ausführlicher tractiren / dahin ich mich [illegible]; Daß also Grotius mit seinem argument: Wer recht [illegible] zu approbiren / der könne es auch improbiren / [illegible] [illegible] sonsten wäre es nur ein blosser Titul; wider [illegible] [illegible] wird / weil ich seinen Grund läugne / und [illegible] [illegible] Verstande / wie man es insgemein nimmt / einem Fürsten [illegible] jus confirmandi decreta Episcoporum, negire.

IIX. Satz.

Ministeria, Theologische Facultæten / Synodi, Concilia haben kein Recht / Religions-Streitigkeiten so zu schlichten / daß sie andern ihre Meynungen auffdringen wollen / umb ihre Conceptus darnach einzurichten.

Erklährung.

§. 1.

Dieser Satz wird denjenigen hart scheinen / die eine Ecclesiam repræsentativam in unsere Lutherische Kirche einzuführen trachten / und diejenige autoritæt, die [illegible] gehabt / weiterhin mainteniren wollen. Ich folge [illegible] Vernunfft / und den einfältigen Gründen des [illegible] / aus welchen diese Frage muß erörtert werden. [illegible] unser Heyland seine Jünger erwählet / und dieselbe

in

in alle Welt geschicket / um den Rath GOttes von der Menschen Seligkeit ihnen zu offenbahren / auch deßwegen sie mit der Krafft Wunder zu thun ausrüstete / um dadurch ihre auffgetragene Commission gleichsam zu legitimiren / ist kein Zweiffel / daß die Apostel eine untrügliche autoritæt in Glaubens-Sachen besessen / weil sie dieselbe theils unmittelbar von unserm Heylande / theils durch ein heiliges Eingeben des Heil. Geistes überkommen; Dannenhero auch Paulus und die übrigen Apostel bey Anfang ihrer Brieffe sich durchgehends auff ihr Apostel-Amt beruffen / um also die Warheit ihrer Lehre ihren Zuhörern sofort einzuschärffen / und allen Zweiffel dadurch zu benehmen. Ob nun aber zwar die autoritæt der Apostel unmittelbar von GOtt / und die Warheit ihrer Lehre von niemand mit Recht konte in Zweiffel gezogen werden / so muß man doch mit heiliger Verwunderung lesen die grosse Bescheidenheit und Vorsichtigkeit dieser Heil. Männer in Ablehnung alles Verdachts Menschlicher autoritæt, und Anmassung einiger Herrschafft über die Gewissen. Paulus spricht Rom. XV, 14. 15. **Ich weiß aber fast wohl von euch / daß ihr selber voll Gütigkeit seyd / erfüllet mit aller Erkäntniß / daß ihr euch untereinander könet ermahnen. Ich habs aber dennoch gewaget / und euch etwas wollen schreiben / lieben Brüder / euch zu erinnern um der Gnade willen die mir von GOtt gegeben ist.** Und 2. Corinth. I. spricht er / **daß er nicht Herr sey über der Corinthier Glauben.** Ja da er 1. Corinth. II. ihnen anbefiehlet / daß / wenn ein Mann betet / er nichts auf seinem Haupte haben solle / ein Weib aber mit bedecktem Haupte solches thun solle um der Engel willen / so wil er das Ansehen nicht haben / als wenn er ihnen was befehle / und spricht dahero selber v. 13. 14. **Richtet bey euch selbst/ obs wohl stehet/ daß ein Weib unbedeckt für GOtt bete? Oder lehret euch nicht die Natur/ daß einem Manne eine Unehre ist/ so er lange Haar zeuget:** und thut endlich v. 16 hinzu: **Ist aber jemand unter euch/ der Lust zu zancken hat/ der wisse/ daß wir solche Weise nicht haben/ die Gemeine Gottes auch nicht.** Gleich als wenn er sagen wolte: Ihr meine lieben Corinther/ diß ist meine einfältige Meynung von dieser Frage/ wenn aber jemand meynete/ er wüste es besser/ den lasse ich bey seiner Meynung/ wenn er mir nur meine Freyheit lässet/ daß ich diese Meynung hegen darff. Ich wil deßwegen keinen [illegible] [illegible]thigen Zanck mit ihm anfangen. Der liebreiche Johannes schreibt 1. Joh. II. v. 27. **Ihr dürffet nicht/ daß [illegible] jemand lehre/ sondern wie euch die Salbung allerley lehret/ so ists wahr/ und ist keine Lügen.** Da unter denen Christen zu Antiochien die Frage von der Beschneidung entstund/ ist kein Zweiffel/ daß Paulus und Barnabas vermögend gnug gewesen/ diese Lehre deutlich zu zeigen/ [illegible] die andern aus der Beschneidung ihres Irrthums zu überweisen. Gleichwohl aber/ weil der Heil. Geist auch vielen andern Christen schon mitgetheilet worden/ wolten sie vor sich diesen [illegible] nicht debattiren/ sondern reiseten nach Jerusalem/ trugen die Sache in der gantzen Gemeine vor/ und wurde endlich mit aller [illegible]willigung geschlossen/ daß die Beschneidung nicht nöthig wäre/ fasseten auch den Brieff nicht in ihrem Nahmen abgefasset/ sondern der gantzen Gemeine ab/ Actor. XV. Paulus redet nachdrücklich 2. Corinth. V. 20. **So sind wir nun Botschafften an Christus Statt/ denn GOtt vermahnet durch uns. So bitten wir nun an Chri-**

stus

stus Statt/lasset euch versöhnen mit GOtt. Welche Art zu procediren sie von ihrem Heylande selber gelernet und gesehen/ als welcher seinen Jüngern am allermeisten eingeschärffet/daß sie den Ehr-Geitz und alle Hoffart meiden solten/ wie zu sehen Matth. XVIII, 1.2.3.4. Marc. IX, 33. seqq. Luc. IX, 46. Matth. XXIII, 8. Johann. XIII, 13.14. Sie erinnerten sich ihrer instruction Matth. X. welche so beschaffen wäre/daß sie wenig äusserliche autoritæt oder Zwangs-Recht sich zu erfreuen hatten. Sie solten kein Gold/noch Silber/ noch Ertz in ihren Gürteln haben/ auch keine Tasche zur Wegfahrt/ auch nicht zween Röcke / keinen Schuch / auch keinen Stecken/ und wenn sie in eine Stadt oder Marckt kämen / da solten sie sich erkundigen / ob jemand da wäre / der es werth wäre / und bey dem solten sie einkehren; Wo aber niemand da wäre / solten sie kein groß Wesen machen / sondern davon gehen / und den Staub von ihren Füssen schütteln. Und damit es desto weniger Ansehen hätte / als wenn sie durch ihre Lehre einige autoritæt sich anmassen wolten / und eine gewisse Secte machen / stehet ausdrücklich Marc. VI, 7. daß unser Heyland sie nur zween und zween gesandt. Dahero auch Paulus 2. Corinth. X, 4. in Erzählung seiner Waffen sich gar auf nichts menschliches beruffet/ sondern spricht: **Die Waffen unser Ritterschafft sind nicht fleischlich/ sondern mächtig für GOtt/ zu verstöhren die Befestigungen** / welche Waffen er weitläufftiger erzählet 2. Corinth. VI, 4.5.6.7. 8. und Ephes. VI, 10.11.12. seqq. Wohin auch kan gezogen werden / daß Actor. II. es dem allweisen GOtt gefallen / daß der Heil. Geist am Pfingst-Tage in Gestalt feuriger Zungen über die Apostel gekommen / als wenn er damit anzeigen wolte / daß das gantze Werck / das GOtt mit ihnen vorhätte / einzig und allein durch

die

die Krafft des Heil. Geistes/ welche sich bey ihrer Lehren äussern [illegible] ausgerichtet werden/ welche meditation der Herr Pufendorff so wohl in seiner Historie vom Pabst §. 8. als de habitu religionis weitläufftiger ausgeführet hat.

§. 11.

Und wie hätten doch die guten Apostel sich einige Menschliche autoritaet oder Zwangs-Mittel wollen anmassen/ da sie wohl wusten/ daß sie nur Lehrer wären/ die von keinem Weltlichen Könige/ sondern von dem Könige der Warheit dependirten? Warheit aber lasse sich nicht durch Zwang lehren/ sondern mit Liebe und Sanfftmuth. Sie erinnerten sich was für eine scharffe Lection der treue Heyland dem Jacobo und Johanni gab Luc. IX. da sie sich über die Samariter erzürneten/ daß sie Christum nicht beherbergen wolten/ so gar/ daß sie sie wolten mit Feuer vom Himmel verzehren lassen/ und unser Heyland sprach: **Wisset ihr nicht/ welches Geistes Kinder ihr seyd?** Sie gedachten an die liebreiche Einladung unsers Erlösers Matth. XI, 28. 29. 30. **Kommet her zu mir alle/ die ihr mühselig und beladen seyd/ ich will euch erquicken. Nehmet auf euch mein Joch und lernet von mir/ denn ich bin sanfftmüthig und von Hertzen demüthig/ so werdet ihr Ruhe finden für eure Seele/ denn mein Joch ist sanfft/ und meine Last ist leicht.** Und also wusten sie wohl/ daß es sich gar nicht schicken wolte/ daß sie auf andere Art verfahren solten/ als ihr Herr und Meister. Sie hatten niemahls in ihrer instruction gehöret/ daß sie sich in Ausbreitung des Evangelii [illegible] Weltlicher Macht umsehen solten; Und dahero hüteten [illegible] zu pocciren/ weil sie wohl wusten/ daß Gesandten/ deren Character sie führeten/ bey denjenigen/ zu denen

sie

sie geschickt wären keine Gewalt gebrauchen können/ sondern mit Liebe suchen die andern zu bereden.

§. III.

Dieses habe deßwegen etwas weitläufftig berühren wollen/ weil es uns die Gründe an die Hand giebt/ woraus ich obigen Satz behaupten wil. Denn welchen Proceß die Apostel in acht genommen/ demselben müssen gewiß alle Lehrer und Prediger auch folgen/wenn sie für Nachfolger Christi wollen gehalten werden. Weil es nun wider die gantze Historie des Neuen Testaments/ daß die Apostel sich einiger Gewalt hätten in Fortpflantzung der Christlichen Lehre gebrauchet / so muß es auch von allen Predigern und Theologis, sie mögen eintzeln seyn/ oder als ein gewisses Collegium betrachtet werden/ fremde seyn/ sich dieser methode bedienen wollen/ und sich also stets erinnern der Erinnerung Christi: **Weltliche Könige regieren/ ihr aber nicht also/** (und selbige nicht mit jenem Pfaffen im Pabstthumb verdrehen/ davon Erasmus erzehlet/ daß er einmahl von ohngefehr in eine Kirche kommen/ da er diesen Spruch so hätte erklären hören: Vos autem non? Sic, **Ihr aber nicht? Ja freylich.**) und sich stets zu Gemüthe führen/ daß ihr Ampt ein Lehr-Ampt sey/ und also keinen Zwang leide/ und daß sie dazu gesetzt seyn/ daß sie ihre Zuhörer zu aller Gottesfurcht und zu dem thätigen Christenthumb ermahnen sollen nach dem einmahl geoffenbahrten Worte Gottes / mit aller Sanfftmuth und Bescheidenheit. Im fall aber wegen eines Lehr-Puncts Streit vorfalle/ daß sie sich dabey vor ihren Zuhörern nichts ausnehmen/ noch denselben ihre decision auffdringen/sonsten würden sie über die Schnur hauen. Man lässet denen Lehrern das Recht zu lehren gar gerne; wenn aber ein Streit entstehet/und ein Zuhörer eine andere Meinung als der [illegible] hat/ so werden sie in diesem regard einander in so weit gleich/ daß keiner verbunden des andern seine Meynung schlechter dings anzunehmen. Ein Professor juris ist auf der Catheder ein Lehrer/ und führet er das Wort allein; Wenn aber einer seiner Zuhörer sich entweder privatim oder publice zu bestimmter Zeit in eine Disputation mit ihm einläst/ werden sie einander in so weit gleich/ daß sie einander hören müssen/ und einer des andern Meynung nicht so schlechter dings verwerffen können.

§. IV.

[illegible] Eben so ist es auch mit einem Professore Theologiæ und ordentlichen Predigern beschaffen/ welche so lange sie auf der Catheder und auff der Cantzel stehen/ die qualitæt eines Lehrers haben; Wenn aber jemand von seinen Zuhörern von seiner Meynung abgehet/ kan er sich nicht auff seine autoritæt beruffen/ [illegible] damit zurücke stossen/ als wenn er gehalten wäre seiner Meynung zu folgen/ sondern alsdenn werden sie einander gleich/ und muß er sich da nicht verdriessen lassen/ des andern seine Meynung bescheidentlich zu hören/ und aus Gottes Wort darüber mit ihm conferiren/ und wenn der ander meinet/ seine Meynung sey so wohl gegründet in der Heil. Schrifft/ als seine/ und auch nach gnugsamer Untersuchung davon nicht ablassen/ kan er sich nicht auff gewaltsame Mittel beruffen/ ihn zu zwingen/ dieselbe fahren zu lassen/ weil er gar kein Recht dazu hat/ so wenig als ein Professor juris einen opponenten nach gehaltener conference zwingen kan/ seiner Meynung beyzupflichten. Es ist dieses die meiste Klage unsers Seel. Lutheri und seiner treuen Nachfolger gewesen/ daß man im Pabstthum der Clerisey alle Macht und Gewalt in Glaubens-Sachen eingeräumet/ und [illegible] davon gantz ausgeschlossen/ und solam parendi gloriam oder die Ehre der Clerisey zu pariren allein überlassen/

und

und also völlig eine Ecclesiam repræsentativam dergestalt eingeführet / daß die Zuhörer allerdings verbunden wären/ die Meynung der Kirchen / welche bloß aus der Clerisey bestund/ anzunehmen / und an deren Warheit nicht zu zweiffeln. Wenn man nun in unserer Lutherischen Kirchen dieses Anti-Christische Joch wil abgeschaffet wissen/so muß man auch gewiß diese schädliche Lehre de Ecclesia repræsentativa fahren lassen/weil wir sonsten in einen schlimmern Zustand verfallen und so viel Päbste haben würden/ als Theologische Facultæten und Ministeria wären/da man nur im Pabstthum einen Pabst hat. Die Prediger sind Diener der Gemeine und keine Herrscher / und ist ihnen von der Gemeine das Ampt zu lehren, und die Zuhörer in der Lehre Christi zu unterrichten/ und die Tauffe und das Abendmahl zu administriren / auffgetragen worden; nicht aber / daß sie ihre Schlüsse in Religions-Sachen vor einen allgemeinen Schluß der gantzen Gemeinde ausgeben sollen / weil sie in diesem Fall weder von GOtt noch von der Gemeinde das Recht haben. GOtt wil von einem jeden Rechenschafft fordern/ wie schon oben angeführet/ und kan sich kein Mensch auff den andern beruffen; und wenn gleich die Gemeinde ihren Predigern hierinne völlige Macht geben wolte / so ist doch solches nicht vergönnet / weil in denen Sachen/ die zum Verstande des Menschen gehören / kein arbitrium oder compromission Platz hat / und wie mir ein anderer seine Gelahrheit nicht verkauffen oder cediren kan / sondern ich selber den Kopff daran strecken muß / so kan ich auch in diesen Sachen auff keinen andern compromittiren. Dahero es wider alle Gründe der Vernunfft und des Christenthums wäre / wenn man das Recht Theologische Streit-Fragen zu schlichten den Predigern allein lassen wolte. So lange zum Exempel ein Candidatus [illegible] noch kein öffentliches Ampt hat/ hat er kein [illegible] [illegible] Sache/ sondern ein ander hat so viel Recht als er. De[r] [illegible] durch die Gemeinde zum öffentlichen Predig-Ampt beruffen und bestellet wird / tragen sie ihm das Ampt [illegible] zu aller Gottesfurcht zu ermahnen auff / und durch ein heilig Leben dahin zu streben/ daß er mächtig sey zu ermahnen durch die heilsame Lehre/ und zu straffen die Widersprecher nach der Vermahnung Pauli ad Tit. I. v. 9. das ist/ solche Widersprecher wie es Petrus erkläret 2. Petr. II, 14. [illegible] haben Augen voll Ehebruchs/ lassen ihnen die Sünde nicht wehren/ locken an sich die leichtfertigen Seelen/ haben ein Hertz durchtrieben mit Geitz/ verfluchte Leute. Und halten das zeitliche Wolleben für Wollust. Und v. 17 Die Brunnen sind ohne Wasser/ und Wolcken vom Windwirbel umgetrieben/ welchen behalten ist ein dunckel Finsterniß in Ewigkeit / & v. 18 die solche [illegible] reden/ da nichts hinter ist/ v. 19 und verheissen ihren Zuhörern Freyheit/ so sie doch selbst Knechte des Verderbens sind / und Paulus selbst a[d] Timoth. III. v. 3. 4. 5. Leute die von sich selbst halten/ geitzig/ ruhmräthig/ hoffärtig/ lästerer/ den Eltern ungehorsam/ undanckbar/ ungeistlich/ störrig/ unversöhnlich/ schänder/ unkeusch/ wilde/ ungütig/ verächter/ frevler/ auffgeblasen/ die mehr lieben Wollust / denn GOtt/ die da haben den Schein eines gottseligen Wesens / aber seine Kräffte verleugnen sie. Und also ist sein Ampt / daß er sei[illegible] erinnere/ und bezeuge vor dem HErrn/ daß sie nüchtern seyn/ ehrbar/ züchtig/ gesund in

dem

dem wahren lebendigen Glauben/in der Liebe/in der Gedult ad Tit. II, 1. 2. Aber hiermit krieget er gar kein Vorrecht in decidirung entstandener Theologischer Streitigkeiten / weil vermahnen und decidiren gantz unterschiedene Dinge seyn Ein Christ hat Recht einen andern zur Gottesfurcht zu vermahnen / aber kein Recht eine vorfallende Controvers zu decidiren/ und dem andern auffzudringen/ sondern der ander hat so groß Recht als er.

§. V.

Dannenhero wann in der Leipziger Disputation p. 66. Th. IX. gesagt wird / quod Ministerio Ecclesiastico, pro potestate spirituali interna, impositæ sint partes, decisionem intrinsecus formandi, oder daß dem Ministerio nach ihrer geistlichen innerlichen Gewalt das Recht zukomme / eine ordentliche decision in Controversien zu machen / ist solches gar nicht bewiesen / sondern als ein Satz der unstreitig wahr wäre / gesetzet worden. Ich gebe zu / daß ein Prediger vor sich eine Controvers untersuchen kan / und seine Meynung oder confession davon sagen / aber er kan dieselbe nicht machen zu einer Richtschnur anderer / denn wenn er gleich spricht / seine Meynung komme mit der Heiligen Schrifft überein / so berufft sich der andere gleichfalls auff Gottes Wort / und werden sie also mit einander in statum disputantium gesetzet / die einander gleich seyn / und einander bescheidentlich hören müssen. Man macht zwar in der Leipziger Disputation viel auffhebens p. 17. seqq. mit dem Spruch Malach. II. v. 7. und will daraus dem Ministerio ein sonderliches Vorrecht behaupten. Aber erstlich hätte man bedencken sollen / daß dieser Spruch gar nicht handele von dem Recht Theologische Streitigkeiten zu schlichten / sondern von der Verbindligkeit tigkeit der Prediger in Verkündigung des Gesetzes oder desjenigen / was die Israeliten thun solten / wie sie sich in wahrer Busse zu GOtt wenden solten / und nicht mit dem äusserlichen Gottes-Dienst vergnügt / und darinnen ihr gantzes Wesen suchen; welches gewiß nichts mit Theologischen Streitigkeiten/sofern sie ad credenda gehören/zu thun hat. Zum andern so hätte man den folgenden versiculum 8. hinzu thun sollen: Ihr (Priester) aber seyd von dem Wege abgetreten / und ärgert viele im Gesetze / und habt den Bund Levi verbrochen/ spricht der HERR Zebaoth. Und gesetzt / daß man also aus diesem Orte dem Ministerio eine prærogativ in dieser materie beweisen wolte / so würde es wider die allgemeine bisherige Lehre seyn/ nach welcher man statuiret / daß auch ein Gottloser die Theologiam polemicam, wohin die Controversien gehören/ erlernen könne/ und so groß Recht in decidirung der Controversien habe als ein Frommer. Hier aber nimmt der grosse GOtt ihnen das Recht / und spricht: Eines Priesters Lippen sollen die Lehre bewahren / daß man das Gesetze aus seinem Munde suche / aber bey den Gottlosen suche man solches umsonst / weil sie von dem Gesetze abgetreten/ und viele ärgerten. Und also hat man umsonst diesen Spruch angeführet/ weil man daraus nichts beweisen kan/ man mag ihn betrachten wie man wil. Ja man hätte besser gethan/ daß man den locum Hieronymi und Vitringæ nicht hinzu gesetzet hätte pag. 124. weil dieselbe ihm zuwider seyn / in dem sie klärlich zeigen / daß der Text handele von dem was zu thun und nicht was zu glauben. Christliche Leute / halten es ja allemahl so/ daß sie mit ihrem Prediger/ wenn sie versichert seyn/ daß er aus eigener Erfahrung weiß/ wie einem Menschen zu Muthe/ dem die Last seiner Sünden schwer/

und

und den Zorn des Gesetzes empfindet/ und also nach der Gerechtigkeit des Evangelii hungert und durstet / über ihren Zustand conferiren / und einen Christlichen Trost von ihm empfangen; denn alsdann empfinden sie die Krafft der Zusage Christi bey sich/ Matth. XVIII. v. 18. und Joh. XX, 23. **Welchen ihr die Sünde erlasset/ denen sind sie erlassen;** weil sie versichert seynd/ daß er gleichfalls mit gedemüthigtem Geiste seine Sünde erkant/ und den Weg der Busse gegangen / und also weiß/ wie man sich in solchem Zustande zu verhalten. Und also machen sie es/ wie Actor. II. v. 37. **Da sie das höreten/ giengs ihnen durchs Hertz/ und sprachen zu Petro und zu den andern Aposteln: Ihr Männer/ lieben Brüder/ was sollen wir thun?** So machets auch Paulus bey seiner Bekehrung Actor. IX, 6. Und er sprach mit zittern und zagen: **HErr/ was wilt du / das ich thun soll?** Imgleichen der Kerckermeister Actor. XVII, 30. **Lieben Herren/ was soll ich thun/ daß ich selig werde?** Sie disputireten da nicht lange/ welche die fundamental-Articul des Glaubens wären. Die Apostel gaben ihnen einen kurtzen Bescheid: **Thut Busse.** Und weil die Apostel selber wusten / wie einem bußfertigen Hertzen zu muthe wäre/ so konten sie ihn deutlich sagen/ wie die wahre Busse müste beschaffen seyn. Wenn sie aber sehen/ daß Prediger mit rohem Hertzen die Heil. Schrifft dem Buchstaben nach herplappern/ die Krafft aber davon nicht bey sich empfinden/ seufftzen sie darüber/ daß Gott die armen Seelen in der Gemeine erretten wolle von solchem Ubel/ und ihnen einen solchen Hirten zuschicken/ der sich befleißige Gott zu erzeigen einen rechtschaffenen und unsträflichen Arbeiter/ der da recht theile das Wort der Warheit / und sich von dem ungeistlichen losen Geschwätze entschlahe / weil es viel

viel zum ungöttlichen Wesen hilfft/ ingleichen auch der thörichten und unnützen Fragen/ die nur Zanck gebehren.

§. VI.

Der locus aus der Epistel Ephes. IV. v. 11. beweiset gleichfalls nichts/ einige prærogativ in Theologischen Streitigkeiten zu behaupten. Paulus spricht: Er hat etliche zu Aposteln gesetzt/ etliche aber zu Propheten/ etliche zu Evangelisten/ etliche zu Hirten und zu Lehrern. Warumb aber dieses? Der Autor der Leipziger Disputation spricht/ pag. 76. §. 4. daß sie als die Ecclesia repræsentativa oder Commissarii ihrer Gemeinden die verfallenden Streitigkeiten schlichten sollen. Paulus aber antwortet vers. 12. Daß die Heiligen zugerichtet werden zum Werck des Ampts/ dadurch der Leib Christi erbauet werde/ oder: daß die jenige/ die durch wahre Busse sich gereiniget von den todten Wercken/ und durch das Gesetz des Geistes/ der da lebendig macht in Christo JEsu/ frey gemacht seyn von dem Gesetz der Sünden und des Todes/ und also in die heilige Gemeinschafft/ davon Christus sagt Joh. XVII, 21. eingetreten seyn/ je mehr und mehr mögen befestiget werden/ und geheiliget/ und sich bewahren/ daß sie nicht durch Irrthum der ruchlosen Leute sambt ihnen verführet werden/ und entfallen aus ihrer eigenen Festung/ und Fleiß anwenden/ daß sie unbefleckt und unsträfflich im Friede des Geistes für ihm erfunden werden/ weil sie wissen/ daß/ wer einmahl dem Unflath der Welt entflohen/ durch die lebendige Erkäntniß des HErrn und Heylandes JEsu

Christi/ und wiederum in denselben eingeflochten wird / das letzte ärger sey denn das erste/ weil es besser ist/ daß man den Weg der Gerechtigkeit nicht erkennet / denn daß man ihn erkennet/ und kehret sich vom Heil. Gebot/ das einem gegeben ist/ 2. Petr. II, 20. 21. Welches alles mit Entscheidung der gedachten Streitigkeiten nichts zu thun hat / als welche zum Verstande gehören / obiges aber zum Willen / welche gantz entschieden / weil die Theologische Streitigkeiten / so ferne sie zum Verstande gehören / keinen Menschen dazu geschickt machen/ dazu Paulus die Lehrer wil gesetzt wissen. Und gesetzt / daß dieser Spruch handele von solchem Recht / so folget doch daraus nicht/ was man daraus folgern wil. Es haben zwar das Ampt zu vermahnen die Apostel den Bischöffen sonderlich eingeschärffet/ aber andere Christen niemahls davon ausgeschlossen/ wie man denn selber gestehet / pag. 28. §. 3. daß der Spruch Rom. XVI, 17. 18. von allen und jeden Christen handele/ zu geschweigen / daß er handele von einem gottlosen Leben / und gar nicht von Theoretischen Streit Fragen.

§. VII.

Ja ich darff nicht einmahl so weit gehen. Der Herr Autor wil dieses Recht des Ministerii aus der geistlichen Macht/ welche ihnen in Göttlichem Rechte gegeben sey / deduciren/ und theilet dieselbe ab p. 58. §. 4. nach der Redens-Art des Päbstlichen Rechts in potestatem ordinis & jurisdictionis. Nun wil ich nicht sagen / daß es besser gewesen wäre dieser Redens-Art sich gantz zu enthalten/ weil sie nach dem Päbstlichen Rechte schmecket/ und man die Sache viel deutlicher auff andere Art geben kan; sondern nur dieses urgiren/ daß das Recht/ Controversien zu schlichten/ zu keinem von beyden gehöre; Nicht zu der potestate ordinis, weil man selber pag. 58. p. 4. gestehet/ daß solche nur im Predigen und administrirung der Sacramenten bestehe/ wohin dieses Recht nicht gehöret; auch nicht zu der potestate jurisdictionis, weil man bekennet/ daß dieselbe nur bestehe in der Macht der Schlüssel. Nun wil ich nicht untersuchen/ ob es recht geredet sey nach dem jure Canonico, daß man die potestatem Clavium ad actûs jurisdictiones rechnet/ weil sonsten wohl zu erweisen stünde/ daß man hierinnen geirret; sondern ich nehme dieses als genehm an/ weil auch diese Macht von dem Recht Controversien zu entscheiden/ nicht kan gebraucht werden. In der Augspurgischen Confession artic. VII. stehet von der potestate ordinis: Hæc potestas tantùm exercetur docendô seu prædicandô verbum & porrigendo Sacramenta. Docere aber ist kein decidiren, lehren ist kein Entscheiden. Denn ob man zwar dieses lehren in der Disputation nennet Decisionem materialem, so ists doch sehr unförmlich geredet/ und ist gar kein decidiren. Lehren ist nichts anders als seine Meynung seinen Zuhörern sagen/ die doch nicht in einer Disciplin vollkommen unterrichtet seyn. Aber entscheiden ist zwischen 2. streitigen Partheyen ein Urtheil machen/ welches denn præsupponiret/ daß ich kein blosser Lehrer mehr sey/ sondern schon die qualitæt eines Richters habe/ denn indem der ander meine Lehre streitig machet/ wil er mich nicht mehr bloß für einen Lehrer erkant wissen/ und ich/ wenn ich mich einmahl mit ihm einlasse/ welches ich ihm dann nicht verwegern kan/ kan mich nicht auff die autoritæt eines Lehrers beruffen.

§. VIII.

Weil dann nun die Ministeria nach den Gründen des Christenthums hierinnen kein grösser Recht haben/ als ein jeder Christ

Christ/so ist auch gar leicht zu beweisen / daß Theologische Facultæten gleichfalls sich keines Vorrechts zu erfreuen. Und ist dannenhero die Frage gantz unnöthig / ob Professores Theologiæ mit participiren von dem Recht des Ministerii, weil diese Frage præsupponiret / als wenn einer aus dem Ministerio ein Vorrecht hätte in gedachter decidirung. Und weil die Professores Theologiæ aus Fürstlicher Verordnung gesetzet seynd/so wehret ihnen niemand / publicè zu dociren / Collegia zu halten/und mit allem Fleiß ihre Zuhörer zu unterrichten. Aber wie ein Professor juris kein grösser Recht hat in Entscheidung Juristischer Fragen / als ein ander / so verhält sichs auch mit einem Professore Theologiæ. Denn daß zum ex. die responsa der Juristischen Facultæten/ im Fall sie auff beyder Partheyen Begehren gesucht werden/die Krafft eines End-Urtheils haben/kömmt nicht her von der qvalitæt der Professorum, sondern weil sie in diesem Fall als arbitri compromissarii erwehlet werden / bey deren Meynung die Partheyen acqviesciren müssen/oder daß sie dieses insonderheit von dem Fürsten überkommen / nicht anders wie die Assessores Scabinatûs, deren Meynungen ohne solche Fürstliche Verordnung keine grössere Krafft hätten/ als eines andern privati. Nun aber ist schon droben gezeiget worden/daß in Theologischen Streitigkeiten niemand auff andere compromittiren könne/auch der Fürst selber das Recht nicht habe dieselbe publicâ autoritate zu decidiren/und also auch selbiges denen Theologischen Facultæten nicht conferiren könne; Daß dannenhero ein grosser Unterscheid sey unter den Responsis und Consiliis der Juristen/ und der Theologischen Facultæten. Jene sind ordentliche Decisiones, dabey man acqviesciren muß/ diese aber sind nur solche Meynungen/die niemals die Krafft eines Urtheils bekommen/

men/ sondern dabey einem jederzeit frey stehet davon zu dissentiren / und also können dieselben auch nicht auff gleiche Art angeführet werden/ wie man die Decisiones der Juristen anführet; Dahero es denn auch ein grosser Mißbrauch ist / daß man die Meynungen der Theologen Decisiones nennet wie zu sehen aus den Voluminibus Consiliorum Wittenbergensium, und ists gewiß nicht zu defendiren / daß man in der Dedication Volum. 1. Consil. Dedekenni zur Ursache anführet / worum man dieselbe colligiret / da man spricht: Et cum natura semper nova gignat facta novasqve difficultates vitæ humanæ labes admittat, qvibus definiendis non Rotæ Romanæ notata, non senatus Burdigalensis consilia, non Parlamenti Parisii Arresta, nec tot decisionum & conclusionum plaustra, tot observationum myriades suffecturæ sunt. Non secùs, qvin imo multò magis in Theologia operæ pretium fuerit, decisiones à Theologis pro re nata exactas congeri & ordine commodo digestas vulgari, unde colligere liceat, qvid in similibus casibus servare seqviqve debeamus. Da man deutlich die Decisiones Theologicas mit den Juristischen vergleichet / welches dann bey selbe nicht geschehen muß. Zu dem so kan ja ein Professor Theologiæ den character eines Lehrers nicht weiter prætendiren / als auff seiner Universitæt, in seiner Catheder und in seinen Collegiis vor seine Zuhörer / und wenn er mit seinen Schrifften sich heraus läst / so darff er bey andern diese qvalitæt sich nicht anmassen / gleicher Weise wie ein Professor Philosophiæ eine grosse pedanterie begehen würde / wenn er z. e. in einer privat Conversation bey andern als seinen Zuhörern sich auffführen wolte / daß man ihn als einen Lehrer tractiren solte / und das Wort allein lassen. Und wenn

man

man sagen wolte / es lasse sich von der Philosophischen Facultæt auff die Theologische nicht argumentiren / so ist hierauff zu antworten daß die Einführung der Facultæten ein Menschliches Werck sey / weil nach Göttlicher Ordnung in der Christlichen Kirchen nur das Predigamt eingeführet / dahin die Professores nicht gehören / und also haben sie in Ansehen der Christlichen Kirchen kein grösser Recht als ein ander / wenn sie gleich Doctores Theologiæ seyn / als welches nur eine Würde ist / die ex impositione humana dependiret / und ihnen zwar den Rang vor andern / aber in regard Theologischer Streitigkeiten kein grösser Recht giebt; Gleich wie ein Doctor juris durch seine promotion in jure kein Recht einer grösseren Gelahrheit hat / als ein ander / der keinen Gradum hat / und wenn er sich mit einem solchen in Streit einliesse / würde er sich vor der gelahrten Welt sehr prostituiren / wenn er sich auff sein Doctorat beruffen würde / ungeachtet bey Leuten / die in dem Vorurtheil Menschlicher autoritæt stecken / solche Leute die præsumtion einer grössern erudition vor sich haben; Aber bey Leuten / die auff den Grund der Sachen sehen / wird solches gar nicht attendiret / weil es nunmehro dahin gekommen / daß man solche Leute offtmahls promoviret / darüber sich der Fabius Benevoglientes JCtus bey dem Jano Nicio Erythræo Pinacotheca 2. c. 29. mocqviren möchte welcher / da ihm in der procession, da er jemand wolte zum Doctore creiren / ein Esel begegnete / und mit auffgesperretem Rachen ihn gleichsam anlachete / schertzend sagete: Qvid rides, inepte? Te qvoqve possumus, si nummi veniant, in numerum atqve ordinem Doctorum impellere. Was lachst du Narr? Wenn du Geld giebst / können wir auch dich zum Doctor machen / wie solches der Herr Pufendorff in seinen jur. nat. lib. 5. Cap. 1. §. 5. an-

§. 5. angeführet. Dannenhero man auch besser gethan hätte/ daß man den locum Lutheri in der Leipziger Disputation p. 69. da er auff sein Doctorat trotzet/ ausgelassen hätte/ weil man solches Luthero, als eine Menschliche Schwachheit/ muß zu gute halten/ weil sonsten aus vielen Oertern seiner Schrifften bekant ist/ daß er schreibe/ die äusserliche promotion thue nichts zur Sache/ und müsse man von dem Heil. Geist in der Theologie unterrichtet seyn/ wenn man für einen Theologum passiren wolle.

§. IX.

Was aber die Synodos und Concilia betrifft/ haben sie so wenig das jus decidendi, als die Ministeria und Theologische Facultæten. Sie sind nichts anders als eine Versammlung gewisser Personen/ wegen Untersuchung gewisser Streit-Puncten/ und also wehret ihnen niemand/ daß sie vor sich die Sachen vornehmen und untersuchen; Aber sie können sich kein Recht über andere anmassen/ ihre Decreta anzunehmen/ sondern sie können dieselbe nicht weiter ausgeben/ als für ihre eigene privat-Confession, und nicht aller Glieder der Kirchen/ als die ihnen niemahls solches Recht auffgetragen/ auch nicht aufftragen können/ und also ist es offenbahr Papistisch/ daß man die auf den Conciliis versammlete Bischöffe nennet judices delegatos, oder Commissarios der gantzen Kirchen/ und folglich ist es vergebens zu fragen/ warum doch die Concilia genennet werden Ecclesia repræsentativa, darinn die guten Herren Defensores dieser Kirchen nicht einig seyn/ wie zu sehen aus der Leipziger Disputation pag. 76. §. 4. Und pflegen die Juristen solche Qvæstiones Domitianas zu nennen/ wohin auch gehöret/ daß man so viel Disputirens macht/ wem das Recht die Commissarios auf den Conciliis zu erwehlen zukomme/ de-

von

von pag. 76. §. 5. gehandelt wird. Gesetzt / es entstünde unter etlichen Juristen die Frage / ob man Antinomias in jure statuiren könte / da einige sich beruffen auff die Constitution Justiniani Tanta §. 15. daß man subtili animo die rationes diversitatis aussuchen müste / ingleichen daß man lieber aus Desperation alles ergreiffen müste / ehe man dem Triboniano solchen Schimpff erwiese / daß man ihn einer Contradiction beschuldigen wolte / ja man begienge ein crimen læsæ Majestatis, wenn man dieses sagete / indem ja der Tribonianus aus Käyserlicher autoritæt sein herrliches Werck verfertiget / und darinnen den Schatz aller Weisheit zusammen getragen / und also wer den Tribonianum eines Irthums beschuldigte / der beleydigte ja den Käyser selber / daß Er einem so ungeschickten Subjecto diese Mühe auffgetragen / da es doch hiesse in L. 3. C. de crimin. sacrileg. Sacrilegii esse instar, dubitare an is dignus sit, quem elegerit Imperator. Das ist: Es sey ein crimen læsæ Majestatis, wenn man zweiffeln wolte an der Capacitæt desjenigen / den der Käyser für würdig gehalten. Andere aber die soutenirten / es wäre nicht einmahl nöthig / zu Beweisung widriger Gesetze das Corpus Juris auffzuschlagen / weil bekant wäre / daß diejenige Juristen / aus deren Büchern man die Pandectas zusammen getragen / in viele Secten vertheilet gewesen / und stets Gelegenheit von einander zu dissentiren gesucht / sie möchten gegründete Ursachen haben oder nicht / wie z. e. zu sehen sey ex L. 1 §. 2. ff. de dol. mal. L. 60. §. 1 ictâ L. 61 ff. pro Socio. L. 25. ff. qui testament. fac. L. 34. pr. ff. mandat. ictâ L. 15. ff. de R. C. & L. 7. §. 2. ff. de suppell. Legat. L. 19. pr. ff. de Castrens. pecul. &c. Man sähe ja aus vielen Umständen / daß die Compilatores das jus Vetus nicht verstanden / und also wie es ein

unge-

ungeschicktes Buch seyn würde / wenn z. e. einige Theologi sich über alle Systemata Theologica aller drey Haupt Religionen in Teutschland machen wolten / dieselbe unter sich zertheilen / daraus excerpta unter gewisse Titul bringen / hernach dieselbe in ein Buch zusammen drucken lassen / eben so wäre es mit unsern Pandecten beschaffen. Die Käyserliche autoritæt gabe den Compilatoribus kein Privilegium, daß sie nicht irren könten / ja der angezogene Titul aus den C. de crimine Sacrilegii zeige schon an / was sie für ein judicium müsten gehabt haben / indem kein eintziger Lex in dem Titul sich dahin schickte / und also gienge es eben damit / als wenn jemand in einer Disputation von Farben den Titul machte von schwartzer Farbe / würcklich aber handelte er von der weissen ꝛc. Wenn nun diese Juristen diesen Streit so wichtig hielten / daß sie eine öffentliche Conference von gewissen Deputirten aus allen Juristischen Facultæten / Schöppen-Stühlen / und andern Collegiis anstellen wolten / und zwar mit der intention, daß ihr Schluß [illegible] für einen allgemeinen Schluß aller rechtschaffenen Juristen gehalten werden / und wer das nicht wolte annehmen / der solte aus der Zahl der Juristen gestossen seyn / und für einen Rabulam und Legulejum gehalten werden / ehe aber die Deputirten hingeschickt würden / wolten sie disputiren / wem das Recht, dieselbe zu erwehlen / zukäme / würden nicht alle gescheide Leute Commiseration mit solchen Leuten haben / weil ihre gantze intention nicht richtig wäre / indem sie kein Recht hätten / ihren Schluß allen auffzudringen / oder für die Richtschnur anderer auszugeben? Eben so ist auch die Frage von den Conciliis, ja noch ungeschickter / weil in der Jurisprudenz sich solches noch eher und leichter thun liesse / weil darinnen die menschliche autoritæt noch mehr statt findet / als in der Theologie.

§. X Und

§. X.

Und also mag es auff den Conciliis so Christlich und ordentlich zugehen als es wil/ so können sie nach den allgemeinen Gründen des Christenthums unmöglich die jenige autoritæt prætendiren/die man ihnen durchgehends giebt; zu geschweigen nun/ wenn es offenbahr unvernünfftig und unchristlich hergegangen ist/ wie auff allen Conciliis, die nach der Apostel Zeiten sind in der Christenheit gehalten worden. Es weisens ja die Historien/ist auch niemand in Abrede/ daß (1) auff allen Conciliis per pluralitatem votorum oder durch die Vielheit der Stimmen geschlossen worden. (2) Daß die streitende Partheyen selber votiret. (3) Daß man die Schlüsse hernacher gewaltsamer Weise exeqviret/ und andern auffgedrungen. Was kan wohl irraisonnabler und unchristlicher seyn? Was das erste betrifft/ so ists ja wider die ersten Gründe der Vernunfft/ daß man Sachen so zum Verstande des Menschen gehören/ durch die Vielheit der Stimmen schliessen wil / weil es ja insgemein heist: die klügesten die wenigsten. Seneca hat dieses vernünfftig betrachtet / daß man in Erkäntniß der Warheit nicht mit dem meisten Hauffen lauffen solle / da er de Vita beata cap. 1. spricht: Nihil magis præstandum est, qvam ne pecorum ritu seqvamur antecedentium gregem, pergentes, non qva eundum est, sed qva itur. Atqvi nulla res majoribus malis nos implicat, qvam qvod ad rumorem componimur: optima rati ea, qvæ magno assensu recepta sunt, qvorumqve exempla nobis multa sunt: nec ad rationem, sed ad similitudinem vivimus, das ist: Wir müssen uns für nichts mehr fürchten / als daß wir nicht / wie das Vieh / dem Hauffen der vor uns herlauffenden folgen/ u. nicht hingehen/da man hingehen soll/sondern

dern wo man andere hingehen siehet. Keine Sache thut [illegible] Schaden / als daß wir uns nach dem Geschrey [illegible] richten / und das jenige für das beste halten / [illegible] man mit grossem Beyfall angenommen / und [illegible] wir viele Exempel sehen / und wir leben nicht nach der Vernunfft sondern nach der Gleichheit anderer. Und bald darauff spricht er: Itaque id evenit, quod in comitiis, in quibus eos factos prætores, iidem qui fecere mirantur, cum se mobilis favor circumegit. Eadem probamus, eadem reprehendimus. Sic exitus est omnis judicii, quod secundum plures datur, [illegible] Daher könnte es denn nun auch / wol auf den Reichs-Tägen zu geschehen pflegen / daß die jenige / die selber [illegible] gemacht haben / sich darüber verwundern / [illegible] die veränderliche Gunst / gegen die Candidaten sich [illegible] Gemüthern herum gedrehet. Was man jetzt [illegible] das approbiret man hernach [illegible] so gehts bey allen [illegible] die nach der Vielheit der Stimmen gefället werden. Gewiß wenn Seneca zu seiner Zeit den Process [illegible] Conciliis gesehen / hätte er sicherlich darüber [illegible] daß man diesen unförmlichen Process darauff vorgenommen. Und ist sehr wahrscheinlich / daß sie denselben von den Gerichtlichen Juristischen Processen wieder hergenommen; denn in [illegible] muß mans ja so halten / daß wenn viele Assessores im Gerichte seyn / nach der meisten Meynung gesprochen werde / weil sonsten kein auskommen wäre / welches doch in diesen Sachen [illegible] weil sie ihren effect in praxi äussern / dahero auch wenn [illegible] gleich seyn / die Sache so lange indecidirt bleibt / bis [illegible] einig worden und einander mit votis übertroffen / es wäre denn daß die Richter und Commissarii [illegible]

in

da denn der jenige/der sie verordnet/ die jenige Meynung / die er für raisonnabel hält / confirmiren kan / oder daß in einem Casu gleiche Stimmen wären / da die Weltlichen Gesetze eine Parthey für favorabel hielten / als wie in jure Romano die Testamenter/ der Braut-Schatz / die Freyheit / wie zu sehen aus dem L. 38. ff. de re judicat.

§. XII.

Aber diese Art zu procediren gehet in den Theoretischen Fragen / dahin auch die Theologische Streitigkeiten gehören / nicht an/denn da muß es heissen sententias non esse numerandas, sed ponderandas, daß man die vota nicht zehlen müsse / sondern wohl erwegen. Und haben die meisten nicht allemahl die præsumtion der Warheit für sich. Sihe Pufend. de jure natur. lib. 7. c. 2. §. 15. wenn sie gleich noch so vornehm/ so reich/ so vermögend seyn. Sonsten was Seneca von dem Geschrey anderer gesagt/kan man illustriren mit dem/was auf dem Concilio zu Chalcedonien, welches das letzte unter denen so genannten Conciliis Universalibus ist/ nach der Erzehlung des Evagrii Histor. Eccles. lib. 2. cap. 18. vorgegangen / da man recht den Proceß mit dem Geschrey wider den Eutychen (den ich nicht defendire / weil er mit seinem unnützen Grübeln in dem Geheimniß unsers Heylandes hätte sollen zurücke bleiben / und sich nicht bemühen sollen / mit den Philosophischen abstractionibus es ordentlich zu begreiffen wollen) vorgenommen / und ist das Concilium endlich geschlossen / nachdem die gantze Menge mit vollem Halse geschryen: Ista est fides orthodoxorum: Sic omnes credimus. Sic Papa Leo credit: Sic credidit Cyrillus, sic Papa interpretatus est. Das ist der Glaube der Rechtgläubigen: So gläuben wir alle: so gläubet der Bischoff zu Rom das: so hat Cyrillus geglaubet / so hats auch der Bischoff zu [illegible] ausgeleget. Ist das wohl ein Proceß der Christen geziemet/ich geschweige Bischöffen? Gewiß muß man darüber erschrecken/ daß man zu unserer Zeit solche Concilia noch anbetet/ und noch darauff trotzet/ als auff Seulen der reinen Religion. Ein vernünfftiger Mensch solte sich ja schämen sich darauff zu beruffen / und solches zu approbiren. Auch unsere Juristen haben gar keine Ursache / daß sie den L. 4. C. de S. S. Trinit. als welcher die decreta dieses Concilii confirmiret/anführen/ nicht allein wegen obiger Ursache / sondern weil es denjenigen mit weltlicher Straffe beleget/ der an der Warheit solches Concilii zweiffeln werde / aus Ursache / qvod injuriam faciat judicio reverendissimæ Synodi, si qvis semel judicata ac recte disposita revolvere & publice disputare contenderit, das ist: Weil man dem Urtheil des H. Concilii unrecht thue / wenn man das jenige / was darauff einmahl beschlossen sey / umstossen und seine Meynung öffentlich dawider sagen wolte. Ein Concilium, worauff unheilige und unchristliche Leute gewesen/ ist nicht heilig / weil der Heil. Geist bey keinen Unheiligen wohnet/von dem doch alle Heiligkeit herkommen muß. Und ists Päpstisch/ wenn man haben will / daß man demselben eine untriegliche autorität beymessen solle. Man thut ja dadurch einem Menschen unrecht/ daß man seine Meynung nicht annehmen will/er müste dann ein Privilegium haben/ daß er nicht irren könte. Und dahero fällt auch alles weg/ was die Commentatores über diesen Legem geschrieben/ o- [illegible] zu deduciren pflegen.

§. XII.

Was den andern Fehler betrifft/ den man auff den Conciliis begangen/ ist derselbe aus der Historie auch unstreitig; allein

gantz

gantz irraisonnabel. Denn nachdem man in dem ersten fein juristisch verfahren war/so hätte man sich auch bescheiden sollen/ daß es bey den Juristen gantz nicht zuläßlich/ daß Kläger oder Beklagter mit zum Urtheil zu machen gezogen werde/sondern wenn beyde Partheyen ihre Nothdurfft vorgetragen/ und die Sache nunmehro geschlossen/so weiset man sie zurücke/ weil man sich erinnert/ was im L. 1. C. ne quis in sua causa judicet, stehet: Iniqvum admodum est, in re propria alicui licentiam sententiæ tribuere, das ist: Es ist sehr unbillig/ daß man jemanden in seiner eigenen Sachen das Urtheil machen lasse. Welche Ursache man hätte bedencken sollen nicht allein bey Verfertigung des obigen L. 4. sondern bey Haltung aller Concilien. Welches auch Grotius wohl gesehen hat/ dahero er in obigen Tr. Cap. 7. §. 7. spricht/ wider diejenige/ die diesen Gebrauch auff den Conciliis defendiren wollen: Non possum satis mirari, qvid nonnullis in mentem venerit, ut dicerent, ipsos illos, qvi impietatis aliqvem accusassent, ejusdem judices in Synodo esse posse: neque jus recusandi, qvod in negotiis Civilibus valet, ad Ecclesiastica posse extendi. Nam profecto communes regulæ, qvæ ex naturali æqvitate veniunt, in Ecclesiasticis non minus qvam in aliis judiciis obtinere debent, das ist: Ich kan mich nicht gnug verwundern/ was einigen in den Sinn kommen sey/ daß sie sageten/ eben diejenige/ die jemand unreiner Lehre und Lebens beschuldigten/ könten wohl Richter seyn auff den Conciliis: und das Recht einen verdächtigen Richter zu recusiren/ ginge nur in weltlichen Sachen an/ aber nicht in Geistlichen. Denn gewißlich die gemeinen Reguln der natürlichen Billigkeit/ nicht weniger in Geistlichen als Weltlichen Gerichten [illegible] haben. Er führet auch deswegen das Judicium des Gregorii Nazianzeni von den Conciliis zu seiner Zeit und auch des Optati Lib. 5. adv. Parmen. Quaerendi sunt judices, de utraque parte dari non possunt, quia studiis veritas impeditur, das ist: Es müssen unpartheyische Richter erwehlet werden/ und die nicht von den streitenden Partheyen seyn/ weil durch die Partheylichkeit die Untersuchung der Warheit verhindert wird. Welche Regul aber des Optati die orthodoxi nicht einmahl in dem Proceß wider die Donatisten observiret/ wie denn der Herr [illegible] differtat. de Schismat. Donatistarum th. [illegible] observiret/ daß auff dem Concilio zu Arlas in Franckreich unterschiedene Bischöffe mit votiret/ als Rheticius, Marinus, Maternus und andere/ die vorhero schon auff dem Concilio zu Rom die Donatisten verdammet hatten/ ja daß der Marinus Bischoff zu Arlas Praeses auff dem Concilio selbst gewesen sey/ wie er §. 39. weitläufftig bemercket; der Rheticius auch wider die Novatianer, derer dogmata mit der Donatisten Meynungen in etwas einig waren/ viele Schrifften heraus gegeben/ dahero der Herr Autor auch §. 27. spricht/ daß dahero nicht zu verwundern sey/ daß der Donatus auff dem Concilio zu Rom sey verdammet worden. Doch es ist nicht nöthig/ in specie die Sache mit den Donatisten hier zu untersuchen. Es ist ja auff allen Conciliis, sie mögen von Orthodoxis oder Heterodoxis gehalten seyn/ so hergegangen. Wenn man den Grund dieser Sachen untersuchet/ halte ich dafür/ daß dieser unförmliche Proceß daher entstanden/ daß man sich beredet/ die versammleten Bischöffe wären die Communion [illegible] Theil. Gleichwie es nun gottloß würde seyn/ daß [illegible] suspecti judicis [illegible]/

eben

eben so unchristlich wieder es auch gewesen seyn/ ihrer Meynung nach/ dessen Commissariis solche vorzuwerffen / weil ja zu praesumiren / daß dieser als der allwissende GOtt niemand darzu erwehlen würde/ der verdächtig wäre. c. Aber damit ich bey dieser Redens-Art von Commissariis, deren man sich auch in der Leipziger Disputation p. 51. und anderswo bedienet/ bleibe/ so sagen unsere Juristen/ daß niemand sich für einen Commissarium auffwerffen könne/ er müsse sich denn legitimiren und sein Commissariat beweisen / sonsten könne man ihn mit Recht verwerffen / und habe nicht nöthig für ihm zu erscheinen. Wenn man die vermeinete Herren Commissarios auf den Conciliis hätte gefragt ob sie ihr Commissariat beweisen könten/ würden sie gewiß mit dem Autore der Leipz. Disputation sich auch auff die Heil. Schrifft beruffen haben/ davon ich schon droben gehandelt und im andern Theil weitläufftiger handeln wil/ und die materie de judice delegato etwas deutlicher betrachten.

§. XIII.

Unsere Leute pflegen es/ und zwar mit Rechte/ dem Pabst Leoni X. als einen groben Irrthumb vorzuhalten/ daß / da unser Sel. Lutherus wider den Ablaß Krähmer den Tezel anfing zu disputiren / und er sich in dieser Controvers auff den Pabst berieff/ in Meynung / dieser würde seine Sätze nicht so schlechter Dings verwerffen/ sondern als ein kluger Mann ihn hören u. sich neutral halten; er so gleich der Ablaß-Krähmer Parthey nahm / und damit allen Weg zu einem accommodement, und Luthero alle Hoffnung zum gütlichen Vergleich abschnitte. Auch weiß man den Cardinal Cajetanum wol heraus zu machen / daß er Anno 1519. zu Augspurg gar zu unvorsichtig verfuhr/ daß er den Lutherum so rauh tractirete/ und da er sich [illegible] erbote zu schweigen/ wenn seine Widersacher dergleichen thäten/ diesen Vorschlag nicht annahm/ und ihn also [illegible] auff das äusserste zu gehen/ und directe den Pabst anzugreiffen; auch daß er einen so resolvirten Mann/ wie [illegible]/ zwingen wolte/ seine Schrifften zu revociren. Ja man weiß auch ja wohl zu zeigen/ wie sich der Pabst hätte in dieser Sache verhalten sollen. Debuisset scilicet, wie der Herr Brunnemann. de jure Eccles. lib. 3. c. 1. §. 19. saget/ si judicis partes tueri voluisset, prius leniora tentare remedia, arbitrium suum ac mediationem offerre, utramqve partem audire, Synodum ex iis, qvi se litibus nondum immiscuerant, convocare, & legitimo modo, qvi in Ecclesia receptus, procedere. Sed cum in partes transiret, inde factum, ut Lutherus ei qvæstionem status moveret, & ipsum ut suspectum judicem recusaret. Inde Europæ Ecclesia in duas partes scissa, & à Pontifice tot regna defecerunt. Cum enim jam esset Ecclesia scissa, frustra constituebatur Synodus ex iis, qvi jam [illegible] partes; frustra Pontifex hæreseos accusatus, se ipsum pro judice gessit, das ist: Es hätte der Pabst/ wenn er die Person eines rechtmäßigen Richters hätte vertreten wollen/ ehe die gelindere Mittel versuchen/ und sich als ein Mediateur zwischen beyden Partheyen verhalten/ sie hören/ und ein Concilium von denen jenigen anstellen/ die sich noch nicht in diesen Streit gemischet/ und also auff rechtmäßige Art und Weise/ die in der Kirchen recipiret/ verfahren sollen. Aber da er so fort eine Parthey annahm/ geschahe es daher/ daß Lutherus ihm [illegible] status movirete/ und ihn als einen verdächtigen Richter recusirete. Dahero denn die Europäische

Kirche

Kirche in zwey Theile getheilet / und so viel Königreiche von dem Pabst abgefallen. Denn nachdem diese Spaltung schon geschehen / war es zu spät / daß der Pabst / der schon einmahl Ketzerey beschuldiget war / sich zum Richter wolte auffwerffen. Nun wil ich nicht untersuchen / ob Menschliche Rathschläge wären zulänglich gewesen / das Reformations-Werck zu hemmen / sondern hieraus nur diese observation nehmen / daß / so lange es wider die Papisten gehet / wir die Fehler wohl sehen können; Wenn aber jemand kömmt und spricht / es sey ja auff allen Conciliis, sie mögen heissen wie sie wollen / eben so hergegangen / da sperren wir uns und wollen dieses nicht sehen / weil eine grosse Stütze des After-Pabstthums dadurch fallen würde. Es sind ja alle Concilia gehalten worden / nachdem die Schismata schon angegangen / und die Kirchen schon zertheilet gewesen. Wenn nun nach obiger der unserigen Meinung / es zu spät gewesen / daß der Pabst nach entstandenem Schismate erst hat ein Concilium beruffen wollen / und zwar aus der Ursache / weil kein unpartheyischer Theologus mehr übrig gewesen / so müssen wir auch gewiß gestehen / daß aus diesem Grunde alle Concilia nichtig seyn.

§. XIV.

Dieses Elend sehen nun zwar die Vertheidiger der Concilien, aber sie meinen / dem Dinge durch einen andern Anschlag zu helffen. Nemlich sie sagen / es müsse ein kluger Regent nach Gelegenheit der Umstände die Sache wohl untersuchen / ob die gegenwärtige Zeit zulasse ein Concilium anzustellen / und wenn er dannenhero befindet / daß die Spaltung schon so groß / daß man auf einem Concilio vermuthlich würde gleiche Stimmen bekommen / so soll er sich dessen enthalten / weil man nicht die Oberhand bekommen werde / wie solches in der Leipz. Disputation pag. 73. in f. & 74. weitläufftiger angeführet. Wer siehet aber nicht den Ungrund dieser Meynung / wenn man sie gleich mit der autoritæt des Augustini bemäntelt? Sie geben hiermit augenscheinlich zu verstehen/daß sie ihren gantzen Grund auff die Menge und Vielheit der Stimmen bauen / von welchem Unfuge schon droben gedacht. Ja sie contradiciren sich selber/ und da sie sonsten dem Fürsten nur die Ehre überlassen/ ihre eigene decision mit Gewalt zu exeqviren/so geben sie ihm hiemit die völlige decision in die Hände. Denn gesetzt/ es sind auff einem Concilio gleiche Stimmen/ beyde Partheyen beruffen sich auff die Schrifft / und verlangen beyderseits vom Fürsten/ ihrer decision beyzupflichten/und vim pragmaticæ sanctionis zu geben. Wie soll sich ein Fürst da verhalten? beyde Partheyen zerren ihn. Ja/ sagt man/ er hätte in solchem Zustande kein Concilium halten sollen. Aber/mein Freund/ wie kan ein Fürst das vorhero sehen / wie viel vota seyn werden? Ja sprichst du / er soll vorhero mit den rechtgläubigen Theologis darüber conferiren. Aber wie kennet ein Fürst die? und wie ist er versichert/daß sie rechtgläubig seyn? die Widriggesinneten sagen auch / sie hätten die wahre Religion. Wem soll er trauen? und also magst du dich wenden und drehen/wie du wilt/so wird entweder das heraus kommen/ daß man dem Fürsten das Recht die orthodoxos võ den Heterodoxis zu entscheiden/ nach eigenem Gefallen überlassen muß; und daß allemahl die Theologi, wenn es auch gleich die wenigsten wären / pro orthodoxis zu halten/ die mit dem Fürsten einig sind/ oder daß die gantze Meinung von denen Conciliis irrig sey. Man mag erwehlen/ was man wil / so wird dadurch das gantze Wesen/ was man mit so grosser Mühe gebauet/ umbgestossen; und dieses ist es/ was auch in der Vorrede schon gedacht/ nemlich daß

die

die jenige/ die am Hofe das meiste gelten/ des Fürsten Hertz einnehmen/ und die decisionem formalem, wie man sie nennet/ vor sich erhalten. Dahero kömmts/ daß denn bey einem Fürsten so viele unterschiedene decisiones formales seyn; Denn nachdem die Partheyen die Oberhand behalten / so ist auch die decisio. Man hat dessen ein klärlich Exempel an dem Chur-Fürsten in Sachsen/ Augusto. So lange die Philippisten am Hofe mächtig waren/erhielten sie den Sieg; so bald aber sich das Blat wendete/ und die andere Parthey empor kam/ giengs über die ersten/und drungen sie mit der decisione formali in der Formula Concordiæ durch; Wie aber Christianus I. zur Regierung kam/ wäre es bald mit derselben wieder geschehen gewesen/ und die Philippisten hätten victorisiret/ wo nicht sein frühzeitiger Todt solches verhindert hätte. Denn so lange man die Meynung hat/ daß die Controversien müssen auff eine Gerichtliche Art decidiret werden/ kans nicht fehlen/ daß es so hergehen muß/ und daß die jenige / die am Hofe am wenigsten gelten/ leiden müssen.

§. XV.

Daraus sihet man auch/ was bey dem zu bedencken sey/ was der Herr Puffendorff saget de habit. relig. §. 49. Cura tranqvillitatis publicæ id juris dat Regibus, ut qvæ publice sunt recepta doctrinæ Christianæ compendia, catecheseon, symbolorum, confessionum, aut qvocunqve vocabulo veniant, ad normam sacrarum literarum probe exigi curent, non à paucis solum, qvi factionis aut privati respectus suspicionem incurrere possint, sed ab omnibus, qvibus solida divinarum literarum peritia est, das ist: Die Sorge für die gemeine Ruhe giebt den Königen und Fürsten das Recht/ daß sie die compenpendia der Christlichen Lehre / die Catechismos, Symbola, Bekäntnisse / oder wie sie Nahmen haben / nach der Richtschnur des göttlichen Worts wohl examiniren lassen / aber nicht von wenigen / die wegen Partheyligkeit oder privat Absehen können einiger massen verdächtig seyn / sondern von allen denjenigen / welche die H. Schrifft recht gründlich verstehen. Wenn man nun fragen wolte / welche man die jenige seyn / so wird ein jeder sagen / er gehöre mit zu der Zahl / und also wenn nun ein Fürst ein solches Werck einigen aufftragen wolte / und andere die es nicht mit ihnen hielten / verwerffen / und zum Lande hinaus jagen / würden sie sich beschweren und über Unrecht klagen. Und also scheinet auch diese Meynung des Herrn Puffendorffs einige difficultæten mit sich zu führen. Vornemlich wenn man betrachtet / daß die jenige Personen / die zwischen streitenden Partheyen in einer Theologischen Frage die decision machen sollen / allemahl partheyisch seyn. Denn entweder sie verstehen die Sache / die sie entscheiden sollen / oder verstehen sie nicht. Im letzten Fall wäre es ungereimt ihnen dieses Werck anzuvertrauen; im ersten aber ists so beschaffen / daß sie allemahl einer von beyden Meinungen werden Beyfall geben / oder eine andere Meynung haben / als sie beyde / und alsdann sind sie schon Partheyisch; und werden allemahl die decision so machen / daß sie ihrer Meynung gemäß sey. Gleicher Weise / wenn die juristische Frage de antinomiis solte von einigen vornehmen Juristen entschieden werden per modum decisionis formalis, so würde man nothwendig solche Juristen müssen darzu nehmen / die einer von beyden Meinungen zugethan / und also würden sie schon Partheyisch seyn. Ebenmäßig / wie die Advocaten in praxi, im Fall die Acta sollen nach unpartheyischen Juristen verschicket werden / pflegen wieder

die

die jenigen Facultæten zu protestiren/ da sie wissen/ daß die Herren Assessores einer gewissen Meinung zugethan seyn/ so hat man allemahl recht zu excipiren in Entscheidung streitiger Fragen/ wider die jenigen/ die schon eine Meinung haben; welches uns dann lehret/ daß es unmöglich sey/ daß solche decisiones formales, wie man vorgiebt/ mit Bestande der Warheit können gemacht werden/ und dieses ists eben/ was ich hier intendire.

§. XVI.

Und also schreite zu dem dritten Fehler/ den man auff den Conciliis begangen/ nemlich daß man dieselbe gewaltsamer Weise exeqviret/ und nicht allein die jenige/ die deren Schlüsse nicht haben annehmen wollen/ für Irrende gehalten/ sondern dieselbe mit weltlicher Straffe beleget; welches daß es geschehen sey/ die Historien sattsam zeugen/ und also als notorium nicht darff bewiesen werden/ und wer es negiren wolte/ den verweise auff unsere beyde Codices, Theodosianum und Justinianeum, da in vielen Legibus dieser gottlose Proceß hervor leuchtet. Was aber von solchem Wesen zu halten/ wird folgender Satz beweisen/ nemlich:

IX. Satz.

Ein kluger Regent muß sich wohl in acht nehmen/ daß er die decisiones der Theologen, sie mögen von Theologischen Ministeriis, Facultæten oder Conciliis gemacht seyn/ nicht gewaltsamer Weise jemand auffdringe.

Erklährung.

§. 1.

DEr Herr von Seckendorff spricht in seinem Christen-Staat II, IX, 6. Wann gleich die hohe Obrigkeit samt denen Bischöffen / oder mit denen Consistoriis und Synodis welche man bey denen protestirenden zu Religions-Sachen verordnet) einer gewissen Meynung beyfielen / und diesen oder jenen Artickel vor einen solchen [illegible] bey Verlust der Seligkeit zu gläuben / und dessen Verwerffung und die widrige Lehre verdammlich wäre / so kommet doch weder der Christlichen Obrigkeit / viel weniger denen Bischöffen zu / die Unterthanen mit Gewalt zu Annehmung solcher Artickel zu zwingen. Und [illegible] nacher: Nicht verantwortlich ist auch / wann hinterlistige / unehrbare / und in Gottes Wort weder mit Lehre noch Exempeln beweißliche Arten gebraucht werden / etwann nach der invention des abtrünnigen Juliani, oder in andere dergleichen Wege / da man mit Verheissung Geldes / oder Beförderung zu Aemptern / Diensten und Heyrathen die Leute überredet / die Kinder wider die Eltern / und die Eheleute wider einander hetzet / und danebst denen / die sich nicht also bewegen lassen / sonst so viel Drangsahl anthut / daß sie endlich gezwungener Weise sich bequemen und geben. Also werden die Obrigkeiten [illegible] / und excediren an ihrem hohen Ampt / wann sie Gewalt / List oder Drangsahl gebrauchen / die GOTT [illegible] nicht gefallen kan / er auch von ihnen nicht erfordert. Ich kan aus obigen Sätzen noch eine deutlichere demonstration geben / nemlich / ein Regent kan vor sich keine [illegible]same decision machen / auch die Theologi haben dieselbe

selbe nicht vor sich: Wenn nun gleich diese beyde für einen Mann stehen/ und mit einander einig/ kriegt ein Fürst deßwegen kein Recht äusserliche Gewalt zu gebrauchen. Und also erkennet man hieraus deutlich/ wie weit die gemeine Lehre richtig sey/ daß ein Fürst Recht habe die Schlüsse der Concilien zu confirmiren. Denn entweder dieselbe sind gemacht von indifferenten Kirchen-Ceremonien/ oder Theologischen Streit-Fragen/ wie man dieses oder jenes Mysterium begreiffen solle. Was das erste betrifft/ ists überflüßig/ daß ein Fürst deßwegen Concilia ausschreibe/ weil ihm solches Krafft habender höchsten Majestät als Fürst zukömmt/ wie ich weitläufftig in meiner Dissertation gewiesen habe/ und hat nicht nöthig deßwegen des Raths seiner Theologen in einen Concilio sich zu bedienen/ wann nach ihrem eigenen Geständniß die Sache zu denen adiaphoris gehöret. Das andere aber betreffend/ kan ein Fürst als ein Christ vor sich die decreta annehmen; aber er muß sich wohl in acht nehmen/ daß er keinen Gewissens-Zwang einführe/ noch anderen dieselbe mit Gewalt aufferinge/ noch wenn jemand dieselbe nicht annehmen wil/ ihn auff einige Art und Weise deßwegen hasse und verfolge; nach der Lehre des Herrn Seckendorffs.

§. 11.

Damit man aber sehe/ wie weit sich das Recht eines Fürsten über die Concilia erstrecke/ so halte ich allerdings dafür/ daß ein Fürst das jus præsidendi habe/ weil dieses zur äusserlichen Ruhe und Friede nöthig ist. Denn wenn hitzige Köpffe/ die Lust zum Zancken haben/ bey einander kämen/ würde es bey blossem disputiren mit Worten nicht bleiben/ sondern sie würden sich bald vom Eifer einnehmen lassen/ daß sie zu real-injurien und Schlägen kämen/ daraus allerhand Unordnungen

und

und Störung des äusserlichen Friedens entstehen würde / die ein Fürst als Regent mit allem Fleiß verhüten muß. Denn hat die Gegenwart des Käysers Martiani, auff dem Concilio zu Chalcedonien nicht verhindern können / daß die versammleten Bischöffe nicht mit vollem Halse geschryen; Was würde nicht geschehen seyn / wenn niemand da gewesen wäre / für dem die Leute einigen Scheu und Respect hätten tragen müssen? Wenn Constantinus M. nicht auff dem Concilio zu Nicæa gewesen wäre / würde es unter den Bischöffen sehr tumultuarie hergangen seyn / da sie wider einander so viel querelen und Beschuldigungen vor den Käyser brachten / daß er / umb auff einmahl davon zu kommen / die supplicationes, die sie wider einander übergaben / verbrandte. Da die Apostel und ersten Christen ihr Concilium zu Jerusalem hielten / gieng es in Liebe und Sanfftmuth zu / und war keine Weltliche Obrigkeit nöthig / das Directorium dabey zu führen. Aber nachdem die Apostolische und brüderliche Liebe auch unter den jenigen / die sich zu einer Confession bekennen / erloschen ist / und an deren statt Ehrgeitz / Hochmuth / Stoltz / Haß rc. in denselben eingewurtzelt ist / ists sehr nöthig / daß bey Zusammenkünfften solcher Leute der Fürst Præses sey / daß die Hitze und hefftige passionen / so mehrentheils bey solchen Disputen mit unterlauffen / gemäßiget / auch keiner durch Calumnien und Verdrehung der Worte und Meinung beschweret / und mit den Anathematibus ohne Noth und gegen Unschuldige nicht verfahren werden möchte. Wenn dieses nicht geschehe / wäre es eben nicht nöthig / daß der Fürst oder dessen Ministri bey solchen Versamlungen zugegen / so wenig als er bey allen Academischen Disputationen die ja billig aus Begierde der Warheit sollen gehalten werden gegenwärtig zu seyn pfleget: Wiewohl er auch in diesem Fall offtmahls nöthig

und

und nöthig wäre; So lieset man bey dem Gvidone Pancirollo de Veterib. JCtis, daß einmahl auff einer Italiänischen Universitæt in einer Juristische Disputation der Opponens, welcher ein berühmter Glossator gewesen / den Præsidem mit einem Buche geworffen / daß er davon gestorben. Bey solchen Zusammenkünfften / die auf Fressen und Sauffen gerichtet seyn / verträgt man sich endlich noch gütlich. Weswegen solte es denn auch nicht geschehen können / daß Zusammenkünffte der Theologen / wegen Streit-Fragen / in Frieden gehalten würden / wenn nicht eine jede Parthey meynete / ihr Eifer wäre Göttlich / und sich durch solche falsche Einbildung zu unvernünfftigen Sachen verleiten liesse? Petrus Mosellanus schrieb im vorigen Seculo bey Gelegenheit eines gewissen Colloqvii, von den Colloqviis überhaupt: Ea mansvetissimæ Christi doctrina digna non esse, nec credi posse, Spiritum S. pacis autorem ad ejusmodi pugnas unqvam se demittere. Christianæ Theologiæ veritas citiùs impetratur orando, qvàm invenitur disceptando, wie solches Herr Beckmann de jure subditor. circa sacra cap. 3. §. 11. anführet. Das ist: Die Colloqvia wären sehr entfernet von der sanfftmüthigen Lehre Christi / und könnte man nicht glauben / daß der Heil. Geist als ein GOtt des Friedens / zu solchen Streitigkeiten herunter komme. Die Warheit der Christl. Religion liesse sich besser mit Beten / als Disputiren erlangen. Dahero man denn auch gesehen / daß die Colloqvia wenig genutzet / sondern nur mehr Zanck gebohren. Der Herr Thomasius hat die Fehler / die gemeiniglich bey allen Disputationibus vorzugehen pflegen / weitläufftig berühret in seiner Vernunfft-Lehre part. 2. c. 5. §. 9. seqq. und kömmet alles darauff an / daß man nicht disputiret auff eine friedliche / freund-

freund[illegible] und aufrichtige Weise/ auch nicht einzig und allein [illegible] Verhütung der Irrthümer/ sondern meistentheils aus eite-[illegible] Ansehen/ und Befestigung menschlicher autoritet. Und darff man nicht meynen/ daß es auf den Disputationibus in den Conciliis und Colloqviis anders hergegangen. Dahe-ro auch die Exempel sehr rar / daß ein Irrender durch solches Disputiren sey zur Warheit kommen/ daß es billig heissen mag/ qvod disputando veritatem amittimus, daß man durch disputiren die Warheit verliere. Weitläufftiger von dem Recht eines Fürsten über die Concilia zu handeln/ ist nicht nöthig/ [illegible] dafür halte/ daß es zur jetzigen Zeit eine unnöthige Sor-ge sey/ weil wohl kein Concilium zu vermuthen; Doch mag nöthig seyn/ mit kurtzem die groben Irrthümer in der [illegible] Disputation hievon zu berühren.

§. III.

Pag. 54. Th. XII. spricht man/ daß die Christliche Kirche [illegible] Recht/ das sie habe in Theologischen Streitigkeiten [illegible] durch ihre Commissarios auf dem Concilio, welche aus den dreyen Ständen erwählet/ und die gantze Kirche also repræsentiren. Zu welchem Satz fast so viel Irrthümer als Wör-ter. Denn erstlich ist das ein falscher Wahn/ daß man [illegible] aus setzet/ es habe die sichtbare äusserliche Kirche das Recht/ vor-fallende Streitigkeiten zu schlichten/ daß alle und jede Glieder derselben die Decision mit Gewalt an-ehmen müssen/ [illegible] [illegible] mit mehrern. [illegible] daß man setzet/ [illegible] Kirche ihre Commissarios habe aus ihren dreyen Ständen/ weil schon oben gewiesen / daß die Christliche Kirche nicht aus [illegible] Ständen bestehe/ sondern nur 2. Lehrern und Zuhörern. [illegible] daß die vermeinte Commissarii die gantze Kirche mögen repræsentiren. In Glaubens-Sachen hat gar keine Re-præsentation statt / sondern wie ein jeder von seiner eigenen Seelen

Seelen muß vor sich Rechenschafft geben/ so kan er auch hierinnen sich von keinem andern repræsentiren lassen/ und wil ich mich hiebey nicht lange auffhalten es zu refutiren/ weil es so offenbar falsch und Papistisch/ sondern nur vor andern den Irrthum bemercken/ daß man meinet/ daß ein Fürst dasjenige/ was er bey den Conciliis zu thun habe/ bekomme aus Commission der Kirchen/ wie aus obigem Satz erhellet. Denn weil ich droben gezeiget/ daß ein Fürst das jus præsidendi auff dem Concilio deswegen habe/ damit er durch seine Gegenwart und autoritæt verhindere/ daß die hitzigen Köpffe keinen Tumult anfangen/ und den äusserlichen Frieden stöhren/ dafür er als ein Regent der Republiq sorgen muß/ so hat er also solches Recht nicht aus Commission der Christlichen Kirchen/ sondern Krafft habender höchsten Majestät/ die er nicht von der Kirchen hat/ sondern aus einem andern Grunde; Und also verfälschet man die Lehre von dem Fürsten Recht durch und durch/ mit der falschen Meinung von den 3. Ständen der Christlichen Kirchen. Woraus auch dieses herkömmt/ daß man pag. 63. den Fürsten dazu verbinden will/ daß er in Ausübung seines ihm zukommenden Rechts dem Rath seiner Theologen folgen solle. Denn nachdem sich der Autor den Fürsten einmahl als einen Commissarium der Kirchen/ in Ausübung auch desjenigen Rechts/ das man ihm giebt/ eingebildet und concipiret hatte/ so hat er hernachher geschlossen/ weil die Theologi auch Commissarii der Kirchen seiner Meinung nach wären/ daß er diese als seine Collegen tractiren/ und sich ihres Raths allemahl bedienen müsse/ weil ja bekant wäre/ daß/ wenn viele Commissarii in einer Sachen erwählet und gesetzet/ einer ohne des andern Consens nichts thun könne/ und also kömmt ein Irrthum aus dem andern.

§. IV.

Wenn man aber dasjenige Recht über die Concilia, das in gedachter Disputation einem Fürsten eingeräumet wird / betrachtet / so ists gar schlecht / und kömmts auf die blosse Execution der Schlüsse der Theologen an. Denn p. 65. spricht man: Partes intelligimus ἐξουσιαστικάς, ut Magistratus sit Rector & moderator tanti operis autoritate conspicuus, qui explicationem & discussionem Controversiae Ministerio demandet, modum tractandi determinet, sententiam & rationes à Ministerio è Scriptura allatas ponderet, si eas verbo Dei consentaneas comprehenderit, definiat, confirmet, publicet, defendat, das ist: Wir verstehen durch das Recht des Fürsten solche Stücke / die einige Macht mit sich führen / nemlich daß die hohe Obrigkeit dieses grosse Werck regiere und moderire durch ihre autorität, daß sie die Erklärung und Untersuchung der Controvers dem Ministerio auftrage / die Art zu tractiren vorschreibe / die Meynung und Gründe welche das Ministerium aus der heiligen Schrifft vorbringet / überlege / und wenn sie befindet / daß sie dem Wort GOttes gemäß / dieselbe entscheide / confirmire, publicire, und defendire; Und p. 80. redet man eben also. Wenn man dieses nur so obenhin lieset / solte man meynen / man gäbe dem Fürsten ein wichtiges Recht / und sey man also weit entfernet von der Meynung der Papisten / die den Fürsten zum blossen Executore der Theologischen Schlüsse machen: Wenn man aber etwas genau auff den Grund gehet / so sihet man / daß man unter dieser Larve das Affter-Pabstthum verbirget. Denn sagt man / der Fürst solle die Gründe der Theologen

logen wohl überlegen / und schliessen / da sie dem Worte GOttes gemäs. Wenn aber ein Fürst in seinem Gewissen befünde / die Decision wäre nicht richtig / und wolte so seine Meynung publiciret wissen / giebt man ihme auch diese Freyheit? Nein/sagt man/denn auf diese Art massete er sich die internam potestatem zu/die allein dem Ministerio zukömt. Aber wenn er denn dieses Recht nicht hat / seine Meynung der Theologen Decision vorzuziehen / sondern ist verbunden an ihre Schlüsse/ und er sich in allem nach ihrer Meynung richten muß/ auch so gar in denen externis, so urtheile ein Unpartheyischer / ob diese Meynung von der Päbstlichen entschieden sey? Und ob man mit Recht sage / man gäbe dem Fürsten mehr als die Papisten? Man nennet zwar die jura des Fürsten partes ἐξωτερικὰς, und meynet / hierinnen gehe man von den Papisten ab. Aber die Papisten geben auch solche Jura der Weltlichen Obrigkeit / nemlich die Execution, welche ohne Macht und Gewalt nicht geschehen kan. Ja man giebt sich noch mehr bloß / da man pag. 65. §. 7. saget / daß ein Fürst obiges Recht auch exerciren könne / wenn er gleich in Theologischen Streitigkeiten gar keine Wissenschafft habe/ weil er seine Theologos fragen könne. Denn was sie ihm dann vorsagen/ das muß er glauben. Ja wenn ein Fürst zweiffeln wolte an der Warheit der Theologischen Decision, er möchte noch so Christlich und verständig seyn/wie er wolte/so würde man jederzeit diesen prætext nehmen / er verstünde das Werck nicht/ und also müste er sie davor sorgen/ und auff ihre Verantwortung es ankommen lassen. Denn warum lässet man sonsten Leute auf Bücher schweren/ die man weiß / daß sie dieselbe niemahls gelesen / und nicht verstehen / wenn man sie dadurch nicht verbinden wolte/ bloß dem zu folgen/was die Theologi decidiret? Daß man ihnen [illegible] und Gewissen binde [illegible] man ja offenbar den Köpfen [illegible] eingeführet/ und bishero erhalten hat. [illegible] sagen: Ich glaube was die Kirche [illegible] Ich glaube was in [illegible] stehet/ wenn sie gleich nicht wissen/ was darinn stehet. Und [illegible] was denen Papisten die Kirche ist/ das sind bey uns [illegible] Bücher/ und kan ein jeder leicht urtheilen [illegible] unserer Kirchen Zustand in [illegible] besser sey/ als der Papisten. Und dieses ist die [illegible] Grund [illegible] Orte auf die [illegible] / daß [illegible] Fürsten die völlige Decision in [illegible] hat er wohl geschlossen wider diejenigen [illegible] principia [illegible] Disputation [illegible] das [illegible] Decision [illegible] Theologen zu approbiren [illegible] Dann sonsten [illegible] Fürsten [illegible] eine blosse Execution. Denn wie er [illegible] fidei norma tutò potest acqui[illegible] judicio [illegible] judicio acquiesciren [illegible] folgen/ [illegible] ein Fürst recht hat/ die [illegible] zu untersuchen / sein Judicium nicht [illegible]

[illegible]

[illegible] / spricht man in der [illegible] Disputation pag. [illegible] sey [illegible] Schachtel/ in welchem [illegible] als [illegible] ein [illegible]

[illegible] von dem Spruch Malachiæ gehandelt / und gewiesen/ daß nicht ohne Unterscheid von allen Predigern dieses könne gesagt werden/ so wil ich hier nur einige Oerter der H. Schrifft hinzu thun/ zu beweisen/ wie gefährlich es sey/ ohne Unterscheid von allen ordentlich beruffenen und bestellten Predigern dergleichen Reden zu führen. Beym Propheten Jerem. c. XVIII. v. 18. sagen die ordentlich beruffene Priester: Kommt/ und laßt uns wider Jeremiam rathschlagen/ denn die Priester können nicht irren im Gesetze/ und die Weisen können nicht fehlen mit Rathen / und die Propheten können nicht unrecht lehren / Das heist / wie unser Sel. Lutherus in der Glossa hinzu thut: Sie sind von GOtt im Amt/ wie die unsern sagen/ die Kirche kan nicht irren. Beym [illegible] c. XXII, 26. Ihre Priester verkehren mein Gesetz freventlich/ und entheiligen mein Heiligthum/ sie halten unter dem Heiligen und Unheiligen keinen Unterscheid, und lehren nicht was rein oder unrein sey. Und v. 28. Ihre Propheten tünchen sie mit losem Kalck/ predigen lose Theudinge/ und weissagen ihnen Lügen / und sagen: So spricht der HERR HERR/ so es doch der HErr nicht geredet hat. Beym Jer. c. VI. v. 13. klaget GOtt: Sie geitzen allesamt/ Klein und groß/ und beyde Lehrer und Priester lehren allesamt falschen Gottesdienst und trösten mein Volck in seinem Unglück daß sie es gering achten sollen/ und sagen/ Friede/ Friede/ und ist doch nicht Friede. Wer wolte nun sagen / daß GOTT die Israeliter blindlings auf ihre Priester zu sehen befohlen hätte / und daß sie nicht Macht hätten ihre Meynungen zu untersuchen? Ja spricht man / [illegible]

præ-

præsupponire rechtschaffene Lehrer/ die dem Worte Gottes gemäß lehren. Aber davon ist eben die Frage/ ob das so sey? Oder indem man also den Fürsten verbindet/ sein Judicium nach dem Rath seiner Theologen allemahl einzurichten/ so muß man entweder zugeben/ daß dieselben infallibel seyn/ oder daß der Fürst von ihnen dissentiren könne. In welchem Fall man den Fürsten potestatem internam einräumet. Jenes ist offenbahr Papistisch/ dieses aber wider die Hypothesin der Gegen-Disputation.

X. Satz.

Hieraus folget nun/ daß in Theologischen Streitigkeiten allen und jeden/ sie seyen von was Stande sie wollen/ das Judicium Definitivum, oder Entscheidungs-Urtheil/ so weit eines jeden eigene Person und Seligkeit anbetrifft/ zukomme.

Erklärung.

§. 1.

Denn weil kein Mensch dem andern seine Meynung in Religions-Sachen aufdringen kan/ auch niemand verbunden/ sich hierinnen auff Menschliche autoritæt zu verlassen/ so folget daraus/ daß obiger Satz wahr sey/ und ein jeder das Recht habe/ vor sich eine Streitigkeit zu untersuchen/ und ein Urtheil davon für sich zu fällen. Ich præsupponire hier verständige Leute/ und die den völligen Gebrauch ihres Verstandes haben/ und also läugne ich nicht/ daß man Kinder und unerwachsene Leute in der Religion unterrichten müsse/ und

zur

zur Gottesfurcht anführen/ diese auch verbunden seyn die Meinung ihrer Eltern und Lehrmeister so lange für wahr anzunehmen / bis sie selber capabel dieselbe zu examiniren/ wie weit sie dem Heiligen Worte Gottes gemäß oder nicht. Aber sie müssen sich wohl in acht nehmen / daß sie diese Untersuchung nicht zulange aufschieben/oder wohl gar unterlassen ; denn sonsten wächset das Vorurtheil Menschlicher autorität so sehr bey ihnen/daß sie niemahls sich davon befreyen können/und wie Cartesius in der Philosophia gewiesen / daß die Meinungen / die einer in der Jugend gelernet / am meisten verhindern / zu einer wahren Erkäntniß in natürlichen Wissenchafften zu kommen/so kan man auch mit guten Rechte sagen / daß meistentheils die Theologia sectaria daraus entstanden/daß Leute die bey einer gewissen Religion erzogen und gebohren/sich gar selten die Mühe nehmen zu untersuchen / ob alle diejenigen Lehren die sie gehöret aus der Schrifft gegründet seyn. Und ist wohl gewiß/daß wenn Leute/die eyffrig/wie mans nennet/auf ihre Religion seyn/ sich offtmahls prüfeten/ sie gestehen müsten/daß/wenn sie bey der andern Religion erzogen / sie es eben so machen würden / und also bekennen/daß ihr gantzes wesen auff Menschliche autorität sich gründe. Und solte billig bey angehenden Studiosis dieses das erste seyn/daß sie sich dieser methode bedieneten.

§. II.

Wenn nun diese methode so nöthig/ so muß auch folgen/ daß bey solcher Untersuchung ein jeder seinen eigenen Verstand gebrauche und bey inbrünstigem Gebet um Entscheidung des rechten Verstandes die H. Schrifft lese/mit Hindansetzung aller Menschlichen autorität dieselbe betrachte/ und den Weg der Seligkeit daraus erlerne/ nach der Vermahnung unsers Heylandes: Forschet in der Schrifft. Und bey solcher Beschaffenheit kan es nicht fehlen / es müssen einem jeden erwachsenen Menschen der sich die Erkäntniß der Warheit angelegen seyn läst (denn was gehen uns die an / die stets blind bleiben / und auf dem breiten Wege der Irrthümer wandeln wollen?) das Entscheidungs Urtheil überlassen werden. Er kan aber mit andern conferiren / deren Schrifften lesen / aber mit bedacht und ohne übereilung. Wie sich nun ein erwachsener Mensch verhalten muß bey solchen Meinungen / die er in seiner Jugend gelernet eben dieselbe methode gebraucht er auch bey Entstehung neuer Controversien, davon er etwa in seiner Jugend nichts gehöret / daß er nemlich dieselbe nach allem vermögen betrachtet / beyder Partheyen Gründe gegen einander hält / und also sein judicium davon formiret / wie er meinet / daß ers am besten getroffe. Aber er muß sich gegen andere der Bescheidenheit bedienen / die er von ihnen wieder verlanget / nemlich / daß er niemanden seine Meinungen auffdringe / sondern bey Gelegenheit mit ihnen davon rede / und mit Liebe und Sanfftmuth suche ihnen ihren vermeinten Irrthumb zu benehmen; im übrigen ihnen die Pflichten des Rechtes der Natur nicht versage / noch sie deswegen hasse und verfolge.

§. III.

Ich sehe leicht was man hierwieder einwenden werde / nemlich / daß man durch diese methode es dahin bringe / daß ein jeder Mensch seine eigene confession haben dörffe von Glaubens-Sachen / und also würden die Libri Symbolici gantz und gar über einen hauffen geworffen / und könne man auff diese Art von niemand praetendiren / daß er zusage / er wolle seine Conceptus allemahl inskünfftige nach denselben einrichten / ja man könne folglich einen solchen Menschen / der mit Unwissenheit einmahl eine eydliche Zusage auff die Libros Symbolicos gethan / aus

diese

diese Art nicht beschuldigen / daß er einen Mein-Eyd begangen/ weil zuschliessen wäre/daß der Eyd von Anfang nichtig gewesen/ und was für andere consequentien hieraus mehr möchten fliessen. Wenn mein Satz/woraus dieses fliesset/ wahr/ so müssen die Conclusiones auch wahr seyn/ sie mögen so paradox scheinen als sie wollen. Die öffentlich an einem Orte eingeführte und recipirte Confessiones sind Bekäntnißen gewisser Personen / die man für fromm und gelährt gehalten / wie sie sich die Mysteria darin concipireten / und also thut man wohl / daß man dieselben jungen Leute vorleget / dieselbe fleißig zu lesen; aber wenn man einem / der andere conceptus hat / dieselbe mit Gewalt auffdringen wolte / würden sie keine Confessiones bleiben / sondern Leges werden/ welches selbst wider die intention der Männer wäre / weil ein Gesetze und Confession gantz voneinander entschieden. Das Recht Gesetze zu machen kömt allein den Fürsten zu / Confessiones aber einen jeden. Jene werden gemacht von den äußerlichen Thun und lassen der Unterthanen / diese aber von den Conceptibus, die einer in seinem Verstande sich macht von göttlichen Sachen / und also ist das objectum confessionum gantz extra imperium Legum, weil der Menschliche Verstand keinem Gesetze unterworffen. Und diese Beschaffenheit hat es auch mit den übrigen Libris Symbolicis, die gar keine autorität über anderer Leute ihrem Verstand haben / sondern nicht anders können und müssen betrachtet werden / als andere Bücher die von jemand geschrieben. Die öffentliche Recipirung gibt ihnen keine mehrere gewaltsame autorität / als sie vor derselben gehabt haben über andere / und kan ich nicht begreiffen / was die jenige meinen/ die da sagen / sie hätten eine Kirchliche autorität. Wenn es so viel heist / daß die Glieder dieser oder jener Kirchen das jenige sie wahr halten / was darin begriffen / so begreiffe ichs wohl / aber und ist nur eine Menschliche autorität. Ob viele von wenigen den Einhalt eines Buchs für wahr halten / thut nichts zur Sachen / weil die Warheit nicht nur von der Vielheit der Stimmen æstimiret werden / sondern aus andern Gründen. Die Herren Wittenberger halten es in ihrer neulichen Schrifft wider H. D. Spenern artic. 5. prælimin. Th. 7. für einen aufrichtigen Lutherischen Satz / daß die Lutherischen Kirchen-Bücher quoad autoritatem ein grosses / herrliches / mächtiges / und nachdrückliches Ansehen haben. Dahero alle rechtschaffene Gliedmassen darinnen beruhen könten / und solten / in dem sie von allen Ständen / und dero Landen / Fürstenthümern / Herrschafften / Städten und Gebieten / öffentlich für sich / und ihre Nachkommen / angenommen / und in glaubwürdige autorität gesetzt worden wären. Bey welchen sehr viel zu erinnern wäre. Ich will nur dieses einzige melden / daß ja nicht zu läugnen / daß einige so genante Libri Symbolici eine mächtige und nachdrückliche autorität an vielen Orten gehabt / indem man die Leute / die sich darzu nicht verstehen wollen / des Landes verwiesen / oder sonst gestrafft. Aber dieses ist darumb nicht zu loben. Gewiß ist es ein unverantwortlicher Eyfer / was Hutterus Concord. Concord. c. 49. sagt zu defendirung dergleichen Processen: Sensui orthodoxo ea demum videtur esse persecutio, qua ob veræ religionis professionem aut supplicia ferre, aut suorum bonorum jacturam facere cogitur, qvi nihil horum ullo modo commeruit. Jam ob falsam & exautoratam religionem in Imperio patiuntur Sacramentarii, quicquid patiuntur. Officii ergo, non persecutionis est; juris est, non tyrannidis, quod hactenus in istud genus hominum

statu-

statutum fuit. das ist: Nach der Rechtgläubigen Meinung/ ist das eine wahre Verfolgung/ da jemand wegen der wahren Religion gestrafft wird/ oder seine Güter verliehren muß/ da er nichts verschuldet hat. Aber die Sacramentirer leiden alles wegen ihrer falschen und im Römischen Reiche schon lange verworffenen Religion. Dannenhero ist es die Pflicht eines Fürsten/ solches zu thun/ und kan für keine Verfolgung ausgegeben werden: Es geschicht ihnen recht/ und ist keine Tyranney/ in dem man so mit ihnen verfahren hat. Mit welchen Worten dann der gute Mann deutlich sich erkläret/ daß man wegen einer falschen Religion wohl verfolgen könne/ so gar daß/ wie es scheinet/ er meine wer also etwas ausstehen müsse/ der habe gar keine Ursache sich zu beschweren/ sondern solte vielmehr Danck dafür sagen. Da er aber die Reformirte Religion nennet eine [illegible] Religion/ kömmt daher/ daß man sich beredet/ als wenn dieselbe im vorigen seculo nicht wäre in den Religions-Frieden mit eingeschlossen/ davon ich unten etwas melden werde.

§. IV.

Hieraus folget nun auch/ daß/ wenn jemand etwa eine sonderbahre Meinung heget/ zu derselben Widerlegung nicht genug sey/ daß man saget/ sie sey wider die Concilia oder wider die Libros Symbolicos, weil diese für sich keine fernere autorität haben/ als so weit sie mit der Heil. Schrifft übereinkommen/ und dahero wenn einer nun saget/ in diesen oder jenem Stücke gehen die Libri Symbolici ab von der göttlichen Warheit/ so kan man ihm die autorität derselben nicht vorwerffen. Und ists gewiß Erbarmens würdig/ daß der obengedachte Autor Anonymus in seiner Schrifft p.m. 34. spricht/ daß wann jemand von den allgemeinen Conciliis abgehe/ so müste [illegible] ihn / als einen solchen der die prima principia [illegible] nicht disputiren; welches sich selbsten refutiret. [illegible] ungereimt auch dieses ist / so ists doch [illegible] so [illegible] daß man meinet / daß zur Widerlegung einer [illegible] Meinung gnug sey / zu sagen / sie sey wider die receptam doctrinam, als wenn diese auch nicht irrig seyn könte. Dieses war die erste und stärckeste objection, die man Luthero im Pabstthum machte. Er hat aber diese elende exception kräfftig widerleget / und meritiren die Wörter wohl / daß man sie hieher [illegible]. Er spricht Tom. V. Jen. Germ. fol. 121. 122. Hier muß ich [illegible] mit euch lieben Herren reden / die ihr schreyet [illegible] solle keine Neuigkeit zulassen; saget mir / ist die [illegible] nicht eine schändliche Neuigkeit? Warumb [illegible] denn sie lassen auffkommen / und schützet sie noch [illegible] wann ihr keine Neuigkeit hättet wollen zulassen [illegible] und wie viel würde man bey euch [illegible] wohl finden / [illegible] den alten Canonibus und Vätern stehet? In eine [illegible] schale wolte ichs [illegible] fassen / so doch eure Neuigkeiten [illegible] gegen die Welt erfüllet hat. Ich will noch mehr sagen / was ist euer Kirchenstand vor unserm Evangelio gewesen / denn eitel tägliche Neuigkeit / eine über die andere / [illegible] mit Hauffen wie ein Wolckenbruch hereingerissen / da [illegible] man St. Anna auffgerichtet oder St. Christoffel. Sind [illegible] nicht Neuigkeiten? Wo waren da deine [illegible] und Schreyer / die solches nicht solten zulassen? [illegible] alle Lutherische Neuigkeiten gethan gegen dieser [illegible] tzigen Betrug und Schalckheit? Und hernacher. [illegible] Es war Jammer und Hertzeleid mit Predigen und [illegible] [illegible] alle Bischöffe stille / und sahen [illegible] / die doch [illegible] eine neue [illegible] in der [illegible]

kön-

können. Und stunden also alle Dinge so wüste und wilde / für eitel uneinigen Lehren und seltzamen neuen opinionen / daß niemand mehr wissen könte / was gewiß oder ungewiß / was ein Christ oder Unchrist wäre. Wie alt ist die Walfarth gen Grimthal / Regensburg / der Rock zu Trier / und dergleichen vielmehr / waren sie nicht neu vor 10.20.40. Jahren? Wer hielte aber dazumahl wider die Neuigkeit? So lasse mein Evangelium auch doch erst so lange lauffen / was gilt / es sol auch alt werden. Ja dein neu Evangelium ist wohl recht / aber es hat eine sonderliche Neuigkeit an sich / die nicht leidlich ist. Welche ist die? Es thut Schaden im Beutel und in der Küchen / sagen die Thumherren in Magdeburg. Das laut / sprach jener Knecht / das wäre noch einmahl gut teutsch / das kunte man wol sehen / hätte ich das vorgewust / warumb verlihren wir denn bishero so viel Worte? Wollan / so wollen wir hie im heimlichen Concilio schliessen / daß neue Lehre heisse / was im Beutel und Küchen Schaden thut: Alte Lehre heisse / was den Beutel u. Küchen füllet. O lieber / nun schreibe und siegele zu / wir wollens auff den Reichs-Tag nach Augspurg schicken / und hören / was die darzu sagen. Gott weiß / daß ich euch solches zu unehren nicht nachschreibe / mir ist mit euren Verderben nichts geholffen / ich wolte lieber / es stünde viel besser umb euch / aber das könt ihr selber wohl bedencken / wo ihr solche [illegible] vergessen wollet / dazu euch noch schmücken und putzen / so werden Leute verhanden seyn / die es nicht vergessen / und werden vielleicht unsauber davon handeln. Denn solcher unverschämter Frevel ist nicht zu leyden / daß Neuigkeit heissen müste was ihr wollet / was ihr nicht wollet /

[illegible] / würde nicht Neuigkeit heissen / zu [illegible] [illegible] wider einer eigen Gewissen. Er hat nicht einen [illegible] locum, daß einem jeden Menschen das judicium [illegible]ivum zukomme / Tom. II. Altenb. fol. 503. [illegible] allen Christen gemein / wie Esaias sagt: Ich will sol-len deinen Söhnen geben / daß sie von Gott gelehret seyn sollen; die sind aber die von Gott gelehret sind / die es hören und lernen vom Vater / als Christus Joh. 6. v. [illegible] auslegt. Und hernacher. Daß nun das erste Ampt am [illegible] Wortes allen Christen gemein sey / bewähret auch [illegible] das / so gesagt ist / 1. Petr. 2. v. 8. Ihr seyd das Kö-nigliche Priesterthumb / daß ihr verkündigen sollet die Tugend des / der euch beruffen hat von der Finsterniß zu seinem wunderbahren Lichte. Ich bitte euch / welche sind doch die Beruffene von der Finsterniß? Sind es allein die beschornen und geschmierten Larven / oder sind es nicht alle Christen? Auch bekräfftiget es St. Paulus 1. Cor. 14. [illegible] da er nicht zu etlichen Beschornen / sondern zu der [illegible] Gemeine und zu jeden Christen insonderheit also [illegible]: Ein jeglicher hat Psalmen / er hat Lehre / er hat Offenbarung / er hat Zungen und Auslegungen. Und hernach: Ihr könt wohl alle Weissagen / einer nach dem andern / auff daß sie alle lernen / und alle ermahnet wer-den. Lieber sage mir doch / was meinet er damit / so er spricht / ein jeglicher? Was bedeutet das Wörtlein / alle? [illegible] er allein die Beschornen damit angezeiget haben. [illegible] fol. 508. Das siebende und letzte Ampt ist urtheilen und erkennen über alle. Fürwahr es ist nicht eine schlechte [illegible] die Priester-Larven und geschorne Chri-[illegible] zu sich gerissen haben / [illegible] sie haben es wohl vorher gesehen/ so sie das Amt unter der Gemeine bleiben liessen/ so geschehe/ daß sie der gemeldten Amt keines möchten zu eigen behalten. Ja es wäre nimmer ewiglich aus dem gantzen Pabstthum etwas worden/ so dis Urtheil regieret hätte. Wie weit die Leipz. Disputation mit dieser Meinung D. Lutheri einig sey/ wird hernach erkläret werden/ da sich finden wird / ob sie gut Lutherisch sey oder nicht. Und diese Sätze könten gnug zeigen/ wie weit das jus decidendi Controversias Theologicas sich erstrecke. Doch wil ich zu mehrer Erklärung noch einige Sätze hinzu thun.

XI. Satz.

Ein Fürst hat Recht / mit gebührenden Zwangs-Mitteln zu verhindern/ daß die Streitigkeiten den äusserlichen Frieden nicht turbiren.

Erklährung.

§. I.

DEnn weil ich gezeiget habe/ daß ein Fürst weder seine eigene / noch der Theologen Decision gewaltsamer Weise andern auffzudringen Macht habe/ so bleibt ihm als Fürst hiebey nichts mehr übrig/ als daß er verhüte/ daß dieselbe nicht in öffentliche Feindschafft/ Zwietracht/ Zanck/ ausbreche. Denn es weiset ja die Erfahrung/ wenn hitzige Köpffe mit einander zerfallen/ und durch ihr vernünfftiges Predigen auff den Cantzeln die Gemüther ihrer Zuhörer gegen einander verbittern/ was daraus entstehen könne. Ja es bleibet nicht bey dem Predigen. Sie scheuen sich nicht/ die ärgesten Pasquillen zu machen/ und einander durchzuziehen/ wie in dem Calixtinischen Streit bekant ist / daraus man ihr verbittertes und liebloses Hertz genugsam sehen kan / daß man von solchen Leuten wohl sagen könne mit Melanchtone: Ab odio Theologico libera me Domine, HErr / behüte mich vor dem Theologischen Haß. Diesem Unheil nun vorzukommen / muß ein kluger Fürst ein wachsames Auge haben / vornemlich wenn er siehet / daß man sich hinter die Gewaltige im Lande stecket / sich verbindet für einen Mann zu stehen / und sonsten andere Rebellische Consilia vornimmt / um mit Gewalt den Sieg zu erhalten / wovon ich eine Probe in meiner Dissertation de Jure Principis circa adiaphora aus den Consiliis Wittenbergens. angeführet / woraus es gewiß diejenige genommen / die vor einiger Zeit / da der vorige Chur-Fürst zu Brandenburg Glorwürdigsten Andenckens das unnöthige Verketzern / Schänden und Verdammen wider die Reformirte untersagte / sich dieses Anschlags bedieneten / wie aus denen öffentlichen Schrifften / absonderlich aber aus dem von D. Calovio anno 1666. publiciten Judicio und annexo Responso, und was occasione dieses Zanck-Apffels hernach mehr für Schrifften hinc inde publiciret worden / genugsam bekant ist. Denn das ist die Art derjenigen / die eine unrechtmäßige Sache defendiren wollen / daß / wenn sie mit raison nicht durchdringen können / sie das gemeine Volck / oder auch wohl nach Gelegenheit die Vornehmen des Landes / auff ihre Seite bringen / und also mit Gewalt durchdringen wollen. Da die Apostel zu Epheso das Evangelium verkündigten / und die Leute von der Abgötterey wolten zu dem wahren Gottesdienst führen / geschahe es Actor. XIX. v. 23. seqq. daß ein Goldschmied Nahmens Demetrius, die Beyarbeiter desselben Handwercks versammlete / und dieselbe wider die Apostel auffhetzete / dadurch ein grosser Tumult ent-

stund/

stund/ und die Gemeine gantz irre gemacht wurde. Aber der Cantzler verfuhr gantz vernünfftig, stillete das Volck mit Sanfftmuth/ und sprach; Ihr habt die Menschen hergeführet/ die „ weder Kirchen-Räuber noch Lästerer eurer Götter sind. Hat „ Demetrius und die mit ihm vom Handwerck/ zu jemand ei- „ nen Anspruch, so hält man Gericht/ und sind Land-Vögte da/ „ lasset sie sich unter einander verklagen. Und also machts ein je- „ der kluger Fürst/ daß er nemlich bey Entstehung Theologischer Streitigkeiten niemand zwinget/ diese oder jene Meinung anzunehmen; Wenn aber die Partheyen mit Gewalt durchdringen wollen/ nimmt er sein Ampt in acht/ und verhütet/ daß der äusserliche Friede nicht gestöret werde/ in welchem Fall die Warheit schon vor sich selbsten so viel Macht haben wird/ daß sie durchdringe/ und die Lügen zu schanden mache. Und ist es wohl ein Zeichen einer bösen Sache/ wenn jemand sich hinter den Pöbel steckt/ und von demselben Hülffe sucht.

XII. Satz.

Hieraus folget denn auch/ daß/ wenn ein Prediger bey einer Gemeine arger/ und mit der Confession der Zuhörer nicht übereinkommender Lehre beschuldiget wird / ein Fürst die Sache durch unpartheyische Leute kan untersuchen/ und nach Befindung derselben ihn seines Dienstes erlassen/ oder dabey schützen.

Erklährung.

§. I.

Dieser Satz ist dem nicht zu wider / da ich droben gewiesen / daß die Decisio Controversiarum einem

Fürsten nicht zukomme / weil dieser Satz nicht handelt de cognitione & decisione veritatum Theologicarum, oder von dem Erkäntniß und Rechts Spruch über die zweiffelhaffte Warheit in Theologischen Streitigkeiten / sondern blosserdings de cognitione facti, ob nemlich dieses oder jenes Predigers Lehre mit der Confession seiner Zuhörer überein komme oder nicht. Denn in diesem Fall judiciret ein Fürst nicht/ ob die Meinung des Predigers oder die Confession irrig sey/ sondern er abstrahirt von dieser Untersuchung/ und inqviriret bloß historice, ob man recht daran thue/ daß man ihm aufbürde/ als wenn er von der Confession, deren dogmata und Lehren er zu dociren angenommen worden ist/ abgienge. Wenn nun in solchem Fall die Zuhörer sich über ihres Predigers Unfug beschwereten/ und er nicht von selbsten den Dienst qvitiren wolte/ haben sie Fug und Macht/ bey dem Fürsten mit ihren Klagen einzukommen/ und zu bitten ihn abzusetzen. Denn weil sie den Prediger dazu angenommen/ daß er ihre Dogmata dociren solle/ so kan er nicht mit Recht ihr Prediger bleiben/ und doch anders lehren/ als sie verlangen. Dahero wenn z.e. ein Lutherischer Prediger Reformirt/ oder ein Reformirter Lutherisch/ oder Catholisch u.s.w. wird/ muß er allerdings den Dienst qvitiren / und würde zu vielen inconvenientien Anlaß geben/ wenn er sich mit Gewalt dabey mainteniren wolte. Und weil also dieses keinem andern zukömmt / so hat der Fürst Recht ihn abzusetzen/ nicht zwar/ als ob die Veränderung der Religion etwas an sich selbst unrechtes wäre / sondern weil er das Amt zu lehren mit einer andern Bedingung angenommen / und durch diese changirung sich solches ferner zu continuiren unfähig gemacht / und dannenhero von sich selbst hätte abdancken sollen. Wenn aber der Fürst befindet/ daß man dem Prediger unrecht

thue/

thut/ und ihm andere Meinungen imputiret als er jemahls gehabt/ so hat er das Recht/ ist auch dazu verbunden ihn bey seinem Dienste zu schützen/ auch nach Befinden die Urheber zu bestraffen / vornemlich wenn er siehet / daß es aus Bosheit/ Neid/ Haß und andern privat-Affecten geschehen. Es hat dieses mit seinem Exempel neulichst löblichst confirmiret unser Durchlauchtigster Chur-Fürst in der bekanten Halberstadtischen Sachen / wie davon das Churfl. gedruckte Gnädigste Rescript mit mehrern zeuget. Und in so weit gehöret die cognitio super orthodoxiâ & heterodoxiâ für den Fürsten / sofern die orthodoxie genommen wird für die Ubereinstimmung mit der Confession, der die Gemeine zugethan/ und heterodoxia hier heist/wenn jemand von derselben Confession abgehet. Dannenhero unsere bisherige Doctrin mit nichten Hochgedachtem Gnädigsten Rescript entgegen ist/ wenn darinnen gesagt wird/daß die Entscheidung der Sachen dem Durchlauchtigsten Chur-Fürsten / als Summo Episcopo, zustehe. Denn daß diese Decision ad Principem gehöre/ sagt auch unser gegenwärtiger Satz. Ob wir aber gleich oben gewiesen / wie andere berühmte JCti schon angemerckt/ daß das jus Principis circa sacra mehr sey / als Jus Episcopale ; so ist es doch in dem kundbaren Reichs - Stylo so hergebracht / daß man das jus Principis circa Sacra jus Episcopale zu nennen pfleget/ und muß man sich angewehnen/ daß man ex stylo curiæ eines theils keine argumenta pro veritate doctrinæ nimmt/ anders theils aber ex veritate doctrinæ den einmal eingeführten stylum curiæ nicht tadelt. Also wird billich secundum stylum curiæ, potestas statuum Imperii Landes-Fürstliche u. s. w. Hohe Obrigkeit genennet / ob schon selbige mehr ist als

Obrigkeit / und in der That die höchste Gewalt oder Majestät importirt.

XIII. Satz.

Wenn aber einer oder mehr von den Zuhörern von den bishero recipirten Meinungen abgehen solte / muß ein Fürst nicht geschehen lassen / daß man ihn alsobald deswegen aus der Gemeine stosse / oder excommunicire.

Erklährung.

§. I.

Es bringet die Natur und Eigenschafft aller rechtmäßigen Gesellschafften mit sich / daß man einem / der sich nach denen Gesetzen derselben nicht accommodiren will / die Gesellschafft auffsaget; Denn wenn er nicht hält was er zugesaget / so ist man ihm wieder nicht verbunden die commoda societatis geniessen zu lassen. Und dieses geschicht aus natürlicher Freyheit / und nicht aus habender jurisdiction, oder vi pacti, nicht vi imperii, weil die Glieder darinnen einander gleich seyn / darinn keiner den andern etwas zu befehlen hat. Wiewohl hier ein Unterschied zu machen / unter solchen Gesellschafften / die auff zeitlichen Gewinn angesehen / und unter denjenigen / die aus vernünfftiger und Christlicher Liebe hergeflossen. Jene können ohne Ursache dissolviret werden / weil durchgehends die Personen / die darinnen sind / als solche praesupponiret werden / die nicht so wohl / umb Ausübung rechtschaffener [illegible] wegen [illegible] Eigennutzes die Gesellschafft [illegible] haben. Dahero es dann nur lauter Zanck und Streit unter sie gebähren

bähren würde/ wenn man sie auch wider ihren Willen forciren wolte/ in der Societæt zu bleiben / wie solches bey den Juristen ad ff. Tit. pro socio weitläufftiger gehandelt wird; Was aber die andere Art betrifft/ so weiset es die Vernunfft/ daß/ wie dieselbe aus einem festern Grunde entstanden/ also auch beständiger seyn als die ersten/ dahero/ so lange sich keine rechtmäßige Ursache findet dieselbe auffzuheben/ die Personen auch darinnen verharren müssen/ vornemlich da dieselbe mit sich bringen / daß sie einander ihre Heimligkeiten offenbaren; Da sie dann sich wohl in acht nehmen müssen/ daß sie keine Gelegenheit zur Feindschafft geben/ die ihre Trennung nach sich ziehe. Dahin referire ich/ die Verbindung zweyer Personen mit einander Kinder zu zeugen/ und die hülffliche Hand in deren Aufferziehung/ und sonsten zu leisten. Denn weil solche Personen nur in ein Ehe-Verlöbniß mit einander treten solten/ die sich einander recht vernünfftig liebeten / und von gantzem Vermögen sich der Tugend beflissen / und also einander mit gutem Exempel vorgiengen / so folget / daß bey so gestalten Sachen zum wenigsten ihre intention seyn müsse/ stets bey einander zu leben/ Glück und Unglück mit einander auszustehen/ und ohne grosse Ursache nicht voneinander zu gehen.

§. II.

Weil nun auch die Liebe unter denen Christen / als das Band der Einigkeit / brünstig seyn soll/ so ist auch die Gemeinschafft unter ihnen so beschaffen / daß sie ohne grosse Ursache nicht soll getrennet werden. Es ist aber die Gemeinschafft unter ihnen zweyerley / eine unsichtbare oder innerliche / und sichtbare oder äusserliche. Von der unsichtbaren Gemeinschafft der Christen / oder wie mans sonsten nennet/ von der unsichtbaren Christlichen Kirchen / jetzo zu handeln / ist nicht mein Zweck. Die sichtbare oder äusserliche Gemeinschafft setzet man in die Gemeinschafft

schafft des äusserlichen Gottesdiensts/der Tauffe und des Abendmahls; Und wer in derselben stehet/ der wird für ein Glied der Christlichen Gesellschafft oder der Kirchen gehalten. Weil nun diese Gemeinschafft zum wenigsten ihren Grund haben soll in der ersten / so muß auch dieselbe nicht so bald getrennet werden / es wäre denn/ daß einer durch äusserliche grobe Sünde sich derselben unwürdig machte / daß man ihn als ein krannckes Glied so lange absondern müste/bis er wieder curiret / und die Glieder keine Gefahr der Ansteckung mehr befürchten dörfften. Und weil die Gesetze dieser Societæt, ich meyne die Lehren des Evangelii/viel weiter gehen als die Bürgerliche Gesetze/so folget dann/ daß dieselbe auch eher und durch kleinere Sünden könne getrennet werden / als welche von den Weltlichen Gesetzen regardiret werden. Dahero finden wir in dem Neuen Testament/ daß die ersten Christen diese Scheidung auch um solcher Sünden vorgenommen / die von den Weltlichen Gesetzen gar nicht seyn attendiret worden. 1. Corinth. V. v. 11. spricht Paulus: **So jemand ist/ der sich lässet einen Bruder nennen / und ist ein Hurer/ oder ein Geitziger / oder ein Abgöttischer / oder ein Lästerer / oder ein Trunckenbold / mit demselben solt ihr auch nicht essen.** Wo findet man wohl / daß Geitzige und Trunckenbolde in Weltlichen Gesetzen gestrafft werden? Ja es ist so weit bey uns mit unserer Heydnischen Jurisprudenz gekommen/ daß man die Trunckenheit zur Defension anführet. 2. Johan. vers. 10. spricht dieser Apostel: **So jemand zu euch kömmt/und bringet diese Lehre** (Christi) **nicht/ den nehmet nicht zu Hause/ und grüsset ihn auch nicht.** Nun ist die Lehre Christi also beschaffen / daß sie solche Sünden meidet / die in der Welt gar für keine Sünde gehalten geh[illegible] / ja wohl gar für Tugenden [illegible] worden / [illegible] man [illegible] kan aus der herrlichen Berg-Predigt unsers Heylandes Matth. V. & VI. ja aus allen [illegible] unser Heyland seinen Jüngern und andern gegeben [illegible]

§. XII.

Nun ist nicht zu zweiffeln / daß in der ersten [illegible] diese Art zu procediren sey in acht genommen worden / [illegible] daß man den jenigen / der nicht Christlich gewandelt / gemieden und keine vertraute conversation, wie ja unter rechtschaffenen Christen seyn soll / mit ihm gehalten / [illegible] ihn aber aus den Versamlungen der Christen geschlossen / und [illegible] er zum Abendmahl hat gehen wollen / dasselbe versagt / kan nicht aus H. Schrifft bewiesen werden / [illegible] / daß ein [illegible] / [illegible] die excom[illegible] [illegible] daß man [illegible] Christlichen Gottesdienst [illegible] suchet / und von dem Gottesdienst / davon Paulus redet Rom. XII. 1. fast nichts [illegible]. Der locus aus Matth. XVIII. 17. beweisets auch nicht. Das Abendmahl war damahls von unserm Heylande noch nicht eingesetzt / und also konte er von dessen Ausschliessung noch nicht reden. Zum andern so hätte diese excommunication gantz keinen andern effect, als daß der jenige / der sich von einem Fehl hätte übereilen lassen / auf diese Weise zu wahrer Reue gebracht würde / daß er in sich gienge / und wenn er sehe daß andere Christen sich seiner [illegible] / und mit ihn nicht mehr so vertraulich / sondern so kaltsinnig als mit einen Heyden umgingen / zurücke dächte / und sich durch die wahre Früchte des Geistes als ein lebendiges Mitglied Christi wieder bezeugete; worzu die andern dann an ihrer Seiten keinen Fleiß ermangeln liessen / mit sanfftmüthigem [illegible] welches [illegible] 2. Thessal. III, 14. 15. So aber jemand [illegible] ge[illegible] ist unserm Worte / den zeiget an [illegible] Brieff / und habt nichts mit ihm zuschaffen / auf daß er schamroth werde. Doch haltet ihn nicht als einen [illegible] / sondern als einen Bruder. Aber [illegible] Bür[illegible] leben liesse man ihn für einen [illegible] Bürger pas[illegible] so lange als er nicht eine solche That begangen / die den [illegible] Straffen unterworffen. Denn wenn Christus [illegible] XVIII, [illegible] man solte solchen Menschen für einen [illegible] und Sünder halten / so war das gar nicht die [illegible] [illegible] der [illegible] im Bürgerlichen [illegible] [illegible] wäre. Die [illegible] waren zu der [illegible] [illegible] Juden verachte Leute / und gar nicht [illegible] [illegible] / [illegible] Juden verhaßt waren [illegible] [illegible] / [illegible]. Ja es würde [illegible] [illegible] nicht verstattet worden seyn / jemand wegen [illegible] widerigen Lehre / [illegible] zu machen / weil dieses [illegible] Werck / welches zur weltlichen jurisdiction gehöret / die [illegible] Christen über einander nicht hatten / vornehmlich [illegible] in cognito aufhalten musten / und ihre [illegible] pro illicitis Collegiis [illegible] worden.

§. IV.

Hierbey erinnere ich mich der Lehre etlicher [illegible] Juristen / daß in dubio alle Collegia für [illegible] zu [illegible] seyn / bis sie von dem Fürsten confirmiret / [illegible] ich itzo eben nicht handeln will; denn [illegible] [illegible] Recht der Natur das contrarium zu erweisen [illegible] die LL. aus dem Römischen Rechte hierzu [illegible] werden. Und wenn diese Regel wahr wäre / so [illegible]

[illegible]

nicht/ wie man die nächtliche Zusammenkünffte der ersten Christen defendiren könte. Denn was der Origenes im Anfange seines Buchs wider den Celsum anführet / scheinete alsdenn nicht zulänglich zu seyn. Er spricht: Quemadmodum si quis peregrinus apud Scytas nefariis utentes LL. nequeat se inde subducere, cogaturque inter eos vivere, si utatur veris LL. violare Scytarum jura videbitur, & conspirare cum diversæ opinionis sectatoribus; ita contra veritatem judicant LL. gentium, quæ statuarum cultum induerunt, & impiæ Deorum multitudinis, superantque hac parte tyrannidem Scyticam. Non est igitur absurdum, in veritatis favorem, conventus contra Leges facere. Quemadmodum enim, qui contra Tyrannum civitatis occupatorem conspirant, recte faciunt, ita Christiani pressi tyrannide diaboli & mendacii, contra ejus Leges in ipsum Diabolum conspirant, dantes operam, ut servent, quotquot possunt suo suasu ab illo retrahere, tanquam à Scytarum & tyrannorum Legibus. das ist: Gleicher Weise wenn ein Fremder bey den Scyten/ als welche unbillige und gottlose Gesetze unter sich hatten/ lebete/ und sich derselben nicht entübrigen könte/ wider ihre Gesetze sündigte/ und mit denen es hielte/ die einer andern Meinung zugethan wären; also urtheilen auch die Gesetze der Heyden / welche den Bilder- und Götzen-Dienst einführen / wider die Warheit / und übertreffen in diesem Stücke die Tyranney der Scyten. Dahero ist es nicht ungereimt / aus Liebe zur Warheit / wider die Gesetze Zusammenkünffte anzustellen. Denn wie die jenige / die wider einen Tyrannen conspiriren / recht thun / also auch die Christen / da sie gedrucket wer-

[illegible] die Tyrannen des [illegible] und der [illegible] / [illegible] sich wider solche [illegible] Gesetze und [illegible] Fleiß an / daß sie / so viel als [illegible] / durch die [illegible] / von solcher [illegible] [illegible] als von dem [illegible] der [illegible] Tyrannen. [illegible] so lange obige Regul in der [illegible] gegründet wäre / [illegible] sich [illegible] den [illegible] Gesetzen der [illegible] auf die Gesetze / die [illegible] [illegible] / nicht argumentiren / [illegible] [illegible] Regul [illegible] nothwendig für billig müssen gehalten [illegible] Scythen [illegible] bey [illegible] co [illegible] Origenis [illegible] [illegible] argumentiren / daß er [illegible] praejudicio [illegible] / daß er die Scythen für eine so ungerechte Nation [illegible] / [illegible] [illegible] insgemein beredet / daß sie [illegible] [illegible] / [illegible] Scythen [illegible] [illegible] so [illegible] als die jetzige [illegible] [illegible] cultiores [illegible] / da man doch [illegible] jener für diesen [illegible] kan / wie solches [illegible] der [illegible] in einer [illegible] [illegible] ge[illegible] [illegible] den Scythen ein [illegible] [illegible] lib. 2. cap. [illegible] Admirabile hoc videtur, hoc illis naturam dare, quod Græci longa sapientum doctrina præceptisque philosophorum consequi nequeunt cultósque mores incultæ barbariæ collatione superari. Tanto plus in illis proficit vitiorum ignoratio, quam in his cognitio virtutis. das ist: Es ist zu verwundern / daß sie das von Natur haben / was die Griechen durch die [illegible] Lehren und Unterrichtungen der [illegible] [illegible] erhalten können. Und daß [illegible] den [illegible] Völckern den Vorzug [illegible]. [illegible] also die [illegible] Laster [illegible] ihnen aus / als bey diesen die Wissenschafft der Tugend.

§. 5.

§. V.

Aber wieder auff unsern Zweck zu kommen / so halte ich wohl dafür / daß man von der excommunication in der ersten Apostolischen Kirchen nicht sagen könne / was der Herr Kortholt in seinem Tractat de criminibus primaevis Christianis à Gentilibus impactis Cap. 1. §. 8. schreibet / da er spricht: Disciplina Ecclesiastica, quam severa fuerit, inde patet quod ciliciis induti, cinere conspersi, ad cutem tonsi, squalentes, macie ac situ obsiti, jejuniis lachrymisque confecti, pro Ecclesiarum foribus conspiciebantur Pœnitentes, & conviviis, balneis, cæterisque lætis, imò & conjugum usu abstinebant, nullis negotiis aut curis secularibus sese immiscebant, immutato denique totius vitæ statu atque habitu, in mœrore ac horrore omne pœnitentiæ tempus agebant, quod quidem pro criminum ratione, nunc in annos decem, nunc ad viginti aut triginta definiebatur; uti ex veterum monumentis priscisq; canonibus observare licet. In welcher Art zu procediren viele Sachen begriffen / die wider die Einfalt der ersten Apostolischen Kirchen streiten / und schon nach den Zeiten Constantini M. schmecken / da man dergleichen äußerliche Ceremonien aus dem Juden- und Heydenthumb in die Christliche Kirche eingeführet / und nicht so wohl auff den innerlichen als äußerlichen splendiden Gottesdienst gesehen hat. Und was der Herr Autor dieses noch zu den ersten Christen rechnet / kommet aus dem gemeinen Irrthumb her / daß man alles / was in den fünff ersten Seculis geschehen / noch für Apostolisch hält / welcher Irrthum fast die gantze jurisprudentiam Ecclesiasticam verdorben / davon aber vielleicht zu anderer Zeit mit mehrern.

§. VI.

Gleich wie aber die Christliche Kirche und deren Gewalt gantz unterschieden seyn von der Republic und deren Gewalt, so ist auch diese Kirchen-Zucht anderer Art als die weltliche Straffe. Der sel. Brunnemann hat dieses kurtz aber deutlich zusammen gefasset Lib. 1. c. 6. membr. 9. §. 3. de jure Ecclesiast. da er spricht: Longe alius finis inquisitionis Politicæ & disciplinæ Ecclesiæ: Illa enim potissimum punit ea, quæ pacem publicam turbant; hæc homines ab æterna damnatione liberare satagit: illa ad vindictam & pœnam, hæc ad emendationem directa: illa incipit à generali inquisitione, hæc à speciali, dum Rev. Minister verbi, antequam Ecclesiæ dicat, ipse eum interpellare & ad pœnitentiam adhortari debet. Illa inquisitio inurit maculam, hæc non: In illa requiritur processus ordinarius & judicialis, in hac requiritur processu à Domino Jesu præscriptus Matth. 18. Das ist: Die weltliche Bestraffung und die Kirchen-Zucht haben unterschiedene Absichten. Jene bestrafft vornehmlich diejenige Laster / welche den äusserlichen Frieden turbiren: diese bemühet sich den Menschen vor der ewigen Verdammniß zu erretten: jene gehet auf die Rache und Straffe / diese auf die Besserung: jene fänget an von der general inquisition, diese von der specialen, in dem ein Prediger / ehe er solches der Gemeine ansaget / ihn anredet / und zur Busse vermahnet. Jene macht einen unehrlich / diese aber nicht. Bey jener wird ein ordentlicher gerichtlicher Proceß geführet / bey dieser aber nur der jenige / den unser Heyland Matth. 18. vorgeschrieben. Nun ist zwar nicht zu leugnen / daß der Autor in einer oder anderer opposi-

tion

[illegible] vielleicht eine Erklärung brauchte / doch kan man seine Meinung schon sattsam abnehmen / und kömt das Werck darauf an / daß unter Kirchen-Zucht solche Laster gehören / die wieder das Christenthum insgemein streiten / zur weltlichen Straffe aber die jenige Laster / die wider das Recht der Natur lauffen / und also den äuserlichen Frieden verunruhigen.

§. VII.

Unsere Juristen pflegen diesen Unterscheid vorzustellen / daß sie distinguiren inter delicta Ecclesiastica & secularia, wenn man aber wissen will welche denn solche seyn / und worin eigentlich der Unterscheid bestehet so sprechen sie / daß delicta Ecclesiastica seyn solche Crimina / die ad forum Ecclesiasticum gehören / [illegible] ad secularem forum, wo[illegible] / [illegible] loco [illegible] Brunnemanni [illegible] auch diesen Unterscheid nicht deutlich. Lib. 3. cap. 1. §. 12. hat er zwar Exempel der vermeinten Delictorum Ecclesiasticorum, in dem er spricht: Septimum genus causarum est delictorum Ecclesiasticorum, sive delinquens sit Laicus sive Clericus: qualis est actio civilis ob separationem ob adulterium, malitiosam desertionem, querela de usuraria pravitate principaliter in judicium deducta. Tertium delictum Ecclesiasticum est hæresis & schisma 4. Simonia 5. Apostasia 6. Sacrilegium 7. Sortilegium. das ist: Die siebende Classe von Consistorial-Sachen seynd die Delicta Ecclesiastica, es mag der Delinquent ein Geistlicher oder Weltlicher seyn: wohin gehöret die Civil-Klage auff die Beschuldigung wegen Ehebruchs / und boshafftiger Verlassung des Ehegatten / die Klage wegen

all

[illegible] und ungebührliches [illegible]: [illegible] und Spaltung in der Religion [illegible]nie. 5. der Abfall von Christenthum. [illegible]ub. 7. Hexerey. Wenn [illegible] praxi ansehen / so [illegible] vor dem Consistorio getrieben werden. Weil [illegible] ben gewiesen / daß die Consistoria nicht zu den Weltlichen Gerichten gehören / so kan [illegible] gar [illegible] geschehen lassen / daß die Consistoria [illegible] / die ihnen der [illegible] des Wesens der [illegible] Disciplin [illegible] nicht zu frieden seyn / weil ihm [illegible] distinction [illegible] geistlichen Fehler und weltlicher Sünden gar zu viel [illegible] damit er nicht geistliche Sachen auff weltliche Art / [illegible] liche Sachen auff geistliche Art [illegible] wider die [illegible] 1. Corinth. II. 14. Der natürliche [illegible] nimt nichts vom Geiste Gottes / es ist ihm eine Thorheit / und kan es nicht erkennen / denn es muß geistlich gerichtet seyn. Und also erkennet er auch / daß das jus Canonicum [illegible] deutlichen Concept machen könne / weil man darinne aus politischen [illegible] viele Sachen zu geistlichen Sachen gemacht / die weltlich [illegible] seyn. Denn mit welchem Grunde wil man doch behaupten / daß die Ehescheidung wegen Ehebruchs / die Klage wegen [illegible]licher Zinse / Kirchen [illegible] mit zu den geistlichen Sachen gehöret / weil dieses ja solche Sünden seyn die wider das [illegible] lauffen. Und folglich siehet es / daß / wie man das Wort geistlicher mißbrauchet / wenn mans im Pabstthum auf die Cle[illegible]ngkeit / und [illegible] nennet / auch in [illegible] dieses Wort sehr [illegible]

welche

welche doch die eintzige Richtschnur seyn muß/darnach man solches judicire/gebrauche. Und kömmt endlich auff die Gedancken/ daß man in praxi das geistliche Gericht / davon Paulus redet / fast gantz verlohren/ weil gar wenige seyn/die ein geistliches Leben führen/ ohne welchem kein geistliches Gericht kan geheget werden/ nach obiger Lehre Pauli. Denn wo dieses nicht ist/ da ist ein natürlicher Mensch / den Lutherus in der Rand-Glosse erkläret und beschreibet/ daß er sey ein solcher Mensch/ der ausser der Gnaden ist mit aller Vernunfft / Kunst/ Sinnen und Vermögen/auch aufs beste geschickt.

§. VIII.

Derowegen schliesset er ferner daraus/daß bey ietzigem Zustande der Christen keine wahre Kirchen-Zucht / die ohne dem geistlichen Gerichte nicht kan geheget werden/ könne eingeführet werden / davon auch der Herr Seckendorff in seinem Christen-Staat III. XIII. cap. schreibet: Was die Kirchen Disciplin, Kirchen-Busse oder Censur/ Bann / und dergleichen belanget/ darinn wäre auch/ was vor Alters löblich verordnet/und was die Praxis und neue Fälle veranlassen/ wohl besserer Uberlegung und Einrichtung werth. Zum Exempel/ was soll es für gnugsame Ursache haben/ daß man mehrentheils nur die öffentlichen Sünden-Fälle/die durch Unzucht geschehen/ censiret/ und andere/ die ja so ärgerlich sind/ übersihet? Wie erbaulich wäre es / wenn man mit besserer Art den Leuten/welche öffentlich sündigen/beybringen könte/ daß die Censuren keine Straffen / sondern heilige Versöhnungen und Tröstungen wären / dazu sie selbst mit grosser Begierde eilen solten. Dieses ist schwer zu hoffen/ so man nicht mit mehrern Ernst die Gottseligkeit treibet/ und mit guten Exempeln auf Seiten des geistlichen Standes / nicht besser vorgehet / oder so lange man Geld nimt / oder wegen der Personen zu viel Unterscheid hält / der offt auff schlechtem Grunde bestehet. Wie viel anders ist es in der ersten Kirchen gewesen? Wie sehr ist man davon abgetreten / so bald die Verfolgungen aufgehöret / und man die Halb- und Maul-Christen in die Christliche Gemeine mit einnehmen müssen? Und wie schwer ist es in unsern Kirchen / bey grosser Nachlässigkeit der Geistlichen / und der Ruchlosigkeit des gemeinen Volckes / eine bessere Einrichtung der Kirchen-Busse zu hoffen / daher auch etliche dieselbe lieber gar abschaffen wollen.

§. IX.

Ob nun aber die wahre Kirchen-Zucht in praxi nicht ausgeübet wird / auch bey itzigem Zustande nicht kan ausgeübet werden / so hütet sich doch ein Mensch / der die Warheit suchet / daß er sich den rechten Concept, den er sich aus der H. Schrifft gemacht hat / nicht verrucken / und dahin nicht verleiten lasse / daß er diejenige Kirchen-Zucht / die noch an einem oder andern Orte in der Lutherischen Kirchen im Gebrauch ist / für eine wahre Kirchen-Zucht halte / sondern nur für eine äusserliche Ceremonie, die den Effect der wahren Busse gar nicht bey sich hat / es mag solches geschehen durch eine Abbitte im Consistorio, oder durch den Prediger in der Kirchen / oder durch Darstellung vor dem Altar / oder den Kirchen-Thüren / mit allerhand Ceremonien. Und also hält ein solcher Mensch es für einen grossen Mißbrauch der Heil. Schrifft / wenn Carpzovius jurispr. Consistorial. lib. 3. def. 82. von der heutigen Kirchen-Busse saget / was unser Heyland spricht Matth. XVI. v. 19. **Was ihr auf Erden binden werdet / soll im Himmel gebunden seyn / und was ihr auf Erden lösen werdet / soll**

im

im Himmel loß seyn/und daß es wider die Erfahrung lauffe/ wann er uns bereden wil/ daß dem Sünder viel damit gedienet sey zu seiner Besserung / weil man ja bey solchen Leuten hernacher die Früchte der wahren Busse nicht spüren kan / wie Paulus bezeuget von dem Blut-Schänder 2. Corinth. XI. v. 5.6.7. Ja diese Art zu verfahren ist gar nicht darnach eingerichtet/ daß sie zur Würckung hertzlicher Reue etwas contribuiren solte; Dann so wenig man durch den Staupen-Schlag jemanden die wahre Busse einschlagen wird/ so wenig wird mans auch durch diesen Procefs thun können. Und giebt Carpzovius lib. 3. def. 86. deutlich zu erkennen/daß er die Natur und Eigenschafft der Kirchen-Busse nicht verstanden/ indem er meynet / daß dieselbe wohl in eine Geld-Straffe könne verwandelt werden/ welches schon der Sel. Brunnem. jur. Eccles. lib. 1. c. 6. membr. 4. §. 11. und lib. 2. cap. 19. §. 26. angemerckt. Ja Grotius selber de jure summarum potestatum cap. 9. §. 16. hat die Sache nicht penetriret/da er die Ursache geben wil/ warum doch unter den Christlichen Käysern die Excommunication denen Excommunicirten grössern Tort angethan / als bey den ersten Christen/und spricht: quò magis facinorosos suæ culpæ pœniteret, daß den Sündern desto mehr ihre Sünden gereuen möchten. Denn gewiß haben die Apostel durch ihre Art zu procediren mehr ausgerichtet/ als dieselben die diejenige methode eingeführet / davon ich schon droben aus dem Conring. und Kortholt. geredet habe.

§. X.

Hieraus kan man auch judiciren/ was von des Herrn Puffendorffs seiner Meynung in Tr. de habitu religionis §. 47. zu halten sey/da er meynet/ daß in denen Republiqven, da die Obrigkeit und Unterthanen lauter Christen seyn / es

lichen Standes / nicht besser vorgehet / oder so lange man Geld nimt / oder wegen der Personen zu viel Unterscheid hält / der offt auff schlechtem Grunde bestehet. Wie viel anders ist es in der ersten Kirchen gewesen? Wie sehr ist man davon abgetreten / so bald die Verfolgungen aufgehöret / und man die Halb- und Maul-Christen in die Christliche Gemeine mit einnehmen müssen? Und wie schwer ist es in unsern Kirchen / bey grosser Nachlässigkeit der Geistlichen / und der Ruchlosigkeit des gemeinen Volcks / eine bessere Einrichtung der Kirchen-Busse zu hoffen / daher auch etliche dieselbe lieber gar abschaffen wollen.

§. IX.

Ob nun aber die wahre Kirchen-Zucht in praxi nicht ausgeübet wird / auch bey jetzigem Zustande nicht kan ausgeübet werden / so hütet sich doch ein Mensch / der die Warheit suchet / daß er sich den rechten Concept, den er sich aus der H. Schrifft gemacht hat / nicht verrucken / und dahin nicht verleiten lasse / daß er diejenige Kirchen-Zucht / die noch an einem oder andern Orte in der Lutherischen Kirchen im Gebrauch ist / für eine wahre Kirchen-Zucht halte / sondern nur für eine äusserliche Ceremonie, die den Effect der wahren Busse gar nicht bey sich hat / es mag solches geschehen durch eine Abbitte im Consistorio, oder durch den Prediger in der Kirchen / oder durch Darstellung vor dem Altar / oder den Kirchen-Thüren / mit allerhand Ceremonien. Und also hält ein solcher Mensch es für einen grossen Mißbrauch der Heil. Schrifft / wenn Carpzovius jurispr. Consistorial. lib. 3. def. 82. von der heutigen Kirchen-Busse saget / was unser Heyland spricht Matth. XVI, v. 19. **Was ihr auf Erden binden werdet / soll im Himmel gebunden seyn / und was ihr auf Erden lösen werdet / soll**

im

n Himmel loß seyn/ und daß es wider die Erfahrung lauffe/ ann er uns bereden wil/ daß dem Sünder viel damit gedienet zu seiner Besserung / weil man ja bey solchen Leuten hernaer die Früchte der wahren Busse nicht spüren kan / wie Paus bezeuget von dem Blut-Schänder 2 Corinth. XI. v. 5. 6. 7. a diese Art zu verfahren ist gar nicht darnach eingerichtet/ daß zur Würckung hertzlicher Reue etwas contribuiren solte; Dann so wenig man durch den Staupen-Schlag jemanden die ahre Busse einschlagen wird/ so wenig wird mans auch durch esen Procefs thun können. Und giebt Carpzovius lib. 3. ef. 86. deutlich zu erkennen/ daß er die Natur und Eigenschafft r Kirchen-Busse nicht verstanden/ indem er meynet / daß dielbe wohl in eine Geld-Straffe könne verwandelt werden/ welhes schon der Sel. Brunnem. jur. Eccles. lib. 1. c. 6. membr. . §. 11. und lib. 2. cap. 19. §. 26. angemerckt. Ja Grotius lber de jure summarum potestatum cap. 9. §. 16. hat die Sache nicht penetriret/ da er die Ursache geben wil / warum och unter den Christlichen Käysern die Excommunication enen Excommunicirten grössern Tort angethan / als bey en ersten Christen/ und spricht: qvò magis facinorosos suæ ulpæ pœniteret, daß den Sündern desto mehr ihre Sünen gereuen möchten. Denn gewiß haben die Apostel durch hre Art zu procediren mehr ausgerichtet/ als dieselben die dienige methode eingeführet / davon ich schon droben aus dem Conring. und Kortholt. geredet habe.

§. X.

Hieraus kan man auch judiciren/ was von des Herrn Puffendorffs seiner Meynung in Tr. de habitu religionis §. 47. zu halten sey/ da er meynet/ daß in denen Republiqven, da die Obrigkeit und Unterthanen lauter Christen seyn / es besser sey / daß man die Kirchen-Zucht nicht in dem Zustande lasse / wie sie zu der Zeit der Apostel gewesen / da sich die Obrigkeit nicht zur Christlichen Religion bekant / sondern daß man dieselbe einrichte nach Art Weltlicher Straffe / und den Mangel / der unter den Heydnischen Käysern in den Heydnischen Gesetzen war / durch neue vollkommene Gesetze ersetze / vornemlich / da durch die erste Apostolische Art leicht ein grosser Mißbrauch in der Republiq entstehen / und in eine gewisse Art von Jurisdiction der hohen Obrigkeit zum grossen præjudiz degeneriren könne. Denn ich halte dafür / daß / so lange die Christliche Kirche mit dem weltlichen Staat nicht muß vermischet werden / so lange müsse auch die wahre Kirchen-Zucht ihre besondere Natur behalten von der Weltlichen Straffe. Wiewohl in so weit der Herr Autor hierinnen recht raisonniret / daß er bey ietzigem verdorbenen Zustande / zu Verhütung grosser Mißbräuche den Geistlichen hierinnen die Macht zu disponiren nicht alleine will gelassen haben / sondern dem Fürsten die obere Inspection hiebey giebt / damit dieselbe nicht aus einem unzeitigen Eyfer einen unschuldigen Menschen drucken und verfolgen / oder prostituiren. Und ist nicht zu zweiffeln / daß / da die Käyser bey zunehmenden Mißbräuchen ihr Recht hiebey nicht wohl in acht genommen / diese Censura sacra in ein Tyrannisches Joch verwandelt worden / biß die Päbste zu Rom endlich so kühn gewesen / daß sie Käyser / Könige und Fürsten / und gantze Republiqven, die nach ihrer Pfeiffe nicht tantzen wolten / in Bann gethan / den öffentlichen Gottesdienst verbotten / die Unterthanen ihres Eydes entschlagen / und ihre Reiche an andere übergeben / wie solches aus den Historien gnugsam bekant.

Weil

§. II.

Weil nun bey uns Protestirenden / wie oben aus dem Herrn Seckendorff angezogen / die Kirchen-Zucht nicht in dem Zustande ist / darinnen sie seyn solte / sondern noch allenthalben an denen Oertern / da sie noch gebrauchet wird / viele Mißbräuche mit unterlauffen / die einem unschuldigen Manne an seinem ehrlichen Nahmen und Gütern nicht geringen Schaden zufügen können / so hat gewiß ein Fürst die Inspection, um solche Mißbräuche zu verhüten / hiebey zu führen. Der Herr Seckendorff schreibt am besagten Orte hievon folgendes: **Betrüblich ist es / und ein Schimpff des Heil. Predig-Amts / daß man den Pfarrern dißfalls Einhalt thun müssen / nicht nach ihrem Amte und Gewissen mit der Suspension oder Abhaltung vom Beicht-Stul / sondern erst mit Willen und Geheiß der Vorgesetzten zu verfahren. Gleichwohl ist um des grossen Mißbrauchs u. partheyischen Eifers willen / durch öffentliche Landes-Constitutiones solches hin und wieder geschehen. Dieser Ordnung müssen sich nun auch fromme gewissenhaffte und gelehrte Pfarrer untergeben / werden auch deshalben vor GOtt entschuldiget seyn: Wäre das Ministerium in erwünschtem Zustande / so hätte man dieses Einhalts nicht bedürfft.** Dahero dann bey uns die Kirchen-Zucht mit ad jurisdictionem Ecclesiasticam gehöret / und ohne Vorbewust desjenigen / der sie besitzt / nicht kan ausgeübet werden. Und aus diesem Grunde habe ich meinen obigen Satz hergeleitet / daß nemlich ein Fürst nicht leicht soll geschehen lassen / daß jemand von den Zuhörern excommuniciret werde / welches Recht dann auch der Havemann. de jure Episcopali, worinnen er sonsten dem Fürsten nicht allzu favorabel ist / selbst concediret cap. 10 §. 3. Woraus man auch dieses

ses sehen kan/ was davon zu halten sey/ wann ein fremdes Consistorium, von dem zwar die Prediger an einem Orte/ aber nicht die gantze Gemeine dependiret/ sich unterstehet/ ein Glied aus solcher Gemeine zu excommuniciren. Denn weil ein solches Consistorium nur über die Prediger / und nicht über die gantze Gemeine die jurisdictionem Ecclesiasticam hat/ so gehet man gewiß zu weit/ wenn man aus solcher Gemeine jemanden excommuniciret; Und hat sodann der Excommunicatus die exceptionem nullitatis vorzuschützen/ wenn gleich sonsten rechtmäßige Ursachen zur excommunication gewesen wären/ davon ich abstrahire. Ich wil dieses mit einem Exempel erklären; Gesetzt: Es ist ein Consistorium, das schicket einige Leute nach weit entlegenen Inseln/ um daselbst die Heyden zum Christenthum zu bekehren, GOtt giebt Gnade/ daß das Wort der Warheit bey vielen durchdringet/ also daß einige hundert bekehret werden / die doch ihre ordentliche vorige Obrigkeit behalten. Wie nun diese Gemeine ordentlich eingerichtet/ geschicht/ daß man wider einen mit der Excommunication verfahren wolle. Da entstehet die Frage/ ob gedachtes Consistorium Macht habe / vor sich jemand zu excommuniciren? Nun halte ich wohl dafür/ daß niemand so leicht seyn werde / der solches bejahen werde / weil die gedachte neue Gemeine nicht von dem Consistorio, sondern von ihrer vorigen Obrigkeit dependiret / und also wenn ein solcher Actus vorzunehmen wäre/ so müste man erst mit der gantzen Gemeine darüber conferiren / und deren Consens haben / weil auch nicht einmahl die Prediger solche Macht an sich hätten. Denn weil die Excommunication nach dem heutigen Zustande einige jurisdiction mit sich bringet/ diese aber den Predigern nicht

zukömmt/

zukömmt/ so haben sie sich auch derselben nicht zu erfreuen noch zu bedienen.

XIV. Satz.

Es hat auch ein Fürst Recht / daß / wenn jemand in einer oder anderer Meynung von der bisherigen Erklärung gewisser Oerter in der Schrifft abgehet / und ein Ministerium ihm deßwegen allen Verdruß anthut / und mit neu-gemachten Confessionibus beschwehren wil / solches zu verhindern / und den ersten bey seiner Gewissens-Freyheit zu schützen.

Erklährung.

§. 1.

Das vornehmste Regal, das einem Fürsten circa sacra zukömmt/ist das Recht die Dissentirende zu toleriren/ und wider die Anti-Christischen Verfolger zu schützen. Und dannenhero wenn zanckstüchtige Ministeria diese Toleranz auffheben/ und den Gewissens Zwang einführen wollen / ist ein Fürst befugt sich seines Rechts zu bedienen / und diejenigen / die ihm in Ausübung dieses Regals hinderlich seyn/ zu bestraffen/ weil sie dadurch so wohl wider das Christenthum als das natürliche Recht sündigen/ als welche lehren / daß man niemand wegen seiner Religion verfolgen solle. Dieses kan zwar ein Fürst dem Ministerio nicht verwegern / daß sie mit demjenigen / den sie Irrthums beschuldigen/ bescheidentlich conferiren/ einander hören, und ihn suchen auff andere Gedancken zu bringen/ aber wenn sie weiter gehen wolten / und ihn zwingen ihre vorgelegte Confession zu unterschreiben / oder bey dessen Verweigerung aus dem Lande jagen wollen / muß ein Fürst hinzu treten / weil sie alsdann in sein Regal von der Toleranz greiffen / und sich zu Herren über anderer ihren Glauben machen wollen. Und dazu muß er desto bereiter seyn / weil diese Toleranz so wohl dem Christenthum als dem Staat mehr Nutzen als Schaden schafft. Es zeiget die Erfahrung / daß an denen Oertern / da nur einerley Religions-Verwandten seyn / so wohl die Lehrer als Zuhörer sich meistentheils auff die faule Seite legen / und meynen / wenn sie niemand haben / der ihnen contradicire, daß alle ihre Lehren wahr seyn / ja jene pflegen diesen von andern Religions-Verwandten wohl gar närrische Einbildungen beyzubringen / als wenn sie gar Monstra wären / und man sich für ihnen / als für der Pest zu scheuen hätte; Da hingegen wenn andere geduldet werden / man fleißiger auff seiner Hut stehet / und wie es heist: Vexatio dat intellectum, so bemühen sich Lehrer und Zuhörer mehr / den Grund ihrer Religion aus der Heil. Schrifft desto mehr zu befestigen / wenn sie wissen / daß andere seyn / die auff ihre Lehre und Leben acht haben. Und ist es natürlich / daß z. e. wenn ein Professor in seiner Lection nur solche Zuhörer hat / die alles für Evangelia annehmen / was er saget / er nicht so behutsam und bedachtsam die Sachen proponire / als wenn er weiß / daß einige da seyn / die auf alle seine Wort acht haben / und genau attendiren / wie er seine Lehre beweise / weil er zu befürchten hat / daß er sich prostituire. Wenn einer disputiren wil / und weiß / daß ihm jemand opponiren wil / der die widrige Meynung heget / nimt er sich mehr in acht / als wenn er solche Leute vor sich hat / die seine principia haben / und nicht so wohl aus Hertzens-Grunde als exercitii gratiá ihre dubia vorbringen.

gen. Was den Staat betrifft/ will ich nicht sagen/ daß es vielleicht in manchen Ländern besser stehen würde/ wenn man andere tolerirete; sondern nur dieses gedencken/ was der Herr Pufendorff de Consensu & Dissensu inter Protestantes §. 5. angemercket/ da er spricht: Princeps, si dextrè ac æqvabiliter procedat, sentiet, cives diversam Religionem à sua professos majori affectu ipsum proseqvi, qvam eadem secum sentientes: qvod isti peculiaris humanitatis ac gratiæ documentum ducant, si ob diversam opinionem haut minoris â Principe æstimari se videant; cum qvi eadem cum Principe sacra profitentur, ista omnia suo jure exigant, nec eo nomine obstrictos sese arbitrentur. Das ist: Wenn ein Fürst auffrichtig und gleich mit seinen und anderer [illegible] Verwandten umgehet/ so wird er mercken/ [illegible] Verwandten grössere Liebe zu ihm tragen/ als die seine Confession haben: weil jene es für eine sonderbare Gnade achten/ wenn sie sehen / daß man sie wegen unterschiedener Meynung nicht geringe hält; da hingegen des Fürsten Religions-Verwandten solches alles gleichsam mit Recht von dem Fürsten fordern / und sich ihm deswegen so sonderlich verbunden nicht erkennen.

§. 11.

Was für Unglück in allen Königreichen und Ländern durch solche Lehren / die die Tolerantz auffheben/ eingeführet werde/weisen die Historien/ und wer die Umstände des dreyßigjährigen Krieges nur mit unpartheyischen Augen ansihet/ der erkennet bald/daß die Zäncker/ die andere Religions-Verwandten nicht bey sich leiden können/ hierzu das meiste contribuiret. D. Hoës Tractate wider die Reformirte werden ein ewiges [illegible] der Nachwelt abstatten daß er zu vielem Blut-ver-gießen und Verwüstung vieler Länder Anlaß [illegible] des [illegible] Pufendorffs seine Erzehlung von ihm in [illegible] Schwedis. [illegible] desto wahrscheinlicher machen. Dasjenige [illegible] das An. 1555. die Städte Lübeck/ Hamburg/ Rostock/ [illegible]/ Wismar/ und Lüneburg gemacht/ welches zu lesen [illegible] dem Dedekenno Vol. 2. Sect. 3. n. 24. lehret uns/ welchen Anti-christischen Eifer man damahls wider die Reformirten gehabt/ [illegible] nicht allein verordnet/ daß wer unter denselben von [illegible] einmahl gefaßten Meynung nicht abstehen würde/ [illegible] und unnachläßig gestraffet werden solte: sondern [illegible] bey ernstlicher Leibes-Straffe allen Bürgern angesagt [illegible] daß [illegible] ein Reformirter von frembden Oertern [illegible] denselben hausen/ hegen [illegible] als einen [illegible] welches Decret man dann [illegible] Doch ist nicht zu verwundern [illegible] solche Verordnung [illegible] vorigen und diesem [illegible] Frieden/ die meisten [illegible] als wenn die Reformirten [illegible] dem Religions-Frieden gehöreten/ und also von Lutherischen Für-sten nicht dörfften in ihren Ländern geduldet werden/ wie solche Meinung weitläufftig zu lesen in dem Responso der Theologischen Facultät zu Leipzig bey dem Dedekenno [illegible] n. 10. in der Frage: Ob Lutherische Regenten mit [illegible] Reformirte Räthe und Amptleute im Dienste haben [illegible] Denn wie man die Sprüche der H. Schrifft mit [illegible] hat/ so hat man auch den Religions-Frieden [illegible] unter [illegible]

§. III.

§. III.

Weil dann ein Fürst die Tolerantz gegen andere ausüben kan / so hat er auch Recht dem Ministerio zu untersagen / daß sie niemanden mit ihren neuen Confessionibus beschwerlich seyn/und ihn dazu zwingen. Und hat das Ministerium alsdann gar keine Ursache zu klagen/ als wenn ein Fürst zu weit gienge; sondern es muß vielmehr auff sich sehen/und betrachten/daß es sich was anmassen wolle/das ihm nicht zukömmt. Meynet es/daß ihre Meynung wahr sey/des andern aber falsch/ so kan es ja mit dem Menschen umgehen/ wie alle vernünfftige Leute thun mit einem/ den sie gern zu bessern Gedancken bringen wollen/ nemlich in Liebe ihm seine Irrthümer zeigen/ und ihn suchen zu gewinnen. Was hilfft es/ jemandes Verstand auff gewisse Sätze adstringiren wollen/ [illegible] Eyd von ihm fordern? Es ist ja dieses ein [illegible] Proceß/daß man in Sachen/die zum Verstande [illegible] gehören / schweren läst. Die Eyde sind eingeführet worden wegen des äusserlichen Thun und Lassens der Menschen / worinnen einiger Streit unter denselben vorfallen kan/damit der andere eine Versicherung von mir habe/ daß ich ihn nicht lædiren wolle / entweder / wenn es Juramentum promissorium ist / durch violirung des pacti, so mit ihm gemacht / oder wenn es ein juramentum assertorium, durch Verschweigung oder Verfälschung der Warheit. Allein wenn ein ander kein Recht zu mir hat/das ich lædiren kan/ so kan ich ihm auch keinen Eyd leisten/ oder wenn ichs thäte/so schwüre ich liederlich und ohne rechtmäßige Ursache. Nun aber hat kein Mensch über den andern wegen der Religion einiges Recht / darinnen ihn der ander lædiren könte. Es mag jemand Reformirt oder Lutherisch seyn/ damit geht mir nichts ab/ und also wenn mir jemand eyd-

 lich

lich zwingen wolte/ er wolte bey der Confession, die er für wahr hielte/ bleiben biß an seinen Todt/ würde ich dadurch kein Recht bekommen über seine Religion/ und folgends würde der Eyd keinen effect haben /. und also ohne Ursache geschworen seyn. Dieses kan mit einem bekanten Exempel ex jure erläutert werden. Wenn die Frau ihrem Manne bey seinem Leben eydlich zusaget / daß sie nach seinem Tode nicht wieder heyrathen wolte/ so lehren die Juristen/ daß solche Zusage sie nicht verbinde/ [illegible] der Eyd temere geschworen. Die [illegible] [illegible] / weil dem Manne nach seinem Tode nichts [illegible] ob die Frau wieder heyrathe oder nicht: [illegible] die Juristen eine Regel: Exceptio: [illegible], [illegible] repellit agentem. Eine gleiche [illegible] es mit dem Religions-Eyde. Denn [illegible] [illegible] grossen Sünde [illegible] [illegible] so hat kein Mensch [illegible] [illegible] Religion/ ich kan ihm auch darüber kein Recht geben/ wenn ich gleich wolte. Nun sind aber die Eyde [illegible] [illegible] / damit man dadurch [illegible] [illegible] der andern hat confirmiren/ und [illegible] Leistung, desto mehr adstringiren [illegible]. [illegible] / daß alle Juramenta, die in [illegible] [illegible] werden/ unbillig seyn / und wider das Recht der Natur.

§. IV.

[illegible] der Obrigkeit als [illegible] [illegible] der ersten als andern Taffel [illegible] [illegible] Recht hat. Uber diesen Einwurff habe ich [illegible] / daß er nicht gegründet. Die [illegible] [illegible] die sie mir anvertrauet. Dieses aber hat mit der Religion nichts zu thun. Und also wie sie vor dem Eyde kein Recht über meine Religion hat / so kriegt sie es auch nicht durch den Eyd. M. Christianus Avianus hat zwar bey dem Dedekenno Vol. 2. Sect. XIII. n. 7. weitläufftig einen solchen Eyd als zuläßig behaupten wollen / aber mit schlechten Gründen. (1) beruffet er sich auff den Spruch Petri / da es heist; **Seyd erbötig zur Antwort jederman / der Grund fordert der Hoffnung die in euch ist.** (2) führet er aus dem Alten Testament an viele Exempel / da GOtt durch Mosen das Volck Israel verbunden hat / die Zusage zu thun / daß sie ihm dienen / und in seinen Geboten wandeln wolten. (3) gründet er sich auff das Exempel Davids / Psalm 119. **Ich schwere und wils halten / daß ich die Rechte deiner Gerechtigkeit halten wil.** Aber diese drey Gründe beweisen gar nicht / daß ein solcher Religions-Eyd vergönnet sey; denn was das erste betrifft / so weiset der gantze Context 1. Petr. III. v. 15. auff was Weise man bereit seyn solle zu beweisen die Hoffnung / die in uns ist / nemlich **daß man ein gut Gewissen haben solle / auff daß die jenigen / die von uns affterreden / als von Ubelthätern / zuschanden werden / und also mit einem Christlichen Wandel beweisen / daß man die Hoffnung habe einzugehen in das Reich unsers HErrn JEsU Christi** / welches mit dem Religions-Eyd gar nichts zu thun hat / als welches ein betriegliches Zeichen solcher Hoffnung ist. Zu dem wil Petrus / daß wir jederman / wer er auch sey / bereit seyn sollen zur Verantwortung; Nun glaube ich nicht / daß gedachter Autor zugeben wird / daß man jederman den Religions-Eyd schweren solle. Schicket sich also der Ort hieher

[illegible]. Die Exempel aus dem Alten Testament beweisen [illegible] nichts. Denn zu geschweigen / daß GOtt von denen [illegible] niemahls einen Eyd auff ein Symbolum oder Catechismum gefordert / sondern die Verbindung auff die facienda, das wandeln in seinen Geboten / so ist noch dieses hierbey zu erinnern: Der grosse GOtt ist HErr über unsern Glauben / und also hat Er Recht auff alle erdenckliche Art uns dazu zu verbinden / daß wir seine Gebote halten wollen / nicht anders als ein Landes-Fürst von seinen Unterthanen den Huldigungs-Eyd fordern kan. Und also wenns Christo beliebet hätte / eine solche Art zu procediren im Neuen Testament einzuführen / und denselben immerhin zu behalten befohlen hätte / wären wir freylich verbunden / demselben zu folgen. Allein wie Christus eine gantz andere Art zu verfahren gebraucht hat als Moses / indem dieser die Person eines Fürsten / jener aber eines Lehrers vertreten / so lässet es sich auch nicht von dem Alten Testament aufs Neue argumentiren / weil es sich nicht schicken würde / wenn ein Lehrer von seinen Zuhörern einen Eyd nehmen wolte / daß sie bey seiner Lehre [illegible] wolten / indem er dadurch stillschweigend zu verstehen gäbe / daß er selber ein Mißtrauen zu seiner Lehre [illegible] / ob sie vor sich capabel wäre das Gemüth des Zuhörers zu convinciren / zumahl da Christus seine gantze Lehre auff die Liebe gegründet / diese aber so beschaffen / daß sie allen bösen Verdacht wegnimmt / woraus doch alle Eyde erfordert werden. Der Spruch Davids ist gar nicht vom Religions-Eyde gemeynet / sondern wie die Kinder Israel in den vorigen Exempeln die Haltung der Gebote Gottes zusagten / so thut David hier dieses gleichfals / und also kömt dieselbe Antwort hie wieder / die schon vorher gesetzet. Und weil demnach diese Zusage nicht von Theoretischen Fragen / dahin doch die Religionsgions-Eyd gehet / sondern von einem heiligen Leben handelt / so liesse es sich noch eher practiciren / daß man von jemand einen Eyd forderte / daß er mit gantzem Vermögen sich eines heiligen und keuschen Wandels befleißigen wolte / als dazu zu verbinden / daß er immerhin diese oder jene Concepte von den Mysteriis divinis behalten wolle. Und also nun weil der gantze Eyd unzuläßig ist / so fällt auch die Frage von selbsten weg / ob man z. e. auff eine Confession solle schlechter dinges schweren / oder mit dem Bedinge / so fern sie der Heil. Schrifft gemäß sey. Ja man erkennet hieraus / ob jemand könne eines Meineydes beschuldiget werden / der anfänglich sich eydlich zu einer gewissen Confession verbunden / nach der Zeit aber in seinem Gewissen einige Scrupel befindet / daß er meyne / er habe nicht wohl daran gethan / daß er auf solches Buch geschworen. Denn weil solcher Eyd von Anfang nichtig gewesen / so kan niemand deshalben eines Meineydes beschuldiget werden / weil der Meineyd nur ein solches Laster / wenn man den Eyd bricht / der von Anfang kräfftig gewesen / und uns verbunden hat / wie solches der Avianus am gedachten Ort selber gestehet.

§. V.

Wenn man aber zur defendirung des Aviani anführen wolte / er præsupponire einen solchen Casum, da die Landes-Obrigkeit sich mit ihren Unterthanen auff eine gewisse Lehre verglicht / und zwar von gantzen Hertzen und von gantzer Seelen / wie er an besagten Orte redet / so antworte ich / daß ein solcher Vergleich eben so nichtig als die darauff folgende Religions-Eyde. Unser Verstand läßt sich durch keine menschliche pacta binden: und die Juristen lehren / daß dergleichen Vergleiche / die gemacht werden über solche Sachen / die nicht in commercio hominum seyn / ipso jure nichtig seyn. Nun ist ja die Religion

ligion gewißlich eine solche Sache/ die nicht zu solcher Zahl gehöret; denn wenn res sacræ, oder die nur zu dem äusserlichen Gottes-Dienst gewidmet seyn/ extra commercium seyn/ so ists vielmehr die Religion selber. Du schüttelst den Kopff und sprichst: Man müsse Religions-Sachen nicht nach den Juristischen Reguln erklären/ weil die Theologie gantz andere principia habe als die Jurisprudentz; und sey das eben der Fehler bey den Juristen / daß / wenn sie sich in Theologische Sachen mischen / sie mit ihrem Jure auffgezogen kommen / und also μετάβασιν εἰς ἄλλο γένος begeben / und also einen Mischmasch daraus machen. Aber es erbarmet mich deines Zustandes / und sihet man / daß du den Juristen gern die Augen verkleistern und sie bereden wollest/ daß schwartz weiß/ und weiß schwartz sey. Denn erstlich laugne ich/ daß diese Frage/ ob man sich wegen einer Religion mit jemand vergleichen könne/ eine pure Theologische Frage sey / oder aus dem Göttlichen geoffenbahrten Worte eben allein müsse decidiret werden. Denn weil diese Frage præcise nicht auff die Christliche Religion allein gehet / sondern davon abstrahiret/ und die Religion überhaupt betrachtet / so wohl die natürliche als geoffenbahrte/ so wohl die wahre als die falsche und irrige/ so muß man dieselbe decidiren/ aus einem solchen Grunde / welcher so wohl in dieser als jener angenommen wird/ und solcher Grund ist die Vernunfft/ so fern sie auff die deutliche Warheit gehet / die GOtt einem jeglichen Menschen ins Hertz geschrieben / und also auch in der Theologia als wahr præsupponiret wird/ weil diese niemahls eine solche Warheit umbstösset/ oder derselben zuwider ist. Zu solchen allgemeinen Warheiten gehöret nun auch dieses/ daß die Vergleiche unter Menschen nur gemacht werden über solche Sachen/ quæ sunt in commercio hominum. Zum andern: gesetzt

gesetzt / obige Frage gehörete mit zur Theologie, (wie dann meine intention nicht ist/ disfalls denen Hn. Theologis controversiam zu moviren/) so kan man mir doch nicht vorwerffen daß ich eine μετάβασιν εἰς ἄλλο γένος begangen/ daß ich dergleichen Sachen mit Juristischen Reguln hätte erkläret/ weil man auf gleiche Weise dem Paulo dieses vorwerffen könte/ als welcher Gal. III. 15. & Hebr. IX. 16. 17. mit einer Juristischen Regul den Rath GOttes von unser Seligkeit erkläret. Ja es müste die Theologie, (welches doch absurd) ein solcher vermeinter Mischmasch seyn/ weil dieselbe durch und durch mit solchen Wörtern angefüllet/ deren Erklärung eigentlich vor die Juristen gehöret/ z. e. von dem Bunde/ Testamenten/ Genugthuung für unsere Sünde/ derselben Vergebung / rc. davon des Franekerischen JCti Herrn Hubers sein Tractat mit gutem Nutzen zu lesen ist/ welchen er einem Holländischen Theologo entgegen gesetzet/ der diese Thesin gesetzet: Ad Jure Consultorum dictata & definitiones res fidei componere & conceptus Theologicos formare periculosum & temerarium est. Oder: Es ist gefährlich/ Glaubens-Sachen nach Juristischen Reguln einzurichten/ und seine Theologische Conceptus darnach zu richten. Denn weil es dem grossen GOtt wegen unserer Schwachheit gefallen hat / das Werck unserer Erlösung uns auff solche Art vorzustellen / daß wirs begreiffen könten / hat er seine Redens-Arten von solchen Sachen hergenommen/ die die Menschen verstunden / und die sie täglich vor Augen hätten/ damit er ihnen einiger massen den Concept geistlicher Sachen beybringen möchte / dahin nun auch viel Juristischer Wörter/ als die damals (da ein jedes Volck sein Recht in seiner eigenen Mutter-Sprache hatte) sehr bekant waren / gehören. Und halte ich dafür/ daß/ wenn man in der

Theologiâ Polemicâ bey diesem einfältigen methodô geblieben/und sich nicht verliebet hätte in den Philosophischen Kunst-Wörtern / darüber die Philosophi unter sich noch selber zancken/und darüber der Hr. Seckendorff in Christen-Staat lib. 3. c. 7. §. 2. hefftig klaget/ man vieles unnöthigen Disputirens und Streitens wäre überhoben gewesen / auch dieselbe nicht in den elenden Zustand gesetzet/ wie sie jetzo ist. Gewiß wenn man die eintzige Controvers lieset de necessitate bonorum operum ad salutem, oder ob die guten Wercke nöthig seyn zur Seligkeit/ so sihet man daß/ wenn man bey der Einfalt geblieben/ und bey den gemeinen Exempeln / die auch in jure vorkommen / man des Zanckens hätte können überhoben seyn. Herr Pufendorff handelt hiervon in seinem Tr. de Consensu & Dissens. inter protestant. §. 56. und stellet sich den Bund GOttes mit den Menschen vor per modum contractus feudalis, ubi una pars ex gratiâ qvid in alteram confert; qvæ autem altera vicissim præstat, non retributionis, sed tantùm recognitionis vim habent, grati, fidelis, ac devoti animi testem. Aus welchem Gleichniß man sich diese Sache viel deutlicher machen kan / als durch viel Disputiren und Distingviren / das bald vom Anfang der Reformation aus der Aristotelischen und Scholastischen Philosophie hierüber gemacht worden. Und hat mans gewiß in praxi mit diesem Streit dahin gebracht / daß man dem berühmten Autori der Grund-Veste des Römischen Reichs part. 1. cap. 3. Anlaß gegeben zu schreiben; Daß/ wenn Lutherus jetzo wieder auferstehen würde/ und sehen solte / wie fast niemand sich einiges guten Wercks GOTT zu Lob / beflisse / er sonder Zweiffel diesfalls seine Predigt anders einrichten würde. Wer da lieset / was der Herr Pufendorff de habit Religion.

gion. §. 23. schreibet von Vergebung der Sünden/ und wie sich ein Prediger im Beicht-Stule dabey verhalte/ oder wie man sich denselben concipiren müsse/ der sihet bald/ daß mit Juristischen Reguln und denen daraus hergeleiteten täglich vorkommenden und von dem gemeinen Mann zum wenigsten eher begreifflichen Exempeln/ Theologische Streitigkeiten viel besser können erkläret werden/ als aus der Metaphysicâ Aristotelicâ, und deren Kunst-Wörtern. Und wenn man dieses nicht verdauen kan/ so erinnere man sich/ daß man ja allemahl in der Materie de jure decidendi controversias Theologicas, Juristischer Wörter sich bedienet/ als decidere, judex, Commissarius, exseqvi und anderer/ wiewohl dieselbe sehr übel appliciret seyn/ wie ich schon droben gewiesen. Und also haben die Juristen vielmehr Ursache über solche Theologos zu klagen/ die ihre Wörter mißbrauchen/ und damit nach ihrem Gefallen hausen/ und allerhand Unwesen damit in praxi anrichten/ als daß solche Theologi sich über Juristen beschweren können/ daß sie in ein fremdes Amt greiffen/ wenn sie sich um Theologische Sachen/ so ferne sie in Ansehen des gemeinen Friedens betrachtet werden/ bekümmern.

XV. Satz.

Wenn aber die Streitigkeiten überhand nehmen/ daß viele Parthey davon nehmen/ kan ein Fürst durch Friedliebende Leute versuchen / ob er sie vergleichen könne/ daß sie einerley Meynung annehmen.

Erklährung.

§. I.

DEnn wie ein jeder Mensch hierzu verbunden / alle Gelegenheit abzuschneiden / die zur Uneinigkeit Anlaß gegeben / also auch ein Fürst vornemlich / da es offtmahls geschicht / daß durch zanckfüchtige Leute eine Ursache vom Zaun gebrochen / und ein grosser Dissensus offtmahls vorgegeben werde / da es doch nur bloß ein Wort-Streit / und wenn die streitende Partheyen einander in Liebe vernehmen solten / sie bald gestehen müsten / daß sie einander nur unrecht verstanden. War es wohl der Mühe werth / daß man unter dem Käyser Theodosio ein so grosses Lerm mit dem Nestorio anfieng / in dem dieser nichts anders sagete / als daß man die Mariam nicht könte Deiparam nennen / sondern nur Christiparam, niemals aber die Gottheit Christi negiret hat? Wie er sich denn auch endlich accommodirte / und sagte: Seinethalben möchte man die Mariam immerhin Deiparam, eine Gottes-Gebährerin nennen / wenn man nur von dem unnöthigen Zanck abliesse / weil der Cyrillus und der Bischoff zu Antiochien wegen der praecedenz mit einander hefftig stritten / und bewiesen / daß es ihnen nicht so wohl um die Warheit zu thun wäre / als um die zeitliche Ehre / wie davon beym Socrat. Histor. Eccles. Lib. 7. cap. 33. weitläufftig zu lesen ist. Dannenhero dann auch der Käyser Theodosius anfänglich die Condemnation des Nestorii nicht approbiren wolte / wie Evagrius bezeuget Lib. 1. cap. 5. ohne Zweiffel / weil er gesehen / daß man zu hart mit dem Manne verfahren; Ja nachdem er endlich durch die Hitze des Cyrilli und anderer eingenommen / darein consentirte / ließ ers doch geschehen / daß Nestorius gantzer 4. Jahre sich vor der Stadt Antiochien

chien auffhalten durffte/ Evagr. d. l. c. 7. bis er ihn endlich des Landes verweisen muste/ und auff Veranlassung der andern den L. 6. C. de Heretic. machen. Und damit man allhier nicht wider mich zu wüten anfange/ als wolte ich einen offenbaren Ketzer defendiren/ beziehe ich mich kürtzlich auff dasjenige/ was der gelehrte Reformirte Theologus Johann Hornbeck in seiner summa controversiarum Lib. XI. p. 866. disfalls zur Entschuldigung des Nestorii weitläufftig angeführet.

§. II.

Doch weil man von Constantini M. Zeiten her schon gewohnet war/ ohne gnugsame Ursache jemand zum Ketzer zu machen/ so kan mans den Patribus Concilii Ephesini auch nicht verdencken. Von des Philastrii Ketzermacherey schreibet Fridericus Ulricus Calixtus tr. de Hæres. p. 1. §. 24. Philastrius hat viele Ketzereyen zusammen getragen/ und alle ihm im Traum gleichsam erscheinende Irrthümer zusammen gesammlet/ und zur Ketzerey gemacht. Er rechnet viele Physicalische und Mathematische Fragen/ die er entweder selber nicht verstanden/ oder die er nicht approbiret/ zur Ketzerey. Es ist bey ihm eine Ketzerey/ daß man die Bewegung der Erden aus natürlichen Ursachen herleitet/ und dieselbe der bewegenden Krafft zuschreibet: Daß man die Tage nach den Planeten nennet/ alle Psalmen dem David nicht zuschreibet/ u. s. w. Und so gehets auch mit dem Epiphanio und andern. Aus welchen Ursachen man den Tertullianum und Origenem unter die Zahl der Ketzer gerechnet/ weiset die Kirchen-Historie. Wenn dannenhero dergleichen Casus kommen/ muß ein Fürst fleißige Sorge tragen/ daß er Frieden stiffte/ und sich bemühen/ ob er nicht die Streitigkeiten durch sanfftmüthige Unterredungen heben könne/ nicht anders/ wie ein vernünfftiger und Christlicher Richter die Partheyen erst sucht in der Güte zu vergleichen/ ehe sie den Weg Rechtens mit einander ergreiffen.

§. III.

Ich kan nicht umhin das Exempel Constantini M. hier vorzustellen/ auf was Art er den Alexandrum und Arium zum Vergleich angemahnet. Eusebius de Vitá Constantini führet cap. 66. 67. 68. seqq. einen weitläufftigen Brieff an/ den er solle wegen des Streits zwischen dem Alexandro und Ario geschrieben haben. Er erwehnet darinnen/ daß die Sachen/ über welche sie gestritten/ von der Wichtigkeit nicht wären/ daß derowegen so grosse Unruhe draus entstehen solte/ sondern daß es Wort-Streite und spitzige unnöthige Subtilitæten wären/ weshalben sie in einander gerathen. Er giebt so wohl dem Alexander als Ario wegen ihrer Zanck-Sucht einen gebührenden Verweiß/ und vermahnet sie/ sie solten Friede mit einander halten/ einer den andern dulden/ und künfftig von dergleichen Zanck-Händeln und hitzigen Disputir-Art abstehen. Der gantze Brieff ist merckwürdig/ daß er von jeden Fried-Liebenden mit gutem Bedacht gelesen werde. Zumahl da in demselbigen der gute Constantinus eine ehrliche intention von sich spüren lässet/ wie gerne er gesehen hätte/ daß der Alexander, als der Urheber dieses Streits/ die Frage nicht auff die Bahn gebracht hätte/ auch der Arius mit seiner spitzfindigen Antwort zurück geblieben wäre; Ja wie hefftig er verlangete/ daß diese beyde Zäncker wieder einig würden. Und wäre zu wünschen/ daß er bey solchem Vorsatz beständig geblieben/ so hätte er zum wenigsten verhüten können/ daß durch diesen Streit nicht so viel Unheil und Disordre in der Republiq entstanden wäre/ daß alle Historien von einigen

gen Seculis davon voll seyn. Und muß man gewiß Mitleiden mit diesem Käyser haben/ daß er fast die gantze Zeit seiner Regierung mit solchen Streitigkeiten der zanckſüchtigen Geistlichen sich hat placken müssen/ weil damahls nicht allein der Streit mit den Arianern / sondern auch mit den Donatisten aus liederlichen Ursachen angieng. Und halte ich gewiß dafür / daß / wenn er nicht sich in seinem Staat fest zu setzen den Bischöffen hätte flattiren müssen/ er sich seines Rechts in Religions-Sachen auf bessere Art hätte bedienet / als er gethan / und also wil ich lieber sein Versehen in diesem Stücke den Bischöffen damahliger Zeit imputiren / als ihm / wie solches auch der Herr Pufendorff in der Historie vom Pabst weitläufftig ausführet §. 12. bey welchem Orte zwar noch unterschiedliches zu erinnern wäre / welches ich aber mit Stillschweigen vorbey gehe / weil mans aus obigen schon sihet. Dannenhero ob ich schon oben gewiesen / daß in qvæstionibus de jure Principis circa Sacra auf die Exempel Constantini und Theodosii nicht viel zu bauen sey; So ist doch ein Unterscheid zu machen. In Dingen da Constantinus sich von der Clerisey hat bey der Nasen herum führen lassen/ nehmen wir sein Exempel nicht an. Wo aber Er oder Theodosius sein Recht löblich gebraucht/ da halten wir es für sehr gut zu seyn/ wenn man sonderlich κατ' ἄνθρωπον disputiret/ und wenn ein Fürst mit zanckſüchtigen Clericis zu thun hat/ daß man ihnen die Exempel dieser Käyser/ auff welche sie sonst immer zu pochen pflegen/ vorlege/ und ihnen das Maul damit stopffe.

XVI. Satz.

Wenn aber jede Parthey bey ihrer Meinung bleibet/ muß der Fürst einem jeden die Gewissens-

Frey-

Freyheit lassen / aber dabey mit Ernst gebieten / daß sie / wenn sie die Streit-Fragen z. e. auff die Cantzeln bringen / sich aller Bescheidenheit und Christlicher Moderation gebrauchen.

Erklährung.

§. I.

Ich kan nicht besser thun / als daß ich an statt der Erklährung den Leser auff unsers Herrn Ordinarii, des Herrn Geheimden Rath Strycks Anmerckungen ad Brunnemanni Jus Eccles. Lib. 1. c. 6. membr. I. n. 27. verweise / daselbst handelt er de tractatione Elenchi ausführlich / u. spricht: Weswegen enthält man sich nicht von Schmäh-Wörtern? Weswegen fänget man doch andern Leuten die Wörter auf / da man doch die Meinung schon weiß? Weswegen verzeihet man doch nicht / wenn man für einen rechtschaffenen Theologum pasiren will / auch die injurien / die einem von andern angethan werden / sondern retorqviret dieselbe / und häuffet also ein Verbrechen mit dem andern? auff eine solche Art / die schon viele von den Juristen verworffen haben / und gewiß den Theologis gar nicht anstehet. Es mag dieses mit der wahren Gottesfurcht conciliiren / wer da will; Er wird sehen / obs nicht besser sey in diesem Stücke bescheidentlich zu verfahren? Er führet auch darauf ein judicium des Herrn Speners an / und spricht: Damit ich nicht das Ansehen habe / als wenn ich von Sachen judicirte / die ich nicht verstehe / will ich hieher fügen das Urtheil des Herrn Philipp Jacob Speners / als eines berühmten Theologi in unserer Kirchen /

chen / welches er in der Vorrede über Arnds Postille / von den Disputationibus die aus fleischlichem Eifer angestellet werden / führet / mit folgenden Worten: Ach! wie offt sind die Disputanten selbst Leute ohne Geist und Glauben mit fleischlicher Weisheit / ob wohl aus der Schrifft (dann auch alle Wissenschafft / die wir aus eigenen natürlichen Kräfften und blossem Menschlichen Fleiß / ohne das Licht des Heiligen Geistes / aus der Schrifft fassen / ist eine fleischliche Weisheit / oder wir müsten sagen / daß die Vernunfft der Göttlichen Weisheit fähig sey /) erfüllet / allerdings aber von GOtt nicht gelehret? Was ist denn von solchen zu hoffen? Wie offt bringt man fremd Feuer in das Heiligthum des HErrn / das ist / eine fremde Absicht / nicht auff GOttes / sondern eigene Ehre? Darüber aber solche Opfer GOTT nicht gefallen / sondern seinen Fluch herzu ziehen / und mit solchen Disputiren nichts ausgerichtet wird. Wie offt ist die Behauptung dessen / was einmahl gesetzet / der Ruhm eines subtilen Verstandes und Scharffsinnigkeit / und die Uberwindung des Gegeners / sie möge geschehen auff was Weise sie wolle / vielmehr die Regel nach welcher man gehet / als die Untersuchung der Warheit.

§. II.

Bey so gestalten Sachen nun hat ein Fürst allerdings Recht dahin zu sehen / daß die Prediger die widrige Meinungen bescheidentlich widerlegen / und sich aller Schimpff-Wörter enthalten; Er kan auch deswegen Versicherung von ihnen fordern/

sich solcher unzuläßlichen methode zu gebrauchen. Und wirds die Erfahrung durchgehends zeigen/ daß Leute/ die sonsten mit nichts ihre Meynung defendiren können/ auff solche excessen verfallen/ vornemlich bey dem unverständigen Pöbel/ welcher an solchem Wesen ein Gefallen hat/ und es wohl gar für einen göttlichen Eyfer ausgiebt. Denn weil die elenden Leute nicht in dem Zustande seyn/ daß sie selber wissen/ was wahr oder falsch/ sondern den blossen Köhler-Glauben haben/ so lassen sie sich bereden/ es sey alles wahr/ was man ihnen vorsaget/ vornemlich wenn man ihnen flattiret/ und sie bey ihrem kaltsinnigen Christenthumb hingehen lässet/ und ihnen beybringet/ die [illegible]ige Lehre/ dabey man in steter Busse leben müsse/ sey gefährlich/ und bringe die Leute auff desperation. Es hat der Herr Fritschius einen eigenen Tractat geschrieben de modestia JCtorum, und darinnen unter andern gezeiget/ daß sie in Widerlegung widriger Meynung ziemlich bescheidentlich zu verfahren pflegen. Warumb solte solches auch nicht in Theologischen Streitigkeiten geschehen können? Paulus spricht Gal. VI. v. 1. 2. 3. **So wir im Geiste leben/ so lasset uns auch im Geiste wandeln. Lasset uns nicht eiteler Ehre geitzig seyn/ unter einander zu entrüsten oder zu hassen. Lieben Brüder/ so ein Mensch etwa von einem Fehle übereilet würde/ so helffet ihm wieder zu rechte/ mit sanfftmüthigem Geiste/ die ihr geistlich seyd: und sehe auff dich selbst/**

daß

daß du nicht auch versucht werdest. Welche Lehre Pauli/ wenn sie von denen betrachtet würde/ die alsobald an anderen wollen Ritter werden/ und meynen / das gantze Christenthumb bestehe in solchem Zancken und disputiren / würden sie öffters auff sich selber gehen / und ihre eigene Mängel erst ausbessern/ ehe sie auff andere sähen/ und so viele unnütze Theoretische Fragen auff die Bahn brächten. Ja sie werden nicht auff die Gedancken kommen/ daß sie ihre Menschliche sündliche affecten für göttlichen Eyfer ausgäben/ und meyneten / sie könten bey einem gottlosen Leben die reine Lehre wohl behaupten. Denn wenn sie nur die ersten Buchstaben des Christenthums verstünden/ würden sie erkennen/ daß ein Mensch mit der Busse/ der Verläugnung seiner selbst/ Sanfftmuth / Demuth so viel zu thun hätte/ daß man nicht viel Zeit übrig hätte/ an Theoretische Streit-Fragen zu gedencken. Paulus spricht 1. Corinth. II. 1. 2. 3. 4. Und ich/ lieben Brüder/ da ich zu euch kam/ kam ich nicht mit hohen Worten oder hoher Weisheit/ euch zu verkündigen die göttliche Predigt. Denn ich hielte mich nicht dafür/ daß ich etwas wüste unter euch / ohne allein JEsum Christum / den Gekreuzigten / und ich war bey euch mit Schwachheit/ und mit Furcht und mit grossem Zittern: Und mein Wort und meine Predigt war nicht in vernünfftigen Reden Menschlicher Weisheit / sondern in Beweisung des Geistes und der Krafft. Philipp. III. v. 8. spricht er gleichfals: Ich achte es alles für Schaden gegen der überschwenglichen Erkäntniß Christi JEsu meines HErrn / umb welches willen ich habe alles für schaden gerechnet/ und achte es für Dreck/ auff daß ich

ich Christum gewinne. v. 10. Zu erkennen ihn und die Krafft seiner Auferstehung/ und die Gemeinschafft seiner Leyden/ daß ich seinem Tode ähnlich werde. Solche Aehnligkeit aber wird gewiß nicht mit disputiren erhalten. Denn es heist 1. Corinth. IV. 20. Das Reich Gottes bestehet nicht in Worten/ sondern in der Krafft. Solche Disputationes aber sind lauter Wörter und haben keine Krafft bey sich/ den geringsten Menschen zu wahren Busse zu leiten/ weil sie nur von solchen Conceptibus handeln/ die im Verstande behangen bleiben/ und das Hertz des Menschen gar nicht ändern können. Denn wenn ich gleich alle Tage einem die Controversien z. e. zwischen den Reformirten und Lutheranern vorsage/ und ihn darinn unterrichte/ daß er auf alle dubia antworten könne/ so bleibt er doch in Ansehen der wahren Busse/ welche die einzige Pforte ist/ wodurch man zum Reiche Gottes eingehet/ wie er vorhero gewesen ist; woraus man deutlich erkennet/ daß solche Fragen gar nicht zum Glauben gehören; dahero denn auch die Erfahrung zeiget/ daß Leute/ die bey dieser methode angeführet werden/ so wenig Früchte des Glaubens von sich spüren lassen/ und einen Tag bleiben wie den andern.

XVII. Satz.

Den äusserlichen Frieden zu erhalten/ und die jenigen/ die gerne Unruhe anfangen wollen/ zu stillen/ kan ein Fürst offtmahls was verbieten/ das sonsten die natürliche Freyheit zulässet.

Es

Erklährung.

§. I.

Z. E. Es ist sonst nirgends einem Jüristen oder Medico verboten/seine Meinung in Theologischen Fragen zu schreiben/ wie aus dem zu sehen/ was ich droben angeführet. Umb äusserlicher Ordnung willen ist es zwar eingeführet/daß die Facultæten auf Universitæten ihre unterschiedene lectiones halten/da denn keiner dem andern ohne confusion Eingriff thun kan. Aber diese Ordnung gehet auf Lectiones. Ausser diesen da kan z. e. ein Professor Theologiæ seine Meinung wohl sagen schrifftlich oder mündlich von Philosophischen Streitigkeiten / auch ein Jurist von Theologischen. Gleichwohl aber/wenn einige wären/die sich darüber bey ihren Fürsten beschweret und [illegible] anhielten/dem [illegible] [illegible]/ daß er von solchem Beginnen abstehe und sich in seinen Schrifften Theologischer Streitigkeiten enthalte/ kan ein Fürst umb des Klagens los zu werden/ einem solchen Manne das schreiben wohl verbieten; welcher sich denn nach dem Befehl seines Fürsten billig richtet/ weil er erkennet/ daß solches deswegen geschicht/ daß der Fürst die jenigen einiger massen stillen möge/ die befürchten/ihnen möchte etwas an ihrer autoritæt abgehen/ wenn ihre falschen Lehren öffentlich gezeiget werden. So kan auch aus eben dem Grunde ein Fürste wohl verbieten/eine gewisse Frage / die eben nicht nöthig zu einem Gottseligen bußfertigen Leben / in der öffentlichen Versamlung vorzubringen / wie davon ein Exempel in dem neulichsten Rescript unsers Gnädigsten Chur-Fürstens in der Halberstädtischen Sachen. Denn weil es einem rechtschaffenen Lehrer niemals an Gelegenheit mangelt/seine Meinung davon in Christl. privat conversation den jenigen zu sagen / bey denen er es für nöthig und nützlich hält / so hat er keine Ursache / sich darüber zu beschweren.

§. 11.

Aber damit dieser Satz keinen Gewissens-Zwang einführe / hat sich ein Christlicher Regent wohl zu prüfen / daß er unter dem prætext des äusserlichen Friedens die Beförderung der Warheit und des wahren Christenthums nicht verhindere. Und also wird er alle Umstände der Sachen wohl erwegen / ob man nicht auf andere Art und Weise den Zänckern das Maul stopffen könne / als durch Auffhebung der natürlichen Freyheit / weil auch sonsten die natürliche Billigkeit lehret / daß man malitiosis hominibus in odium derer jenigen die eine rechtschaffene intention haben / nicht zu viel einräumen müsse. Denn sonsten könte man durch den Mißbrauch dieses Satzes die gantze Christliche Lehre übern Hauffen stossen / als von welcher unser Heyland spricht Matth. X. 34. 35. **Ihr solt nicht wähnen / daß Ich kommen sey / Friede zu senden auf Erden: Ich bin nicht kommen Friede zu senden / sondern das Schwerdt. Dann Ich bin kommen / den Menschen zu erregen wider seinen Vater / und die Tochter wider ihre Mutter / und die Schnur wider ihre Schwiger: und des Menschen Feinde werden seine eigene Haußgenossen seyn.** Denn weil ein Mensch der zu Christo gekommen / die Welt verläugnet / und alles ihr Wesen verachtet / kan es nicht fehlen / daß er nicht von andern gehasset und verfolget werde / die denn nicht unterlassen ihn zu verläumden / und bey der Obrigkeit anzugeben / als wäre seine Lehre auffrührisch / und stiesse den gantzen Staat übern Hauffen. Dabey sich denn ein Christlicher

licher Fürst wohl in acht zu nehmen hat / daß er den Ohrenbläsern nicht zu viel Gehör gebe. Den ersten Christen wurde unter andern von den Heyden auch dieses vorgeworffen / daß sie Feinde des gantzen Menschlichen Geschlechts wären / wie Tacitus solches selber ihnen beymisset Annal. XV. und solches geschahe aus keiner andern Ursache / als weil unser Heyland sagt Joh. XV. 19. **Wäret ihr von der Welt / so hätte die Welt das ihre lieb: Dieweil ihr aber nicht von der Welt seyd / sondern Ich habe euch von der Welt erwehlet / darumb hasset euch die Welt.** Ist dannenhero in dieser Sachen grosse Behutsamkeit vonnöthen / daß der Christlichen Lehre keine Gewalt oder Hinderung geschehe / welche ich einem Christlichen Regenten auszuführen überlasse / und wünsche allen Christlichen Potentaten / in deren Ländern die jetzige Streitigkeiten im Schwange gehen / daß sie mit dem Könige Salomon mögen von dem HErrn Weisheit bitten / ihre Unterthanen klüglich zu regieren / daß das Wort der Warheit möge wachsen und sich ausbreiten / und sie sich also als rechtschaffene Säug-Ammen der Christlichen Kirchen aufführen mögen.

XVIII. Satz.

Wenn jemand offenbahr auff eine Ketzerische Meynung verfiele / kan er deswegen nicht mit einiger Weltlichen Straffe beleget werden.

Er-

Erklährung.

§. 1.

DAs Recht jemand mit weltlicher Straffe zu belegen ist eingeführet wegen solcher Laster / die den äusserlichen Staat turbiren und wider das Recht der Natur seyn; weil nun die Ketzerey / so ferne sie für eine falsche Meynung in Religions-Sachen genommen wird / diesen effect nicht hat / so folget unwiedertreiblich / daß dieselbe der weltlichen Straffe nicht unterworffen sey. Denn weil ein Ketzer der natürlichen Religion zugethan / und also einen GOtt glaubet / der das gute belohnet und das böse bestraffet sind seine übrigen Irrthümer / die er in dem Christenthum hat / so beschaffen / daß sie nichts contribuiren zur äusserlichen Unruhe / und also wie die Juristen sagen / qvod cogitationis pœnam nemo patiatur, so kan man auch sagen / qvod errorum pœnam nemo sustinere debeat, daß wegen blosser Irrthümer niemand müsse gestrafft werden. Herr Conring schreibt hievon dissertat. de jure summarum potestatum circa sacra th. 116. Weil bekant ist / daß der wahre Glaube / so ferne er ein Werck des Verstandes ist / den Gesetzen nicht unterworffen sey / noch der Verstand könne zu einer Meynung gezwungen werden / so ist auch dieses klar / daß in so weit gar keine Gewalt statt finde. Eine gleiche Beschaffenheit hat es mit der Straffe: denn was nicht in jemandes Willen bestehet / das kan ihm für kein Verbrechen ausgeleget und folglich nicht gestraffet werden. Nun ist aber Ketzerey / so fern sie ein Irrthumb des Verstandes ist / nicht in jemandes Willen / und kan darumb für kein Verbrechen gehalten noch gestrafft werden. Es ist kein Zweiffel / daß Gott einen Ketzer straffen könne; aber das ist jetzo die Frage / ob

die

die Ketzer von der weltlichen Obrigkeit können mit Straffe beleget werden. Denn jemand wegen Ketzerey straffen wollen/ was ist das anders/als ihn mit Gewalt zur wahren Religion zwingen wollen/ welches nicht geschehen muß?

§. II.

Unsere Juristen meynen sie verfahren sehr höfflich und Christlich mit den Ketzern/wenn sie mit dem Carpzovio Crim. quæst. 44. n. 33. statuiren/ daß/wenn jemand nach genugsamer Warnung von seiner Ketzerey nicht abstehen will/ sondern bey vorfallender Gelegenheit noch andere suchet auf seine Meinung zu bringen/Er mit Landes-Verweisung zu bestraffen sey. Aber gewiß die Ursachen/die am besagten Orte wider die Meinung der Papisten angeführet werden/ die treffen auch die Landesverweisung, weil auch diese eine weltliche Straffe ist. Denn so wenig man wegen Ketzerey jemanden das Leben nehmen kan/ so wenig kan man ihm auch diese Straffe anthun/ weil alle Straffe Gewalt mit sich bringet/ die in der Religion keine statt findet. Irrthümer lassen sich nicht mit Gewalt benehmen/ sondern mit Liebe und Sanfftmuth/ und ists wider alle Vernunfft/ jemand par force zur Erkäntniß der Warheit zu bringen. Dieses hat Wolffgang. Musc. beym Carpzovio d.l. nicht bedacht da er schreibet: Die Verführer und Anfänger der Ketzerey müsse man so lange ins Gefängniß stecken/ bis sie in sich schlagen und sich bekehren. Gewiß hat unser Lutherus andere Gedancken gehabt/ indem er Tom. 2. Jenens. fol. 180. schreibt: Weltliche Obrigkeit soll zufrieden seyn/ und ihres Dinges warten/ und lassen Glauben sonst oder so/ wie man kan und wil/ und niemand mit Gewalt bringen/dann es ist ein frey Werck umb den Glauben/ja es ist ein Göttlich Werck im Geist/ geschweige dann/ daß es äusser-

äusserliche Gewalt solte erzwingen. Tom. 4. Jenen. Germ. fol. 408. Man solle ja einen jeden glauben lassen/ was er wolle: Glaubt er unrecht/ so hat er gnug Straffen am ewigen Feuer und der Hölle/ warum wil man sie denn zeitlich martern/ so fern sie am Glauben irren/ und nicht daneben aufrührisch/ oder sonsten der Obrigkeit widerstreben. In welchen Worten er gewiß alle Weltliche Straffen/ sie mögen Namen haben/ wie sie wollen/ wider die Ketzer wil abgeschaffet wissen. Und müssen dannenhero Gerhard. Balduin. Meisnerus, Eckardus, Brentius und andere Lutherische Theologi, beym Carpz. d. l. von dieser Lutherischen Lehre abgegangen seyn/ wenn sie des Carpzovii Meinung approbiren. Carpzovius hätte sich eines bessern erinnern sollen / als daß er n. 32. so ungescheut hinsetzen darff/ Lutherus hätte diese Meynung auch gehabt. Angeführte Worte/ worauff er sich selber berufft/ lehren uns ein anders. Unser Sel. Lutherus wuste wohl/ daß Christus und die Apostel niemahls befohlen noch zugelassen/ in Bekehrung der Menschen Gewalt zu gebrauchen/ wie schon droben erwiesen. Und dahero solten sich alle/ die Lutheri Lehre allenthalben rühmen/ schämen/ so offenbahr unchristlich von dieser Methode abzugehen.

§. III.

Ja sprechen einige Theologi, und zwar die γνησίως Lutherani seyn wollen / es habe jetzo eine andere Beschaffenheit mit der Christlichen Kirchen/ als zu der Apostel Zeit. Denn damahls sey die Obrigkeit kein Membrum Ecclesiæ gewesen/ wie jetzo / und dahero hätten sich die Apostel keiner Weltlichen Gewalt zu erfreuen gehabt. Jetzo aber bestehe die Christliche Kirche aus 3. Ständen / der Obrigkeit/ dem Ministerio, und dem Haus-Stande / und dahero weil nunmehro die Obrigkeit

in

in der Christlichen Kirchen als ein Mitglied betrachtet werde/ so habe sie grössere Macht in Bestraffung der Ketzer/ als die Apostel. vid D. Bayer. in Collat. Doctrinarum Qvakerorum cap. 29. thes. 3. & Lips. Disputat. Weil ich aber man schon droben gewiesen habe/ daß diese Lehre von den drey Ständen der Christlichen Kirchen irrig sey/ ist nicht nöthig hier mich weiter auffzuhalten. Die Christliche Religion behält eine Natur zur jetzigen Zeit/ die sie hat gehabt zur Apostel Zeit/ und ist die Obrigkeit jetzo so wenig Herr über den Glauben der Menschen/ als Paulus droben von sich bekennet hat. Ists also eine offenbare Papistische Lehre / daß man saget/ die hohe Obrigkeit habe jetzo grössere Macht in Bezwingung und Bestraffung der Ketzer / als die Apostel zu ihrer Zeit gehabt haben. In Adiaphoris und Mittel-Dingen gehet dieses richtig an / daß die Obrigkeit mehr Macht habe/als die Apostel/weil die Apostel gar kein imperium über ihre Zuhörer hatten/ wie die Obrigkeit/ und also/ wie diese ihnen gar nicht zu gehorsamen schuldig gewesen wären/ wenn sie ihnen z. e. hätten vorschreiben wollen / welche Solennitæten sie bey ihren Testamentern gebrauchen solten/so wenig haben sie ihnen auch Zwangs-weise vorschreiben können/ was sie für Mittel Dinge in ihren Versammlungen gebrauchen solten/wie solches einem Fürsten zukömmt.

§. IV.

Man wil zwar diesen Procefs dadurch behaupten / daß man spricht/ man straffe sie nicht wegen ihrer Irrthümer/ sondern wegen ihrer Halsstarrigkeit / welche ein Verbrechen des Willens ist. Aber auch dieser Ausflucht ist nichtig. Halsstarrigkeit / in Sachen die zum Verstande gehören / ist kein Laster/ welches mit Weltlicher Straffe zu belegen. Zudem / so lange der Irrthum nicht benommen ist / kan einer nicht vor-

halsstarrig gehalten werden. Wilt du also einen Ketzer für halsstarrig ausgeben / so gehe zuvor mit ihm um mit aller Sanfftmuth / und suche ihn so zu gewinnen; Hüte dich aber / daß du nicht meynest / er sey halsstarrig / wenn du importun mit ihm umgehest / und wie ein beissender Hund und reissender Wolff / (wie ja leyder! in praxi geschicht /) und er also auff dein Wüten und Toben sich nicht wil gewinnen lassen. Gehe in dich / und bedencke / wie du wohl wünschetest tractiret zu seyn / wenn du im Irrthum stäckest. Ists nicht wahr? Saget dir dein Gewissen nicht; du woltest mit Liebe tractiret seyn? Nun so gehe hin / und thue desgleichen. Was düncket dich? Wenn ein Medicus einen Patienten zu curiren hat / gehet er nicht mit aller Freundligkeit mit ihm um? und wann er gleich dann und wann harte Worte von dem Patienten aus Ungedult hören muß / kehret er sich nicht daran / und verschmertzet es / sich versicherend / daß / wenn der Patient restituiret / er von sich selbsten seine Fehler erkennen werde / und ihm höchstens dancken. Man giebt sich für einen Seelen-Artzt aus / und doch stellet man sich so ungeberdig / und schnaubet wie ein Bär. Man schäme sich / und erkenne / daß diese Methode zu procediren nicht aus dem Geiste Gottes sey / der ein Geist der Sanfftmuth ist / sondern aus dem Anti-Christ. Man lerne seine Fehler mit hertzlicher Reue erkennen / ehe man andere verfolget. Man dencke / daß das die rechte Ketzerey sey / wenn man sich für einen Christen ausgiebt / und hat den Sinn Christi nicht bey sich. Man dencke an die Worte Pauli Gal. VI. Lieben Brüder / so ein Mensch etwa von einem Fehl übereilet würde / so helfft ihm wieder zurechte / mit sanfftmüthigem Geiste / die ihr geistlich seyd; Und siehe auff dich selbst / daß du nicht auch versuchet werdest. Die Zäncker pflegen

sich

sich offt mit wachenden Hunden zu vergleichen / und weisen es leider auch in praxi, daß dieses Gleichniß sich sehr wohl auff sie schicke / indem sie beißig sind wie dergleichen Thiere. Man gewehne sich dieses Gleichniß ab / davon Christus nichts weiß / und befleißige sich noch vielmehr in praxi die Hundes-Art [illegible]: Man gedencke: **Draussen sind die Hunde** / u. s. w.

§. V.

Aus diesem macht nun der Herr Conring. d. l. §. 122 den Schluß / daß man einem Ketzer nicht einmahl ein ehrlich Begräbniß auff dem Kirchhofe versagen könne / indem er spricht: Weil man aus dem jenigen / was ich schon gesaget / Sonnen-klar siehet / daß solche Ketzerey / davon wir handeln / keinen Zwang und Straffe verdiene / so kan man leicht daraus sehen / ob man den Ketzern mit Recht den gemeinen Kirch-Hoff in der Stadt versagen könne. Denn man ist ja denen ehrlichen Bürgern ein ehrlich Begräbniß schuldig: Nun kan aber ein Ketzer und ein ehrlicher Bürger wohl zusammen stehen / und dannenhero ist ihm ein ehrlich Begräbniß nicht zu versagen. Denn nach dem heutigen Zustand der Christen / ist kein ander Ort / da man einen ehrlich begräbt / als auff den Kirchhöfen / da diejenige begraben werden / die in der Gemeinschafft der Kirchen gelebt. Vielleicht ist es auch der Republiq nicht nützlich / daß das Glaubens-Bekäntniß einen Unterscheid mache in den Begräbnissen. Denn warumb sollen die Leiber der Bürger / die in einer Republiq zusammen gelebt / nicht zugleich an einen Ort können begraben werden? Und ist wohl gewiß / daß die Meynung / daß die Leiber der Ketzer nicht auff den ordentlichen Kirchhoff müssen begraben werden/ aus dem Pabstthum herkomme / da man dieselbe mit unter res sacras oder nach dem stylo juris Romani, religiosas rechnet/ und sich also beredet/ als wenn dieselbe dadurch verunreiniget würden/ wenn man Ketzer darauff begrübe. Viel vernünfftiger und Christlicher hat der Käyser Martianus hievon geschlossen L. 9. C. de Hæretic. da es heist: Humanum & pium hoc arbitrati hæreticis permittimus sepeliri legitimis sepulchris. Wir halten es für billig und Christlich/ daß man die Ketzer ehrlich begrabe; Wiewohl sonsten nicht zu läugnen/ daß die Compilatores in der Materie de locis religiosis aus den Heydnischen Juristen in ihre Bücher viele Sachen/ die offenbar aus einem Heydnischen Principio geflossen/ gesetzet/ z. e. L. 12. §. 1. L. 36. L. 43. in f. ff. L. 1. L. 2. L. 4. L. 12. L. 14. C. de Religios. L. 1. L. 4. L. 5. C. de sepulchr. Violat.

§. VI.

Aus diesen Ursachen nun hätte Carpzov. Jurisprud. Eccles. lib. 3. def. 383 sich bedencken sollen zu setzen/ daß man zwar die Catholischen und Reformirten an Evangelischen Oertern ehrlich begraben könne/ aber doch nicht mit den gewöhnlichen Ceremonien. Aber weil die Unterlassung dieser Ceremonien durchgehends ein Zeichen ist/ daß der Verstorbene in einem unehrlichen Zustande gelebet / so ziehet sich gewiß der Verstorbene seinem ehrlichen Nahmen einige Schande zu/ die er doch bey seinem Leben nicht verdienet. Und kömmt diese Meynung wohl daher / vornemlich was die Reformirte betrifft/ daß man sich beredet vor dem Osnabrügischen Frieden / die Reformirten gehöreten nicht mit zu dem Religions-Frieden/ und also dürffte man sie auch nicht als ehrliche Leute tractiren/ wie schon droben aus dem Huttero angeführet / welches aber offenbar wider die prin-

principia der Evangelischen Religion/ auch wider die Intention der Lutherischen Fürsten/ die den Religions-Frieden gemacht/ gewesen. Lutherus hatte ja deutlich genug gelehret/ daß man wegen der Religion niemand verfolgen dürffte/ wenn er gleich der gröbsten Ketzer einer wäre/ und aus diesem Grunde forderten die protestirende Fürsten die Toleranz ihrer Religion von den Catholischen bey dem Religions-Frieden. Daß nun die Clausul hinein gerücket wurde/ daß neben der Evangelischen und Catholischen keine andere Religion im Reich solte geduldet werden/ konte nicht von denen Lutherischen prætensionibus herkommen/ sondern man muste es wegen der Catholischen hinein rücken lassen/ als die Krafft ihrer Lehre niemand dulden wolten/ als ihre Glaubens-Genossen/ aus Noth aber der Protestirenden ihrer Religion halber die Toleranz zusagten; So viel an ihnen aber/ keinen andern Religions-Verwandten in ihrem Lande dulden wolten. Die Protestirende hingegen hatten in ihrer Religion gantz andere Principia, und wie sie vor sich die Toleranz sich promittiren liessen/ so ist niemals ihre intention gewesen/ sich zu verbinden/ daß sie andere Religions-Verwandten in ihren Ländern nicht dulden wolten; Denn sonsten wäre ihre intention wider ihren eigenen Grund gewesen/ woraus sie für ihre Religion die Toleranz suchten/ welches nicht zu præsumiren. Und auff gleiche Weise ist nun auch der Osnabrügische Friede zu verstehen von den 3. Religionen/ und haben schon viele Fürsten in Teutschland in praxi bewiesen/ daß sie denselben also verstünden/ wie denn in meinem Vaterlande/ in Ost-Frießland/ die Mennonisten den öffentlichen Gottesdienst ungehindert ausüben/ vornemlich/ da sie nicht allein in ihren Confessionibus, sondern in ihrem Leben beweisen/ daß sie mit den rebellischen principiis der Wiedertäuffer im vorigen Seculo

culo nichts zu thun haben/ daß man also den Leuten gewiß Unrecht thun würde/ wenn man die Texte aus den Reichs-Abschieden aus dem vorigen Seculo auff sie appliciren wolte.

XIX. Satz.

Doch ist einem Fürsten vergönnet/ wenn er meynet/ es sey für seine Unterthanen besser/ daß der Ketzer nicht im Lande bleibe/ demselben anzubefehlen/ daß er emigrire/ und seine Wohnung anderswo auffschlage.

Erklährung.

§. I.

WAs ich zwar oben gewiesen/ daß einem Fürsten nicht zukomme/ einen Ketzerischen Menschen mit Weltlicher Straffe zu belegen/ so kan er doch aus natürlicher Freyheit einem solchen Menschen anbefehlen/ sich anders wohin zu begeben/ nicht anders/ wie ein Haus-Vater einem Knechte/ der ihm nicht anstehet/ weil er etwa sich in seinen humor nicht schicket/ den Dienst auffsagen kan/ und einen andern annehmen; Welches aber keine Straffe interiret/ auch dem andern/ der auff diese Art dimittiret wird/ an seinem ehrlichen Namen keinen Schaden thut; Denn wie man nicht sagen kan/ daß jemand gestraffet würde/ dem der Fürst in seinem Lande das Bürger-Recht nicht geben wolte/ so kan auch/ dieses für keine Straffe gehalten werden. Denn ist es einem Unterthanen vergönnet aus natürlicher Freyheit/ in einer andern Republiq., da er etwa meynet/ seine Nahrung besser fortzusetzen/ sich nieder zu lassen/ so kan man auch einem Fürsten nicht versagen/ [illegible] dieser

dieser Ursache ihm das Bürger-Recht auffzusagen / wenn er nur nicht mit ausser ordentlichen oneribus beladen wird / und an seinem ehrlichen Nahmen keinen Schaden leidet. Denn in diesem Fall hätte billig ein solcher Unterthan Ursache sich zu beklagen / weil er nichts gethan hat / warumb er könne gestrafft werden / so wäre es dannenhero unrecht / ihm grössere Last auffzulegen / als den jenigen geschicht / die aus freyen Willen den Ort qvitiren / und anderswo hinreisen. Und muß er das für ein Unglück halten / daß er in dem Zustande ist / daß der Fürst sich für ihm fürchtet / er möchte einen und andern von seinen Unterthanen auff seine Meynung bringen. Denn wie er gerne die Seinigen wil bey seiner Meynung erhalten / so kan ers auch einem Fürsten nicht eben verdencken / wenn er eben dergleichen Meynung von den Seinigen heget. Und also wann ein Fürst in terminis emigrationis, oder honestæ dimissionis bleibet / und keine Landes-Verweisung daraus machet / so muß er das geduldig tragen. Landes-Verweisung infamiret und ist eine weltliche Straffe / aber die emigration und Landes-Räumung nicht / so wenig als ein Knecht unehrlich wird / wenn er von seinem Herrn seine dimission bekömmt. Dannenhero auch von der Obrigkeit ihm sein ehrlicher Gebuhrts-Brieff nicht kan versaget werden. Es heist zwar sonsten: Relegatio non infamat, sed causa relegationis, die blosse Landes-Verweisung diffamiret niemand / sondern deren Ursache / und also möchte man sagen / wenn gleich ein Mensch wegen seiner Religion verwiesen würde / daß er sich hiermit trösten könte / auch ihm dieses bey vernünfftigen und Christlichen Leuten genug wäre /

re / als die nicht sehen auff das / was geschicht / sondern was geschehen solle. Gleichwohl aber / weil ein solcher Mensch unter solchen Leuten auch leben muß / die nicht auff den Grund der Sachen sehen / sondern was äusserlich in die Augen fällt / und darnach ihr judicium formiren / so hat er umb dieser willen grosse Ursache / warumb er fordere / daß man ihn mit der formalen Landes-Verweisung verschone / damit er nicht bey denen gemeinen Hauffen in den Verdacht falle / als wenn er wegen eines Bubenstücks das Land räumen müste. Der Apostel Paulus gebrauchte sich dieses Mittels selbst Actor. XVI. Denn da man ihn zu Philippis nach den principiis der Römischen Jurisprudentz / davon droben gedacht / und auff welche sich die Bürger zu Philippis selber scheinen zu beruffen v. 20. 21. (da es heist: Diese Menschen machen unsere Stadt irre / und sind Jüden / und verkündigen eine Weise / welche uns nicht ziemet anzunehmen / noch zu thun / weil wir Römer sind /) ohne Ursach gestäupet hatte / und des andern Morgens befahl / sich aus der Stadt zu machen / sprach Paulus v. 37. Sie haben uns ohne Urtheil und Recht öffentlich gestäupet / die wir doch Römer sind / und in das Gefängniß geworffen / und solten uns nun heimlich ausstossen? Nicht also / sondern lasset sie selbst kommen / und uns hinaus führen. Womit dann der Heil. Apostel seine Rache nicht gesucht hat / also daß die jenige diesen Ort gantz mißbrauchen / die daraus beweisen wollen / daß injurien-Processe, wie sie in dem Römischen Rechte gegründet / einem Christen wohl anstehen; sondern weil er wuste / daß die Predigt des Evangelii und der Busse allenthalben verlästert wurde / gleich als wenn die-

dieselbe so beschaffen / daß sie auffrührisch wäre / so wolte er diese Lügen hiemit zu schanden machen / und prætendirete also / daß man ihn als einen unschuldigen Mann aus der Stadt führen solte / zum Zeugniß über den gottlosen Proceß / den man mit ihm vorgenommen hatte; womit er dann nicht auff Rettung seiner eigenen Ehre sahe / sondern der Lehre Christi / und des Heil. Evangelii / damit die jenige Gemüther unter dem gemeinen Volck / die sonsten noch einige Liebe zur Warheit bey sich befinden / nicht abgeschrecket würden / dieselbe anzunehmen / wenn sie vernähmen / daß man die Apostel wegen Auffruhrs des Landes verwiesen hätte. Denn sonsten hätte Paulus sich ja wohl nach Rom begeben können / und sich bey der Obrigkeit darüber beschweren. Und aus dem Grunde kam es auch her / daß Paulus / da die Juden ihn abermahls wegen Auffruhrs verklageten / und durch den Römischen Rabulisten hart zusetzten Actor. XXIV. v. 3. 4. 5. 6 er sich hernacher auff den Käyser berieff Actor. XXV. v. 11.

§. II.

Aus diesen Gründen ist auch in dem Instrumento Pacis Artic. V. §. 36. 37. versehen unter den Protestirenden und Catholischen Fürsten / daß wenn einige z. e. Catholische Unterthanen unter einem protestirenden Fürsten lebeten / und dieselbe anno 1624. das exercitium religionis nicht gehabt hätten / ein Fürst berechtiget seyn solle ihnen die emigration anzubefehlen; und damit sie desto bequemer ihre Sachen darnach einrichten könten / ist nach Unterschied der Zeit ein gewisser Terminus gesetzet / nemlich wenn sie zur Zeit der publicirung gedachten Friedens-Schlusses das exercitium religionis gehabt hätten / solte ihnen fünff Jahr vorhero die Emigration angesaget werden; So aber nicht / solten ihnen drey Jahr gelassen werden. Nun sind zwar die Publicisten in dieser Sachen nicht einerley Meynung / in dem einige dafür halten / es sey diese emigratio à parte subditorum voluntaria, also daß so lange sie sich stille halten / und keinen Auffruhr anfangen / der Fürst sie dazu nicht zwingen könne; und führen dazu an den §. 34. Artic. V. allwo verordnet ist / daß die jenige Unterthanen / die ruhig lebeten / auch solten geduldet werden. Andere aber / unter welchen der Herr von Rhez jur. publ. lib. 2. Tit. 1. §. 27. und der Herr von Jena in dem Tractat de ratione status dissert. 22. Conclus. 1. meynen / daß die emigratio necessaria sey / und daß ein Fürst sie zwingen könne / wenn sie gleich ruhig leben / zu weichen. Wann man nun diese beyde Meynungen nach dem Recht der Natur und dem Christenthumb ansihet / so gestehe ich gerne / daß die erste diesem näher komme / als die letztere. Weil aber alle pacta müssen erkläret werden aus der intention der Partheyen selber / diese aber aus den Circumstantiis historicis, die sie zum Vergleich bewogen / und aus dem Context des Vergleichs selber muß hergeholet werden / so kömmt mir die letzte wahrscheinlicher für. Denn wenn ein Fürst kein Recht hätte / die Unterthanen wider ihren Willen zur emigration zu zwingen / sondern müste sie toleriren / was wäre nöthig gewesen / solche terminos zu setzen? und wäre ja gnug gewesen / insgemein zu setzen / daß sie sollen durchgehends geduldet werden. Die unruhig leben / meritiren gar nicht / daß man ihnen ein so langes spatium ihre Sachen fertig zu machen einräume. Wann man die Tractaten lieset / die man wegen dieses Puncts gepflogen / die der Herr Pufendorff in der Schwedischen Historie Lib. 20. §. 89. weitläufftig beschrieben / so sihet man daraus die Erklärung dieses Streits gar deutlich / und wie ihre Meynung gewesen sey: Die Catholischen Stände wolten sich gar nicht dazu verstehen / daß sie den Evangelischen Unterthanen die geringste Zeit verstatten wolten; Die Schweden hingegen und andere protestirende urgireten funffzehen Jahr aus Liebe zu den Lutherischen Unterthanen / und hat sich sonderlich der bekannte Publicist Lampadius, als damahliger Abgesandter von dem Hause Lüneburg / diese Sache sehr angelegen seyn lassen / wie der Herr Pufendorff am besagten Orte weitläufftig meldet. Woraus man deutlich erkennet / daß die Catholischen Stände auff die emigrationem necessariam gedrungen; Was aber die Protestirende so wohl gegen die Catholische als auch unter sich betrifft / lernet man dieses / daß / wie sie für ihre Glaubens-Genossen die emigration aus Catholischen Oertern gerne hätten gantz auffheben wollen / sie / so viel an ihnen / den Catholischen Unterthanen gerne wieder in ihren Ländern dergleichen hätten verstatten wollen / denn ohne diese intention hätten sie ja von den Catholischen Ständen für ihre Glaubens-Genossen solches nicht prætendiren können; und also wenn man nach diesem Grunde gehet / so haben zwar die Evangelische Fürsten gegen Catholische Unterthanen

nen nach dem Instrumento Pacis und jure retorsionis recht / die emigration auff besagte Art anzubefehlen; aber sie haben sich dabey wohl zu prüfen / damit sie nicht wider den Grund handeln / aus welchem sie bey den Friedens-Tractaten die Emigration hätten gerne auffgehoben gesehen; viel weniger werden sie gegen einander z. e. Lutheraner gegen Reformirte / das jus Reformandi auff die Art gebrauchen / wie sie es gegen die Catholischen auszuüben befugt seyn. Denn weil die Protestirende gegen einander die Ursachen nicht haben / die sie gegen die Catholischen anführen / so folget auch / daß sie unter einander das jus Reformandi nicht in der Form brauchen können / wie gegen die Catholischen. Und also ist die explication des Artic. VII. Instrum. Pacis gar wider die fundamenta der protestirenden Religionen / wenn man saget / daß / wenn z. e. ein Lutherischer Fürst nach dem Frieden-Schluß ein Land überkömmt / darinn Reformirte Unterthanen sind / er ihnen das exercitium Religionis zwar lassen müsse; wenn er aber vorhero schon ein Land gehabt hätte / darinnen Reformirte Unterthanen wohnten / so habe er Krafft des Instrumenti Pacis freye Macht und Gewalt / nach eigenem Gefallen / ohne einige limitation ihnen das exercitium Religionis zu nehmen. Ich gebe gerne zu / daß der angezogene locus aus dem Artic. VII. handele von zukünfftigen Veränderungen / oder von einem solchen Fall wie ich droben gesetzt. Aber ich läugne die Conseqventz / die man daraus machet à contrario sensu, nemlich / daß / weil daselbst ausdrücklich nur von dem ersten casu gehandelt werde / so sey der letzte gantz aus-

ge-

geschlossen / und das Jus Reformandi unumbschrencket / also daß Reformirte Unterthanen sich im besagten Fall gar nicht auff das Instrumentum Pacis zu beruffen hätten. Denn unsere Juristen haben ja eine Regul. Unius inclusio non est alterius exclusio. Den ersten casum hat man deswegen ausgedrucket / weil er am meisten zweiffelhafftig war / in dem der Fürst bey den neuen Unterthanen etwa diesen prætext hätte gebrauchen können/ ses seine Unterthanen noch nicht gewesen / und also könten daß er sagete : Sie wären zur Zeit des Frieden-Schlus- sie gegen ihn sich darauff nicht beruffen/ in dem er nunmehro als ein tertius possessor anzusehen wäre / und also die pacta, die man [illegible] Besitzern in dem Friedens-Schluß gema[illegible] / [illegible] verbinden. Zu welchem prætext d[illegible] Juristen [illegible] helffen können: Odiosa esse restringenda; Nun wäre ja die probibitio juris Reformandi sehr odieus, weil sie ihm das Recht nähme / was sonsten einem jeden Fürsten zukäme nach Anleitung des Axiomatis: Cujus est regio, illius est religio. Diesem prætext nun zu begegnen / hat man für nöthig gehalten / den Casum wegen zukünfftiger Veränderung hinein zu rücken. Was aber den andern Casum betrifft / hat man auff Seiten der Protestirenden für überflüßig gehalten / davon etwas zu gedencken. Denn da sie wider die Catholische für einen Mann stunden / und nichts mehr urgireten / als die Tolerantz ihrer Glaubens-Genossen / wären sie ja wider sich selbsten gewesen / wenn sie nicht einmahl das Recht unter einander selbst gebrauchen wolten / welches sie doch von den Catholischen præ-

prætendirten. Halte ich also dafür / daß in dem letzten Casu ein Lutherischer Fürst Reformirten Unterthanen eben so wenig das Exercitium Religionis nehmen könne / als in dem ersten / zumahl da diese Erklärung nicht allein der gantzen Historie des Friden-Schlusses gemäß / sondern auch dem Christenthumb. Vid. Dn. Cancellar. de Jena, d. tr. dissert. 21. Conclus. 1. & 2.

Ander

Ander Theil.

Summarische Anzeige Derer Grund-Irthümer/

Die in Hn. D. J. B. Carpzovii Disputation de Jure decidendi Controversias Theologicas enthalten.

§. I.

Nachdem ich also das Recht eines Fürsten in Theologischen Streitigkeiten nach obigen Sätzen aus dem Recht der Natur und den Gründen des Christenthums deutlich gezeiget / will ich nun kürtzlich die fürnehmsten Irthümer/in des Hn. D. Joh. Bened. Carpzovii Disputation de Jure decidendi Controversias Theologicas enthalten / anweisen; Mich aber mit der refutation nicht lange auffhalten / weil nach meinen obigen Sätzen dieselbe und deren Einhalt von sich selbsten wegfällt. Der Herr Autor hat pag. 81. th. 14. seine gantze intention zusammen gezogen / wann er spricht: Summa omnium huc redit: Jus decidendi controversias Theologicas *radicaliter* est

 penes

penes totam Ecclesiam, *quoad exercitium* verò penes Magistratum & ministerium Ecclesiasticum, quorum ille decisionem *extrinsecus promovet*, hoc in decisionem *formaliter influit*, populô consentiente & approbante. Das ist: Das gantze Werck kommt darauf an: Das Recht / Theologische Streitigkeiten durch ein End-Urtheil zu entscheiden/ist ursprünglich bey der gantzen Kirchen / nach der Ausübung aber nur bey der Obrigkeit und dem Ministerio, indem jene die Decision äusserlich befördert / dieses aber die wesentliche Decision machet / worin denn das gemeine Volck consentiren und dasselbe approbiren muß; Freylich hat der Herr Autor seine gantze Sache dahin gerichtet / daß auf diesen Satz es alles mit seiner Dissertation ankömmt/wie er denn diesen Satz in den vorhergehenden sich bemühet hat zu beweisen; und zwar was das erste betrifft / daß das Recht das End-Urtheil in Theologischen Streitigkeiten zu machen/ursprünglich bey der Christlichen Kirchen sey / hat er pag. 51. th. 5. beweisen wollen / da er spricht: Delegatus judex est Ecclesia, cui Spiritus S. Scripturam sacram, tanquam normam decidendi credidit, ut sententiam in ea latam publicet. D. i. Der Commissarius des Heil. Geistes ist die Kirche / welcher der Heilige Geist die Heil. Schrifft / als die Richtschnur dieser Decision anvertrauet hat / damit dieselbe das End-Urtheil / so gemacht worden / publiciren möge. Und dazu wird angeführet Matth. XIIX. 17. & 1. Timoth. III. 15. & Rom. III. 2. Diese Decision aber der gantzen Kirchen distingviret man von dem privat-Urtheil eines jeden Gliedes in der Kirchen/denn so spricht man pag. 47. §. 11. Sententia decisiva differt à judicio privato

vato, quod discretivum dicitur, & singulorum Christianorum est, ad certitudinem fidei suæ internæ concipiendam & confirmandam, oder: **Dieses End-Urtheil der gantzen Kirchen ist unterschieden von dem** privat **Urtheil eines jeden Menschen und eintzeler Christen / sich die Gewißheit ihres innerlichen Glaubens daraus zu machen / und zu befestigen.**

§. II.

Erstlich siehet man aus dem / was oben schon weitläufftig gesetzet / daß es eine falsche hypothesis, daß man im obigen Satze meine / die Kirche bestehe aus 3. Ständen / und daß ein jeder Stand seine sonderbare Macht in Decidirung der Controversien habe. Zum andern / so läugne ich / daß das vermeinte Recht ein End-Urtheil zu machen / und jemanden mit Gewalt dasselbe aufzudringen / von dem Heil. Geiste der Kirchen aufgetragen sey. Die wahre Christliche Kirche ist unsichtbar / und hat also keine sichtbare äußerliche Gewalt / die doch bey dem vermeinten Urtheil seyn muß. Worinnen Paulus seine Waffen gesetzet hat / darinnen muß auch die wahre Kirche ihre Waffen setzen. Wo sie davon abgehet / so ist keine wahre Kirche mehr. Giebt sich also der Herr Autor sehr bloß / daß er nicht verstehet / was die wahre Christliche Kirche sey. Die der Heil. Geist mit seinen Gaben erleuchtet und geheiliget hat / dieselbe sind Glieder der wahren Christlichen Kirchen. Diese aber wissen von keiner äußerlichen Gewalt / sondern suchen in Demuth und Verleugnung ihrer selbst sich bey der einmal erkanten Warheit durch ein fleißig Gebet und Lesung der Heil. Schrifft zu erhalten / und andere mit Liebe und Sanfftmuth / nach dem Exempel ihres Heilandes und der Apostel / zu gewinnen / daß sie zur wahren Busse gebracht / und also durch den wahren Glauben gereiniget werden von den todten Wercken / auf daß sie der Sünden absterben / und der Gerechtigkeit leben. 1. Petr. II. 24. Sie wissen / daß Christus bey seinem Abschiede zu seinen Jüngern gesprochen Johan. XIII. 35. dabey wird jederman erkennen / daß ihr meine Jünger seyd / so ihr Liebe untereinander habt. Und was Johannes sagt I. Johan. IV. 7. Ihr lieben / lasset uns untereinander lieb haben / denn die Liebe ist von GOtt / und wer lieb hat / der ist von GOtt gebohren / und kennet GOtt / wer nicht lieb hat / der kennet GOtt nicht / den GOtt ist die Liebe. Die Sprüche aber / die man dazu anführet / daß die Kirche einen solchen Macht-Zwang habe / beweisen gar nichts. Beym Matth. XVIII. 17. wird gar nicht gehandelt von Entscheidung Theologischer Streitigkeiten / sondern unser Heyland lehret uns / daß / wann ein Christ von jemand beleydiget ist / und der Beleydiger auf des Beleydigten privat-Zureden seine Verbrechen nicht erkennen will / so soll der Beleidigte es der Gemeine sagen / das ist / er solle es in der öffentlichen Versamlung vorstellen / damit dieselbe dem Beleydiger Christlich zureden möge / daß er in sich gehe / und von sich selbst seinen Fehler erkenne. Wie will man nun aus diesem Text behaupten / daß die Kirche ein Zwang-Recht habe / wie man vorgiebt? Zudem so wird ja an diesem Orte von einer particular Gemeine gehandelt an diesem und jenem Orte; Wenn man aber saget / daß die Kirche das Recht das End-Urtheil zu machen habe / so verstehet man die allgemeine Christliche Kirche / die an keinem Orte gebunden / wie solches auch pag. 53. Thes. 6. §. 1 pr. angeführet wird. Schicket sich also der Text hieher gar nicht.

§. III.

Und so gehets auch den andern aus I. Timoth. III. v. 15.

So

So ich aber verzöge/ daß du wissest/ wie du wandeln solt in dem Hauße GOttes/ welches ist die Gemeine des lebendigen GOttes/ ein Pfeiler und Grund-Veste der Warheit. Ich erkenne diese theure Wahrheit mit demüthigen Hertzen/ daß die wahre Christliche Kirche ein Pfeiler und Grund-Veste der Wahrheit ist. Aber das kan ich gar nicht aus diesem Spruche sehen/ daß dieselbe solte von GOtt Macht überkommen haben gewaltsame Decisiones zu machen. Das Wort Wahrheit wird leyder! sehr mißbrauchet. Da meinet ein jeder ruchloser Mensch/ wenn er seine Theologiam Polemicam auswendig gelernet/ und die Ketzer refutiren kan/ im übrigen um ein gottseliges Leben sich nicht bekümmert/ er habe und besitze schon die Göttliche Wahrheit. Unser Heyland spricht Johann. IV. v. 23. 24. Es kömmt die Zeit/ und ist schon itzt/ daß die warhafftigen Anbeter werden den Vater anbeten im Geist und in der Wahrheit; Denn der Vater will auch haben/ die Ihn also anbeten. GOtt ist ein Geist/ und die Ihn anbeten/ die müssen Ihn im Geist und in der Wahrheit anbeten. Johannes sagt I. Johann. II. 3. 4. An dem mercken wir/ daß wir Ihn erkennen/ so wir seine Gebot halten. Wer da saget/ ich kenne Ihn/ und hält seine Gebot nicht/ der ist ein Lügner/ und in solchem ist keine Wahrheit! Und unser Heyland spricht zu seinen Jüngern Johann. XIV. v. 16. 17. Ich wil den Vater bitten/ und er soll euch einen andern Tröster geben/ daß Er bey euch bleibe ewiglich/ den Geist der Wahrheit/ welchen die Welt nicht kan empfahen/ denn sie siehet Ihn nicht/ und kennet Ihn nicht. Ihr aber kennet Ihn; Er bleibet bey euch/ und wird bey euch seyn. Und in seinem Hohenpriesterlichen Gebete Johann. XVII. v. 17. bittet Er für die seinigen zu seinem Vater: Heilige sie in deiner Wahrheit/ dein

dein Wort ist die Warheit. Aus welchen und andern Sprüchen ein einfältiges Gemüth sich diesen Schluß machet/ daß das die Warheit sey/ wenn ein Mensch zur hertzlichen Reu und Leid über seine Sünde gebracht wird/ und mit zerschlagenem Geiste/ indem kein falsch ist/ seine Sünde erkennet/ und durch den lebendigen Glauben sich sucht von dem Dienst der Sünden loß zu machen/ und GOtt zu dienen in Gerechtigkeit und Heiligkeit; Und daß hingegen diejenige Lehre/ die keine Veränderung im Gemüthe nach sich ziehet/ nach dem Sinn der Heil. Schrifft keine Warheit/ weil diejenige effectus fehlen/ die der Göttlichen Warheit unabläßlich folgen müssen. Und daraus erkennet es dann/ daß die wahren Glieder der Christlichen Kirchen/ in so weit ein Pfeiler und Grund-Veste der Warheit seyn/ so fern sie in wahrer Busse/ durch die Krafft des Heiligen Geistes/ den Anfechtungen ihres Fleisches/ des Satans und der Welt mächtig widerstehen/ und sich aus ihrer Vestung nicht setzen lassen; und in diesem Verstande nimts Paulus am besagten Orte/ daher er in eben dem Capitel sich dieser Redens-Art bedienet: Das Geheimnüß des Glaubens in reinem Gewissen behalten. v. 9. Ja er weiset deutlich 2. Timoth. III. v. 16. worzu die Heil. Schrifft von GOtt eingegeben sey/ indem er spricht: Alle Schrifft von GOtt eingegeben ist nütze zur Lehre/ zur Straffe/ zur Besserung/ zur Züchtigung in der Gerechtigkeit (nicht daß man gewaltsame Decisiones daraus machen solte/ sondern) daß ein Mensch Gottes sey vollkommen/ zu allen guten Wercken geschickt.

§. IV.

Der Apostel Paulus schreibet der wahren Christlichen Kirchen herrliche attributa zu Eph. 25. 26. 27. Ihr Männer liebet eure Weiber/ gleich wie Christus geliebet hat die Gemeine/

meine / und hat sich selbst für sie gegeben / auf daß Er sie heiliget: Und hat sie gereiniget durch das Wasserbad im Wort / auf daß Er ihm darstellet eine Gemeine / die herrlich sey / die nicht habe einen Flecken oder Runtzel / oder deß etwas / sondern daß sie heilig sey und unsträfflich. Allwo abermahl nichts gedacht wird von solcher Decision. Ja man kan den Herrn Autorem ex concessis refutiren. pag. 53. th. 6. § 1. inf. spricht er / daß die Christliche Kirche / bey welcher diese Decision seyn solle / sey eine Versamlung der Heiligen; Diese Versamlung der Heiligen ist ja die unsichtbare Kirche. Wenn sie nun bey der gantzen unsichtbaren Kirchen ist / so muß folgen / daß alle Glieder der unsichtbaren Kirchen hierzu concurriren müssen. Weil aber nun die Kirche unsichtbar ist / so sind auch deren Glieder unbekant oder unsichtbar. Wie will man denn diese Glieder kennen / und aussuchen / daß sie zur Decision mit helffen? Man hat ja eine Regul: De occultis non judicat Ecclesia. So lange also als man die unsichtbare Kirche für unsichtbar hält / so lange bleiben auch deren eintzele Glieder unsichtbar / und folglich kan man dieselbe nicht zusammen ruffen / daß sie die vermeinte Decision solten mit machen. Mag man also die Sache betrachten / wie man wil / so findet man nichts zur Defendirung solcher Meinung.

§. V.

Vornemlich / daß der Herr Autor pag. 47. §. 2. einem jeden Christen das judicium privatum discretivum überläst zur Versicherung seines innerlichen Glaubens / wie ers nennet / weil ein jeder / wie er zugiebt / seines Glaubens leben müsse / und ein jeder Gläubiger die Geister prüfen müsse / ob sie aus GOtt seyn / auch die Controversien untersuchen müsse. Denn wenn dieses ein jedes Glied der Kirchen hat für sich selber / so

bleibt

bleibt ja nicht mehr übrig für die Kirche insgesamt; Denn weil die Kirche aus Gliedern bestehet/ und aber dem eigenen Geständnüsse nach / ein jedes Glied das Recht hat für sich und seine Seligkeit die Controvers zu decidiren / so behält die Kirche ja nichts mehr für sich. Ja spricht er am besagten Orte: Dieses judicium privatum gehet nur auf eines Gewissen und Seligkeit insonderheit / aber nicht auf den öffentlichen Nutzen der Kirchen / als welchem durch ein öffentliches End-Urtheil muß gerathen werden. Aber gewiß hat die Warheit der widrigen Meinung / und die Schwäche der Seinigen ihn gezwungen / Sachen zu setzen / die offenbar sich contradiciren. Denn lieber! die Kirche ist ja ein solches Wesen / so aus Gliedern bestehet; Wenn nun alle und jede Glieder zu ihrer Seligkeit die Decision für sich machen können / so ist ja niemand da / der die vermeinte Decision publiciren könne. Gesetzt / es seynd 1000. Glieder der Kirchen; Nun entstehet eine Controvers, dabey ein jeder für sich die Sache untersuchet / und sein judicium so formiret / wie ers gedencket für GOtt zu verantworten. Nun soll nach dem Anschlag des Herrn Autoris eine publica Decisio gemacht werden / und zwar von eben diesen Gliedern. Entweder sie sind alle einig oder uneinig. Im ersten Fall gebrauchts keine Decision, als welche Zwiespalt præsupponiret. Im andern Fall will ich setzen / daß 600. zusammen kämen / und machten nach ihrem judicio ein Urtheil / und wolten den übrigen 400. solches aufdringen. Nun würden diese nach des Herrn Autoris Geständnüß recht haben sich zu beschweren / aus Ursache / weil sie vor sich die Sache schon untersuchet / und nach ihrem Gewissen schon ihr judicium formiret / und also weil ein jeder gleiches Recht hätte / so könten sie ihre Decision ihnen ja nicht aufdringen. Das Bonum [illegible] publicum ist ja von dem bono omnium singulogulorum ejus membrorum nicht entschieden / und wenn alle und jede Glieder mit ihrer privat-Decision in Himmel kommen können / wir man zugibt / so kömt die gantze Kirche durch die privat-decision herein / und brauchts folglich keine public decision, und dieses ist es / was ich in meinen zehenden Satz weitläufftiger ausgeführet / und mit vielen Oertern aus unsern Luthero bekräfftiget habe.

§. VI.

In welchen Societäten gehet zwar die Regel an / daß man sagen kan: quod toti societati competit, singulis ejus membris non competit. z. e. Ein gewisses Collegium hat aus ihrer gemeinen Cassa Geld auff Zinse gethan. Da kan die Societät wohl sagen / daß das Recht solches Geld zu fordern der gantzen Societät zukomme / aber nicht eintzelen Gliedern. Aber dieses lässet sich auff die geistliche Societät der Christlichen Kirchen nicht appliciren; Denn hiernnen kan ein jedes wahres Glied wohl sagen / daß alle Güter der Kirchen ihm zugehören / weil alle Güter / die die Glieder mit einander gemein haben / so beschaffen / daß wenn einer dieselbe gantz besitzt / den andern dadurch kein Schaden geschicht / gleich wie unsere Theologi in der Lehre vom Abendmahl dociren / daß ein jeder Communicant den wahren Leib und das wahre Blut Christi geniesset / also daß des ersten Geniessung dem andern nicht schadet / daß er desselben gleichfalß nicht solte theilhafftig werden können; daß man also die Christliche Kirche rechnen muß zu solchen Societäten / davon man pflegt zu sagen / daß deren membra nicht tanquam unum corpus consideriret werden / als wie zum z. e. das Reichs-Collegium zu Regenspurg in Religions-Sachen / oder da ein jedes Glied die gemeine jura pro indiviso besitzet / wie die Juristen ex schola Metaphysicorum reden / welches dann die Tneologi den Juristen nicht vorwerffen könnnen/weil sie selber dergleichen Redens-Arten sich bedienen; wie denn auch darinnen diese H. Gesellschafft von der Natur anderer Colegiorum abgehet/ daß/ da es sonsten heisset: Tres faciunt collegium, diese Gesellschafft doch wohl aus zweyen bestehen kan nach der Zusage Christi: Wo zwey oder drey versamlet sind in meinem Nahmen/ da bin ich mitten unter ihnen. Und dieses scheinet den Herrn Autorem betrogen zu haben/ daß er von Menschlichen Societäten auff die Göttliche argumentiret hat; denn in jenen kan das privatum judicium eintzeler Personen wohl unterschieden seyn/ von dem publico judicio des gantzen Collegii, welches daher kömt/ daß die pluralitas votorum darinnem obtiniret/welches aber in Ecclesia nicht angehet/wie schon droben bewiesen.

§. VII.

Hierdurch fällt nun auch weg/daß der Heilige Geist der Christlichen Kirchen als seinem Commissario die decision aufgetragen habe/wie der Herr Autor pag.51.th.5. gesetzet hat. Wenn man die Sprüche nachschlägt/ die vom richten des Heil. Geistes Meldung thun/ findet man gar nichts darvon. Hebr. IV.12.saget Paulus: Das Wort Gottes ist lebendig und kräftig/ und schärffer denn kein zweyschneidig Schwerd/ und durchdringet Seele und Geist/ auch Marck und Bein/ und ist ein Richter der Gedancken/ und Sinnen des Hertzens. Ephes.I. 17.18. Jch gedencke euer in meinem Gebet/ daß der GOtt unsers HErrn JEsu Christi/ der Vater der Herrligkeit/ gebe euch den Geist der Weißheit und der Offenbahrung/ (nicht daß ihr gewaltsame decisiones machen sollet/ sondern) zu seiner selbst Erkäntniß/ und erleuchtete Augen eures Verstandes/ daß ihr erkennen möget/ welche da sey die Hoffnung eures Berufs/

und

und welcher sey der Reichthum seines herrlichen Erbes an seinen Heiligen / und welche da sey die überschwengliche grösse seiner Krafft an uns die wir gläuben/(nicht nach der uns mit Gewalt auffgedrungenen decision, sondern) nach der Würckung seiner mächtigen Stärcke. Rom. VIII. 15. 16. Ihr habt einen Kindlichen Geist empfangen / durch welchen wir ruffen: Abba lieber Vater / derselbe Geist gibt Zeugniß unserm Geiste / daß wir Gottes Kinder sind. Dahero auch Johannes sagt 1. Joh. II. 27. Die Salbung die ihr von ihm empfangen habt, bleibet bey euch/ und dürffet nicht/ daß euch jemand lehre / sondern wie euch die Salbung allerley lehret / so ists wahr und ist keine Lügen. In welchen Oertern gar keine Meldung geschicht von äußerlicher gewaltsamer decidirung; sondern weil vielmehr einem jeden Gläubigen der Heil. Geist versprochen wird / der ihn in alle Warheit / die zu seiner Seligkeit nöthig ist / leyten solle / so siehet man daraus / daß allen Gliedern solche decision vor sich und ihre Seligkeit zukomme. Ja spricht man auff solche Art so könne ein jeder sagen / er habe den Heil. Geist / und würde also der Heil. Geist sich selbst contradiciren / weil ja wenig Leute wären / die in allen Theologischen Streitigkeiten einerley Meinung hätten. Die Antwort ist leicht: Erstlich so ist ja kein Zweiffel / daß der Heil. Geist vermögender ist die Gläubige in Einigkeit des Glaubens zu erhalten/als äußerliche gewaltsame Mittel / dahero wir auch singen: Die gantze Christenheit auf Erden / hält in einem Sinne gar eben. Zum andern so hat man unzähliche Quæstiones zu Glaubens-Sachen referiret / die dahin nicht gehören / und daran ein bußfertiges Gemüth bey Lesung der Heil. Schrifft nicht gedencket / weil sie gar nichts zur Heiligung des Willens thun; und also weil kein Mensch ohne wahre Busse und hertzliche Erkäntniße seines Elendes / und daraus entstehender reiner Liebe Gottes selig werden kan / so kommen in diesem Centro alle Kinder Gottes überein; und also alle Quæstiones, die nicht hierauf ziehlen / die gehören nicht zum Glauben und also auch nicht zu der allgemeinen Gnaden-Würckung des Heil. Geistes in den Gläubigen. Was den Betrug betrifft / daß einer den Heil. Geist vorgeben könne / der ihn doch nicht habe / so ist kein Zweiffel / daß der Teuffel sich in einen Engel des Lichts verstellen könne; aber dieses weiset uns / daß wir in Demuth GOtt anruffen müssen bey Lesung der Heil. Schrifft / daß er uns den Geist der Weißheit geben wolle. Aber doch halte ich dieses für ein untriegliches Zeugniß / daß einer die Gabe des Heil. Geistes nicht besitze / wenn er die Früchte des Geistes nicht von sich spühren lasse; auch bin ich versichert / daß man durch gewaltsame decisiones kein Werck des Heil. Geistes verrichte.

§. VIII.

Auff dem Concilio zu Jerusalem Actor. XV. hiesse es: Es gefällt dem Heil. Geist und uns. Aber da war gar kein solches Urtheil / wie man in der Leipz. Disputation pag. 41. §. 6 daraus erzwingen wil. Die Apostel so wohl als die andern von der Gemeine waren θεοπνευςοι, und heiliget durch den Heil. Geist / ingleichen Petrus brauchet das zum Grunde seiner Meinung / daß bey Verkündigung des Evangelii der H. Geist keinen Unterscheid gemacht hätte unter Beschnittene und Unbeschnittene / in dem er so wohl auff diese als jene gefallen / und macht also daraus den Schluß / daß sie also nicht berechtiget wären / einen Unterscheid zu machen / und folglich wäre die Beschneidung nicht nöthig. Und also konten sie mit recht sagen; Es gefällt dem H. Geist und uns. Die Christen zu Antiochien hatten von freyen stücken sich dem Judicio der Apostel unterworffen /

worffen / nahmen auch solches hernacher willig an / und also war gar keine Gewaltsame decision allda zu finden. Wo es bey allen decisionibus so hergehet / da gebe ichs zu / daß man sich deren bedienen könne; aber der Herr Autor kan gewiß solches gar nicht für sich gebrauchen / vornehmlich da hier gar die Frage nicht war de credendis oder wie man sich dieses oder jenes mysterium concipiren könne oder solle / sondern de faciendis, was man thun solle. Denn weil die Apostel die ersten waren gewesen / die die Lehre Christi angenommen hatten / so hatten die Christen zu Antiochen auch das Vertrauen zu ihnen / sie würden am besten wissen / was bey diesem Handel zu thun. Und also waren hie die Apostel und übrige Christen zu Jerusalem nicht als Richter zu betrachten / die jure proprio diese Controvers hätten decidiren können / und den andern auffdringen / sondern die zu Antiochien hatten ihnen diese Commission aufgetragen daß sie mit den Brüdern zu Jerusalem darüber conferiren solten / und hernacher ihnen ihre Meinung zuschreiben. Ists also wieder die erste principia so wohl der Vernunfft / als des Christenthums / daß man den Schluß zu Jerusalem pag. 41. §. 6. in f. nennet ein Decisiv-Urtheil / und solches erzwingen wil aus dem / da Jacob spricht: ἐγὼ κρίνω, Ego judico. Denn nachdem Petrus seine Meinung gesagt hatte / und gewiesen / daß der Heil. Geist keinen Unterscheid gemacht unter Beschnittenen und Unbeschnittenen / so waren sie alle damit zu frieden; Jacobus aber / die Jünger desto mehr zu stärcken / fing am letzten an zu reden / und bekräfftigte / daß GOtt im alten Testament den Heyden schon dergleichen Gnade verheissen hatt; Welches er nicht that als Præses oder Director der Versamlung / sondern weil er sahe / daß es nützlich wäre / wenn er dieses hinzu thäte; Und also wie es Papistisch

 ist /

ist / die Päbstler den Petrum hier zum Præside machen / so ist es After-Päbstisch den Jacobum dazu zu machen / weil sein κρίνω nichts anders hieß / als: Ich halte dafür. Und so wenig als man den jüngsten in einem Collegio, der das letzte votum hat / zum Præsidenten des Collegii machen kan / darumb daß er das letzte votum hat / und also aus den vorhergehenden votis das beste erwehlen kan / welchem er Beyfall giebt / so wenig schickt sichs hier / solches von dem Jacobo zu sagen; Wenn er gleich Bischoff zu Jerusalem gewesen ist. Denn ein Bischoff sahe damahls gantz anders aus / als die jetzige Superintendenten oder Generalissimi; das jus προεδρίας war noch nicht aufkommen. Sie bemüheten sich damahls einander mit Ehrerbietung zuvor zu kommen / aber das Streiten wegen des Rangs war ihnen unbekant; Und also scheinet der Herr Autor das Concilium zu Jerusalem sich zu concipiren nach der Art des zu Nicæa, oder des Tolerani, davon er pag. 75. §. 3 handelt. Aber weit gefehlet! Zu Jerusalem waren heilige Männer / zu Nicæa Ehr-Geitzige und zanckfüchtige; Zu Jerusalem war die gantze Gemeine zusammen / zu Nicæa die Bischöffe / als die vermeinte Ecclesia repræsentativa; Zu Jerusalem waren sie alle einmüthig und consentirten alle / zu Nicæa gings per pluralitatem votorum; Zu Jerusalem war die Frage de faciendis, zu Nicæa de credendis, Zu Jerusalem war kein Gewalt-Spruch / zu Nicæa wurde die Decision mit Feuer und Schwerdt exequiret. Der Herr Autor spricht zwar pag. 41. §. 6. das sey eben zu Jerusalem ein Mangel gewesen / weil die Obrigkeit cum autoritate coactiva nicht dabey gewesen. Wo die Leute einig seyn / da brauchts kein Zwang-Mittel / zudem so war hie keine Ursache / warumb die Obrigkeit das Directorium führen solte / wie schon oben im X. Satz §. 2. angeführet.

§. X.

§. IX.

Weil nun die Christliche Kirche das vermeinte jus decidendi niemahls überkommen/ auch die wahre Christliche Kirche als unsichtbar/ solches niemahls gebrauchet hat/ noch brauchen wird/ so fällt aus diesem Grunde alles übern hauffen/ was Th. II. III. IV. V. VI. VII. angeführet ist; Dahero ich mich nicht hiebey aufhalten wil. Ein Christlicher Leser wird an dem/ was ich gesaget/ gnug haben. Doch muß ich aus dem §. 5. Th. VII. noch was anführen zu meiner Defension, weil der Herr Autor mich einer Boßheit und offenbahren Calumnie beschuldiget/ daß ich den Carpzovium JCtum einer Contradiction in der Frage de modo & forma Regiminis Ecclesiastici, in meiner Dissertation de adiaphoris habe überweisen wollen. Er spricht lib. 2. Jurisprud. Eccles. def. 243. n. 13. Ex triplici statu conficitur Ecclesia; Ecclesiastico, sub quo pastores; Politico, sub quo Magistratus secularis, & populari, sub quo quivis de populo, qui omnes de rebus Ecclesiasticis deliberare debent, ita tamen ut Magistratus populi vices sustiniat, quò omnis evitetur confusio, omniaque decenter fiant & ordine. Et hoc est, quod vulgò dicitur, nec Monarchicam, nec democraticam esse in his terris gubernationem Ecclesiæ, sed aristocraticam. Wer nur ein Collegium Politicum gehöret hat/ der weiß/ daß aristocratia und democratia so entschieden seyn/ daß in jener das Recht wegen der Angelegenheit in der Republiq zu deliberiren und zu schliessen sey bey etlichen und zwar den vornehmsten/ in dieser aber bey dem gantzen Volck/ welches aber/ weil es groß/ aus ihrem Mittel gewisse Deputirte zu erwehlen pflegt/ die auf dem Reichs- oder Land-Tage das gantze Volck repræsentiren/ und ihre vices vertreten/ also daß der Unterscheid zwischen einem

nem Collegio in der aristocratia und democratia nach dem Alphabeth der Politiq darin bestehe / daß in jenem die membra Collegii jure proprio & independenti ihr jus exerciren/in diesem aber jure delegato & alieno; Weil nun Carpzov am angezogenen Orte das Recht von Geistl. Sachen zu deliberiren den vermeinten 3. Ständen in der Kirchen zuschreibet/ so folget ja nothwendig / daß die Kirche müsse als eine Democratia betrachtet werden / und daß also die Obrigkeit / wenn sie das Volck repræsentiret / ihr Recht nicht habe jure proprio sed alieno à populo sibi commisso. Ist also in diesen letzten Worten des Carpzovii gar keine Conciliation zu finden/ wie der Herr Autor meinet / sondern die Contradiction wird desto grösser/ und ist er also in seinen defension gantz unglücklich/ in dem er solches argument gebrauchet. Denn wer einen andern repræsentiret/ der besitzet sein Recht nicht jure proprio, sondern alieno; Und also wenn ich nicht wüste / daß der Herr Præses die Disputation selber gemacht hätte / wolte ich dem Herrn Respondenten gerathen haben / er möchte erst Politicam studiren / ehe er sich in Politische Fragen einmischen und andere darinnen meistern wolte. Dem Herrn Præsidi aber wil ichs als einen unzeitigen Eifer zu gute halten / weil ich ihm unrecht thun würde/ wenn ich sagete/er verstünde die Politie nicht/ in dem er ja seine decisionem formalem leider gar zu politisch gemacht hat.

§. X.

Die wahren Glieder der Christlichen Kirchen gebrauchen gar keine äußerliche gewaltsame decision, weil nach der Aussage Johannis die Salbung sie allerley lehret / und nach Christi Zusage / der Heil. Geist als der Geist der Warheit sie in alle Warheit leitet. Sie beten täglich mit David aus dem

XXV.

XXV. Psal. HErr zeige mir deine Wege/und lehre mich deine Steige/leite mich in deiner Warheit und lehre mich. Daher haben sie auch / was darauff folget : Das Geheimniß des HErrn ist unter denen die ihn fürchten / und seinen Bund läst Er sie wissen. Sie seufftzen stets aus Ephes. III. v. 14. 15. 16. 17. 18. 19. Und beugen die Knie gegen den Vater unsers HErrn JEsu Christi / der der rechte Vater ist über alles / was da Kinder heisset im Himmel und auff Erden / daß er ihnen Krafft gebe nach dem Reichthumb seiner Herrligkeit / starck zu werden durch seinen Geist / an dem inwendigen Menschen / und Christum zu wohnen durch den Glauben in ihren Hertzen / und durch die Liebe eingewurtzelt und gegründet / auff daß sie begreiffen mögen mit allen Heiligen / welches da sey die Breite / und die Länge / und die Tieffe / und die Höhe / auch erkennen / daß Christum lieb haben besser sey denn alles wissen / auff daß sie erfüllet werden mit allerley GOttes Fülle. Sie stehen / und umgürten ihre Lenden mit Warheit / und ziehen sich an mit dem Rock der Gerechtigkeit / nach der Vermahnung Pauli Ephes. VI. 14. Sie halten sich mit vollem Glauben an die Zusage Christi Matth. XVI. 18. Daß die Pforten der Höllen die Gemeine nicht überwältigen sollen / und haben das gewisse Vertrauen / daß er schon vermögend sey für dem Lügen Geiste sie zu bewahren ohne gewaltsame äuserliche Mittel. Denn wie sein Reich nicht von dieser Welt / sondern in ihnen ist / und bestehet in Gerechtigkeit / Friede und Freude in dem H. Geiste / und dahero nicht mit äusserlichen Geberden kömmt / Luc. XVII. v. 20. so gebrauchen sie gar keine Manier / die in den Weltlichen Reichen gebräuchlich ist / da man Feuer und Schwerdt gebraucht / wenn man ungehorsam ist / und machen also den einfältigen Schluß / daß diejenige Kirche / die dergleichen Weltliche Art gebrauchet /

die wahre Kirche nicht seyn müsse/weil sie geistliche Sachen welt-lich richtet. Und also fällt auch die Ursache weg / die der [illegible] Autor pag. 46. ch. 2. §. 1. anführet / warum es nothwendig sey/ daß ein solcher Macht-Spruch in der Kirchen geschehe/ nemlich weil die Streitigkeiten sonsten unendlich wachsen wür-den; Denn wenn gleich ein solches Urtheil von der einen Par-they gemacht wird/ so wird dadurch doch den andern nicht das Maul gestopffet/ und convinciret. Ja sagt man / sie müssen wohl schweigen / sonsten müssen sie zum Lande hinaus. Aber das ist ein Theologischer Process, der Christen [illegible] so verfähret der [illegible] Theologus. Aber [illegible] für ein Mittel [illegible] / daß Friede werde? Hierauff habe ich schon geantwortet im 2. Satz / da ich gewiesen / daß Dissentirende einander friedlich dulden müssen. Wenn aber die Zanck-süchtigen von sich selbsten hierzu nicht incliniren/ weiset der XI. XII. XIII. XIV. Satz/ was ein Fürst hiebey zu thun hat. Und wenn man also pag. 49. §. 1. meinet / es gereiche solche Toleranz zu grössern Streitigkeiten / und könne mans aus dem Exempel des Kaysers Anastasii sehen / wie viel dergleichen Toleranz der Kirchen schade / [illegible] spricht: Id malum eò processit, ut Ecclesia [illegible] in factiones suas divideretur, & Episcopi [illegible] [illegible]udine mutua abhorrerent, das ist: Dieses Ubel ist so groß geworden / daß eine jede Kirche in factiones getheilet ward / und die Bischöffe nicht miteinander um-gehen wolten; So hat man hier eine fallaciam non causae ut causae begangen. Denn daß die Kirchen in factiones ge-theilet wurden / und die Bischöffe einander hasseten / kam ja nicht her von der Toleranz, sondern weil sie einander [illegible] verjageten / und einander verfolgeten. Wenn sie einander er-toleriret/ wäre solches nicht erfolget; Und also ist des Kaysers Ana-

Anastasii Versehen nicht darinn bestanden / daß er die Dissentirende toleriret / und durch keinen Gewalt-Spruch die Streitigkeiten hat wollen schlichten lassen / sondern daß er die zancksüchtige Bischöffe nicht gestraffet / und mit gebührenden Zwangs-Mitteln zur Toleranz angehalten. Und also fällt nun die Consequenz weg / die man §. 2. macht / daß es die hohe Noth erfordere / daß solches Urtheil gemacht werde. Man sehe doch nur die Historie von der Formula Concordiæ an. Was hat man damit ausgerichtet? Seynd die Streitigkeiten dadurch wohl aufgehoben worden. Seynd sie nicht vielmehr dadurch erst rege gemacht? Das Concilium Nicænum hatte ja keinen andern effect, als daß viel Unheil in der Republiq dadurch entstünde; Die Controversien höreten nicht auf. Und ist es ja wider alle Vernunfft / daß man sich einbildet / man wolle den Widrig-Gesinneten dadurch das Maul stopffen / daß man ihre Meinung durch eine öffentliche Sentenz verwerffe. Zum Lande kan man sie wohl hinaus jagen / und sonsten verfolgen / aber so lange sie nicht innerlich überzeuget seyn / welches nimmer durch solchen Macht-Spruch geschehen wird / werden sie allemahl contradiciren. Und also weil nicht die allergeringste Ursache da ist / solchen Process vorzunehmen / so fallen auch die [illegible]nes übern hauffen / die man sonsten §. 3. solcher Decision zuschreibet.

§. XI.

Weil nun deutlich gezeiget worden / daß die Kirche solche vermeinte Decisiones nicht machen könne / so will ich nunmehro betrachten / was der Herr Autor der Obrigkeit vor Recht giebt bey dieser Decision. Ich habe zwar hievon im IX. Satz schon gehandelt / doch wil nur hier zum Uberfluß einen und andern Ort betrachten / und zeigen / daß der Herr Autor gar nicht von der Papistischen Meinung differire. Er schreibet pag. 63. §. 4. Externa tamen hæc eſt poteſtas, quippe quæ ad religionis conſervationem, Miniſterii Conſtitutionem, Synodorum convocationem, Hæreticorum coercitionem, & alios actus ad Eccleſiæ gubernationem ſpectantes, tantùm extrinſecùs concurrit. Quæque non niſi cum Conſilio Theologorum vel Miniſterii exercenda, tum quia non ſolitarie eâ Magiſtratus gaudet, ſed cum poteſtate Miniſterii concurrenter; tum qvia actus poteſtatis hujus plerumque tales ſunt, ut cognitionem eorum, quæ præcipuè ſubſunt cognitioni internæ, prærequirant. Duo igitur hic attendenda; unum eſt, ut in externis Magiſtratus acqvieſcat, neque ad interiora, quæ Miniſterii ſunt, ſe intromittat. Alterum eſt, ut in externis etiam Miniſterium Eccleſiaſticum conſulat, quoties res ardua cauſam Eccleſiæ concernens ſuſcipienda eſt. Das iſt: Die Macht der Obrigkeit iſt nur äuſſerlich / als womit ſie nur zur Erhaltung der Religion / zur Beſtellung des Miniſterii, Zuſammenruffung der Concilien / Bezwingung und Beſtraffung der Ketzer / und zu anderen actibus, die zum Regiment der Kirchen gehören / äuſſerlich concurriret; Welche Macht ſie aber nur mit Einrathen des Miniſterii exerciren darff / erſtlich weil ſie ſolche Macht nicht allein hat / ſondern zugleich mit dem Miniſterio, zu andern / weil dieſe actus meiſtentheils ſo beſchaffen / daß ſie eine Unterſuchung desjenigen / das zur innerlichen Macht gehört / erfordern. Dahero ein Fürſt auf 2. Sachen hier wohl acht haben muß / (1) daß er mit der äuſſerl. Macht zu frieden / und ſich ja nicht der innerlichen Macht / die dem Miniſterio allein zukömmt / anmaſſe.

(2) daß

(2) daß er auch in der Ausübung der äusserlichen Macht das Ministerium umb Rath frage/ so offt eine schwere Sache vorzunehmen / die die gantze Kirche angehet ; Einen solchen locum findet man auch §. 6 pag. 64. den ich schon droben pag. 132 excerpiret habe. Nun wil erstlich nicht wiederholen / was ich droben angeführet von der distinction inter internam & externam potestatem, sondern nur dieses berühren/ daß/ weil der Herr Autor die potestatem internam darin setzet / daß die Controversien untersuchet / und nach der Schrifft examiniret werden/ wie pag. 66. th. IX. weitläufftig zu lesen ist / und diese Macht dem Ministerio eintzig und allein in die Hände giebt / so folget dann nothwendig / daß / wer keine potestatem internam hat/ dieselbe nicht gebrauchen/ und folglich die Streitigkeiten nicht untersuchen dörffe / weil er sich sonsten potestatem internam anmassete. Weil nun die potestas externa der potestati internæ entgegen gesetzet wird / so siehet man gar bald/ worin dieselbe bestehe/ nemlich in exequirung desjenigen / was das Ministerium Krafft ihrer innerlichen potestæt geschlossen hat / ohne eintzige Untersuchung / ob der Schluß mit Gottes Wort übereinkomme oder nicht / weil die Untersuchung nach obigem Satz ad potestatem internam gehöret. Und also mag man das Fürsten-Recht / wie es von dem Herrn Autore beschrieben wird / betrachten wie man wil / so bleibt nichts übrig für dem Fürsten / als die blosse und blinde execution, nur daß man ihn pag. 64 §. 6. die Ehre anthut / daß man ihn nicht als einen Hencker oder Häscher / sondern als einen Commissarium der Kirchen / der den Henckern und Häschern in Executione zu befehlen hat/ betrachtet.

§. XII.

Man braucht zwar pag. 65. bey diesem Fürsten-Recht das

das Wort ponderare, definire, confirmare, auch p. 81. pr. sagt man: Quod princeps sententiam probè considerata m, sibiq́; , *quòd* cum scriptura optimè consentiat perspectam atque approbatam, velut decisivam edicto publico promulget, & omnibus imperet tenendam. Aber weil ein jeder Scribent aus den vorhergehenden und nachfolgenden zu erklähren / so siehet man leicht / wie weit dieses considerare, definire, ponderare, gehet / nemlich nicht weiter / als daß man dem Fürsten die Ehre lässet / die Decision der Theologen zu approbiren. Denn wenn er sie improbiren wolte / ist man bald mit der potestate interna fertig / und spricht / das Jus improbandi gehöre nicht ad potestatem externam, sondern internam, die dem Fürsten nicht zukomme / und also hat man unter diesen prächtigen und süssen Worten das Pabstthum versteckt; Und hat man sich sonderlich in acht genommen / daß man saget / ein Fürst müsse die decision der Theologen betrachten / nicht ob sie der H. Schrifft gemäß / sondern nur / daß sie gemäß sey: QUOD consentiat, non UTRUM. Denn wenn man das erste ihm eingeräumet hätte / so participirete er mit de potestate interna, welche man doch dem Ministerio allein gegeben hat. Und also kan man denn nun auch deutlich verstehen / was der Herr Autor meine / wenn er p. 15. §. 10. spricht / daß ein Fürst auch concurrire zur Fortpflantzung der wahren Religion influxu generico & directivo externo. Was den influxum genericum betrifft / ist der Herr Autor sich selber contrair; Denn weil er pag. 77. Th. 6. saget / daß die Obrigkeit ihr eigen Recht habe bey der Theologischen decision, welches entschieden sey von dem Recht des Ministerii und des gemeinen Volcks / so ist auch die Ausübung dieses Rechts kein influxus genericus, sondern speci-

specificus. Denn die Macht des Fürsten wird ja für ein Stück des jenigen Rechtes ausgegeben / welches der gantzen Kirchen zukommen sol / und also muß es ja ad speciem gehören / und nicht ad genus. Was aber der influxus directivus externus seyn solle, ist aus den angeführeten schon bekant. Und dannenhero wenn p. 56. §. VII. gesagt wird: Wir erfordern bey einem Fürsten grössere Wissenschafft der Theologischen Lehr-Sätzen als bey einem von den Unterthanen / damit er zum Nutzen seiner Unterthanen / und Erhaltung der jenigen Kirchen / deren Pfleger er ist / alles wohl unterscheiden und beurtheilen könne / und den Verführern in der Kirchen kein Gehör gebe. So ist dieses abermahl ein blosses Spiegelfechten / denn weil man schon vorhero den Fürsten an die decision und Meinung seiner Theologen gebunden hat / durch Benehmung der kirchlichen potestät / so kan dieses nicht anders nach der intention des Herrn Autoris verstanden werden / als daß es so viel heisse: Ein Fürst muß die Confession, die von den Theologis auffgesetzet ist / wohl auswendig lernen / und wenn andere kommen / und wollen ihm dubia dawider machen / die muß er ja nicht hören / sondern sich für ihnen als Verführern in acht nehmen / und wenn er etwa meinete / die dubia liessen sich doch noch wohl hören / so muß er ja vor sich in Untersuchung derselben sich nicht einlassen / sondern dieselbe den Ministeriis und Theologischen Facultäten communiciren / damit dieselbe ihre Meinung davon schreiben / wobey denn der Fürst als einer untrieglichen Warheit bleiben muß / weil aus ihrem Munde / als dem Schatz-Kästgen der Weißheit / (p. 23. §. 7.) alle Warheit muß hergeholet werden ꝛc. Denn daß dieser locus keine andere Erklärung leide / weiset sowohl das vorige / als die bisherige praxis, und was

von

von dem Verführern gedacht wird / ist nach dem Stylo Curiæ Pontificialis zu verstehen von solchen Theologis oder Christen die am Hofe das wenigste gelten; dahero die Orthodoxi, oder die beym Fürsten das meiste gelten / auff allerhand inventiones bedacht seyn / die Sachen so zu disponiren / daß ja andere nicht auffkommen / damit ihnen an ihrer autorität nichts abgehe.

§. XIII.

Es ist bekant von dem Francisco I. Könige in Franckreich / daß er ein grosser Liebhaber der Gelahrten gewesen / und weil damahls die Reformation angieng / und Philippus Melanchton berühmt war / war er begierig / ihn zu sehen und zu sprechen. Weil nun die Clerisey am Hofe sich befürchtete / es möchte Philippus den König auff seine Seite bringen / waren sie bedacht / wie sie solches Werck verhinderten; weil sie aber dem Könige solches nicht ausdrücklich wiederrathen dorfften in dem sie befürchteten / der König als ein kluger Herr möchte ihnen in die Karte sehen / so kam der Franciscus Tarnovius auff diesen Anschlag: Nemlich wie er dem König einmahl auffwartete / nahm er den bekanten Scriptorem Ecclesiasticum, den Irenæum zu sich / und wie der König fragte / was das für ein Autor wäre / erzehlete er / er hätte die Geschichten der ersten Christen beschrieben / vornehmlich wie man mit den Ketzern umgehen müste / führte auch an das bekante Exempel von dem Johanne und Cerintho / daß dieser Apostel nicht einmahl mit diesem Ketzer hätte baden wollen / ja so bald er zurücke gegangen / wäre die Badstube niedergefallen / und hätte den Cerinthum getödtet; bey welcher Erzehlung er dem Könige zu verstehen gab / er müste sich wol in acht nehmen / daß er den Melanchtonem als einen Ketzer nicht zu sich kommen liesse / durch welche Erzählung dann

der

der König sich solte haben abhalten lassen / daß er den Philippum nicht gefodert. Nun stelle ich zwar dahin / ob dis die wahre Ursache gewesen sey / weswegen Melanchton nicht in Franckreich gereiset / weil man einige dubia machen köñte / aus der Erzählung des Herrn Seckendorffs in historia Lutheranismi Lib. 3. sect. 13. pag. 107. 108. 109. 110. Doch siehet man daraus den Betrug derjenigen / die ihre Autorität bey den Fürsten gern mainteniren wollen; Und darff man nicht meinen / daß die Eyferigen und Ehr-Geitzigen unter denen Theologis bey den Protestirenden von dergleichen Erfindungen frey seyn. Hat man sich nicht geschämet / im vorigen Seculo dergleichen Edicta wieder die Reformirten publiciren zu lassen / davon oben ein Exempel angeführet worden / so trägt man auch gewiß kein Bedencken / mit dergleichen Fabeln die Fürsten offtmahls zu schrecken / daß sie andere ehrliche Leute vom Hofe wegschaffen. Ich nenne die Historie von dem Cerintho eine Fabel / weil der Hr. Ittig. de Hæresiarchis aus dem Basnagio anführet / daß es nicht Cerinthus, sondern Ebion gewesen sey; Von dem Ebion aber wird gar gezweiffelt / ob er in rerum natura gewesen sey / wie der Hr. Ittig. c. 6. gleichfalls anführet. Und also hat der Hr. Autor pag. 34. keine grosse Ursache sich auf dieses Exempel zu beruffen / und daraus zu beweisen / wie man mit den Ketzern umgehen müsse. Doch mus man das dem Hrn. Autori zu gute halten / weil es nun so Herkommens ist / mit solchen Histörchen die Schrifften so wohl als Predigten auszuzieren.

§. XIV.

Aber dieses kan ich nicht unerinnert lassen / daß er p. 63. den Fürsten dazu verbindet / daß er auch in Ausübung des von ihm so genanten äusserlichen Rechtes z. e. in adiaphoris dem Rath des Ministerii folgen solle; Deñ erstlich will ich nicht sagen / daß wenn die Ministeria selbsten untereinander uneinig wären / einige dem Fürsten riethen / die adiaphora abzuschaffen / andere aber widerriethen es / man hiedurch den Fürsten in den Zustand setzet / daß er nichts thun könne; Denn wenn man gleich sagete / ein Fürst müsse sehen / welches Ministerium die besten Ursachen anführe / und also seiner Meinung folgen / so würden die andern mit dem Herrn Autore bald opponiren / ein Fürst masset sich die potestatem internam an; Ja sie würden so grob seyn / daß sie sagen würden / es sey nicht gnug / daß nur einige Ministeria mit dem Fürsten consentireten / sondern sie müsten alle ihr votum dazu geben / weil sie alle de potestate interna participireten / ohne welche die externa nicht könten exerciret werden. Zum andern / so müste aus der angeführten Ursache des Herrn Autoris gleichermassen folgen / daß das Ministerium in Ausübung ihrer potestatis internæ allemahl auch das Consilium des Fürsten haben müste / quia eâ Ministerium non solitariè gaudet, sed cum potestate Principis concurrenter, welches doch dem Herrn Autori nicht lieb wäre. Zum dritten / so weiset es die Vernunfft / quod consilium non sit obligatorium, oder daß einer nicht schuldig sey und verbunden / præcisè jemands Rath zu folgen / sondern ihm allemahl frey stehe / davon abzugehen / denn darin differirt Consilium und Lex, daß dieses jemand schlechterdings verbindet / jenes aber nicht. Und dannendero / wenn ich gleich zugäbe / daß ein Fürst sich allemahl des Consilii der Ministeriorum bedienen müste / so gewinnet der Hr. Autor doch damit nicht / was er intendiret. Zum vierdten verstümmelt der Hr. Autor dem Fürsten sein vornehmstes Regal, oder das Recht in Religions-Sachen dadurch / daß er ead. p. 63. §. 4. sagt / er habe nur potestatem limitatam, denn wenn er nur potestatem limitatam hat / so participiret das Mini-

Ministerium mit von solcher potestate externa. Denn wo man das nicht statuirete / so könte man nicht sagen / daß ein Fürst limitatam potestatem hätte. Denn ungeachtet ein Fürst in Weltlichen Sachen den Rath seiner Geheimbden Räthe gebrauchet / so hat er doch deswegen nicht limitatam potestatem in secularibus. Und also da man dem Ministerio grössere Macht einräumet / als der Geheimbde Rath hat / so schreibet man nothwendig dem Ministerio ein Stück von der potestate externa zu. Und was darff es endlich noch lange viel calculirens? Der Hr. Autor sagt es ja derb und handgreifflich genug p. 43. Obs. 6. Die Heil. Schrifft wolle haben / das in decidendis controversiis nicht der Priester dem König / sondern der König dem Priester solle nachgeben. Conf. d. §. 4. q. 63.

§. XIV.

Und das ist eben das mysterium des Affter-Pabstthums gewesen / daß man mit solchen principiis denen Fürsten vorwerts geschmeichelt / hinterwerts aber die Hände gebunden / ihr vornehmstes Regal in Religions-Sachen / wie ich es so wol in meiner Dissertation de adiaphoris, als im gegenwärtigen Tractätgen aus dem Recht der Natur und des Christenthums vorgestellet habe / nicht zu gebrauchen. Dadurch hat man verursachet / daß an vielen Oertern / da solche principia regieren / so viele inconvenientien entstanden seyn. Nun schreibe man so lange als man wil / was man pag. 61. §. 2. setzet: Wir können nicht umhin / das Mysterium der Pietistischen Boßheit hier zu entdecken / weil wir gewiß wissen / daß sie durch die Schmeichelen bey Fürsten und Herren nichts anders intendiren / als daß sie das Ministerium, welches bishero die autoritæt der Fürsten defendiret hat / übern hauffen stossen / und hernacher sie dem Fürsten alle Macht nehmen und dem gemeinen Volck geben können; Diese Schrifft weiset/ ob der Hr Carpzov die autoritæt des Fürsten defendire/ oder ob er ihn nicht vielmehr zum Sclaven der zanckſüchtigen Theologen mache. Denn wenn man erst groß Pralens mit dem Recht des Fürsten gemacht/ laufft es endlich da hinaus/ daß er exequiren müsse/ was das Ministerium ihm so wohl in internis als externis vorschreibet. Diese Schrifft wird Richter seyn bey allen vernünfftigen Lesern/ sie mögen nun Pietisten oder Anti-Pietisten heissen/ Reformirt oder Lutherisch/ rc. welche Lehre den geistlichen und weltlichen Staat am meisten turbire; Und wer Ursache sey/ daß so viele gottlose Processen an manchen Orten vorgegangen seyn/ und noch vorgehen. Und daß offtmahls Fürsten und Herren hohe Nahmen zu solchen Sachen gemißbraucht worden/ daß gantze Länder noch deshalben seuffzen müssen.

§. XIV.

Ich muß eilen/ und noch mit wenigen betrachten/ was für Recht man endlich dem Volcke/ als dem dritten Commissario der Kirchen überlasse; p. 55. th. VII. hat man nicht mit der Sprache heraus gewolt/ da es heist: Potestas, quâ Magistratus pollet, est externa; quâ Ministerium interna; quâ populus, omnibus communis. §. v. aber wil mans deutlicher machen/ und giebt also dem gemeinen Volcke das judicium discretivum, damit man nicht das Ansehen habe/ als wenn man ihm das absprechen wolte/ was die Heil. Schrifft einem jeden Menschen giebt/ zu prüffen/ ob die Geister aus GOtt seyn. Aber indem man spricht/ das gemeine Volck habe deswegen dieses Recht/ daß es Ursach geben könne/ warum sie consentiren/ giebt man ihm nichts anders/ als daß sie die Decision schlechter dings annehmen müssen; Denn wenn es nur darff rationem assensus geben/ so hat es kein jus dissentiendi. Wo

dieses

dieses nicht ist / da muß man was schlechter dings annehmen; Und kömmt mir also dieses Recht des Volcks bey der Decision vor / wie das Recht / das in vielen Ländern die Landes-Stände haben / daß der Fürst sie zusammen rufft / ihnen die Proposition thun läst / und die Ehre überläst / daß sie rationem assensus geben können. Gleich wie aber jederman in diesem Fall siehet / daß man nur die Landes-Stände zusammen kommen läst / nicht dem Landes-Herrn zu wiedersprechen / sondern nur einzuwilligen / so erkennet man auch hieraus / daß das Recht des gemeinen Volcks bey dieser Decision darinn bestehe / daß sie einwilligen können in das / was die Theologi geschlossen. Ein elendes Recht! So siehet man demnach / wie weit sich das judicium discretivum des Volcks erstrecken solle / vornehmlich da man hinzu thut / d. §. V. p. 59. Non enim à jure ipso sacrorum excluditur populus, etsi quoad juris exercitium boni ordinis & reverentiæ causa, se in omnibus licitis submittat iis, quibus Deus superiorem indulsit potestatem, das ist: Denn es wird das gemeine Volck von dem Recht in geistlichen Sachen nicht ausgeschlossen / ob es wohl aus Ehrerbietigkeit und um guter Ordnung willen / sich in allen zulässigen Dingen submittiret denenjenigen / denen GOTT eine grössere Macht gegeben. Womit man deutlich zu verstehen giebet / daß das Volck löblich und Christlich thue / wenn es sich nicht groß bekümmert / ob die vermeinte Decision recht sey / sondern sich auf ihre Prediger berufft / und sich denselben submittiret / weil ja nicht zu præsumiren wäre / daß solche gelehrte und berühmte Leute was decidiren würden / was unrecht wäre. Und dieses ist aus der herrlichen Meinung erfolget / daß man meinet / die forma Ecclesiæ sey aristocratisch / Magistratu & Ministerio, quasi optimatibus ad clavum sedentibus, parendi gloriâ populo relictâ, (ibid. p. 60.) daß die Obrigkeit und das Ministerium, als die Optimates und Vornehmsten das

das Regiment führen / und das gemeine Volck die Ehre zu gehorchen habe. Hier hat man sich nicht geschämet / mit ausdrücklichen Worten zu setzen / was man noch bishero mit dunckeln Worten bemäntelt hatte. Welches man auch p. 52. §. 4. gethan hat / da man die auream Concordiæ formulam, als einen librum Symbolicum aller rechtschaffenen Glieder der Lutherischen Kirchen / damit defendiren wil / daß viele Chur- und Fürsten dieselbe angenommen hätten / und ob zwar die Glieder der Kirchen nicht alle genau verstünden / was darinn begriffen / so *præsupponirt*en sie doch / daß es wahr wäre / und mit der Heil. Schrifft überein käme. Kan der Papisten Köhler-Glauben anders seyn / als ein solcher præsupponirender Glaube? Und es kan ja nicht anders seyn. Denn da dieselbe nunmehro solte vim sententiæ publicæ überkommen / und mit Gewalt exequiret werden / hat man sie nur von den Predigern unterschreiben lassen / um das gemeine Volck hat man sich gar nicht bekümmert; Und doch darff man so unverschämt seyn / and dieses Buch als einen librum Symbolicum der Lutherischen Kirchen ausgeben. Das gemeine Volck gehöret ja auch zur Kirchen. Wenn es nun nicht einmahl gefraget ist / ob es dabey was zu erinnern hätte / so kan mans gewiß auch nicht pro libro Symbolico der gantzen Kirchen halten. Wenn man die Meisten fragen solte / die darauf geschworen haben / ob sie dieselbe verstünden / würden sie nicht antworten: **Da lassen wir die Leute vorsorgen / die es gemacht haben. Wir bekümmern uns darum nicht.** Ist es dann nicht ein erbärmlicher Zustand / daß man ein solches Buch pro libro Symbolico ausgeben darff? Ein Soldat muß das Wort im Kriege wissen / oder er wird hart gestrafft; Wir haben Symbola, und die armen Leute wissen sie nicht. Die Wittenb. Facultæt meinet / sie verfechte wider den Herrn Spener die autorität der Symbolischen Bücher herrlich / indem sie spricht Art. V. prælim. th. 7. Alle rechtschaffene Gliedmassen der Luther. Kirchen „ könen wol darin beruhen / und müssen auch / weil sie von allen Stän- „

den

den / und dero Landen / Fürstenthümen / Herrschafften / Städten „ und Gebieten öffentlich für sich / und ihre Nachkommen sind ange- „ nommen. Lieber wie will man doch aus der Vernunfft oder Heil. Schrifft behaupten / daß einer könne eine Glaubens-Bekäntnis für seine Nachkommen annehmen. Die Juristen wissen / daß solche Verbindligkeit / die auf zeitliche Güter gehet / von den Verstorbenen könne im Nahmen der Erben mit gemacht werden; aber eine solche Verbindligkeit wodurch der Verstorbene für sich und seine Erben sich auf eine gewisse Confession verbindet / ist noch nie erhöret. Dahero wil ich mich auch mit deren refutation nicht aufhalten / weil ich versichert bin / wenn vernünfftige Leute solche Sätze lesen / sie gewiß darüber seuffzen müssen / daß man aus unzeitigem Eifer so in den Tag hinein schreibt / und meinet / man verfechte die Warheit der Luther. Lehre gantz wohl. Und also mag ich wohl sagen / was der Herr Carpzov. p. 72. von der Controvers des Herrn Thomasii schreibet: *Talium Doctorum ope non indiget Ecclesia.*

§. XVII.

Dieses wenige mag einem unpartheyischen Leser gnug seyn / zu sehen / was von der decisione formali, die man nun so lange in der Christenheit so wohl in Schrifften defendiret / als auch in praxi ausgeübet hat / zu halten sey / und ob das Consilium vernünfftig sey / das der Herr Autor in causa pietismi p. 86. §. 9. vorschlägt / nemlich das Se. Churfl. Durchlauchtigkeit zu Sachsen den beyden Theologischen Facultæten / als den ordinariis Juris Divini Consultis die Sache sollte auftragen / und wenn dieselbe ihre Meinung davon aufgesetzet / so sollten sie denn dieselbe den Ministeriis communiciren / die denn ihre dubia einem jeden Consistorio, darunter sie stünden / vortragen solten. Wenn also die Decisio interna gemacht wäre / so sollte der Fürst dieselbe durchlesen / und in dem er sie befände / das sie Gottes Wort gemäß / den Landes-Ständen vortragen / welche das gemeine Volck repræsentireten / und darauf sollte sie denn öffentlich publiciret werden. Ich halte / alle vernünfftige Theologi und Politici werden dem Herrn Autori für diesen Anschlag wenig Danck wissen / und zu solchen speculationibus Scholasticis, wie ers selber nennet / rechnen / dadurch die Kirche und Republiq in grosses Elend gesetzet wird. Eine viel Christlichere intention

tention hat derjenige gehabt / der seine Meinung von Vereinigung der Evangelischen Kirchen in Teutschland nur jetzo publiciret / indem er meinet / man könne die Stritigkeit dadurch schlichten / daß man von einer Seiten Herr D. Spenern / und von der andern auch einen Christlich- und moderaten Mann erwehlte / denen man als Plenipotentiariis die Untersuchung der gantzen Streitigkeit auftrüge / bey deren Decision es dann bleiben solte. Aber wie eine gute intention auch der Herr Autor mag gehabt haben / so ist auch dieser Vorschlag nicht zulänglich. Denn erstlich meinet er noch / man könne in Theologischen Streitigkeiten Plenipotentiarios erwählen / welches schon droben widerleget; Zum andern so sagt er selber / das Werck wäre so schwer nicht / wo nur rechte Christliche Liebe da wäre; Und also præsupponiret er / daß es daran an einer Seiten fehle. Denn wo dieselbe da wäre / halte ich dafür / daß man seinen Vorschlag gar nicht brauchte; Denn so würde man von sich selbsten erkennen / daß man Herr D. Spenern und andern bishero unrecht gethan hätte. Denn wenn gleich Herr D. Spener und ein anderer moderater Theologus zusammen kämen / und vereinbahrten sich / so würden doch die andern / die bishero so häfftige Schrifften geschrieben / damit nicht zu frieden seyn / noch diesen moderaten für ihren Bevollmächtigen erkennen / u.s.w. Ich halte dafür / daß das beste Mittel sey / einem jeden seine Gewissens-Freyheit zulassen; Und daß im übrigen die Fürsten ihr zukommendes Recht mit Ernst gebrauchen / das ist / einen jeden bey seiner Gewissens-Freyheit schützen / das Schelten und Schmähen untersagen / die zancksüchtigen Theologos bestraffen / und also verhüten / daß die ietzige Controversien den Staat nicht turbiren: So wird die Warheit schon ohne gewaltsame Mittel vermögend seyn obzusiegen. Unterdessen wünsche ich von Hertzens-Grunde / daß Christliche Fürsten dieses ihr Amt rechtschaffen mögen in acht nehmen / und GOtt bitten um die Weisheit / die stets um seinen Thron ist / daß sie ihr Land regieren in Heiligkeit und Gerechtigkeit / und die Leute richten mit rechtē Hertzen / daß sie erkeñen / was ihm gefällig / daß Güte und Treue einander begegne / Gerechtigkeit und Friede sich küsse / daß Treu auf der Erden wachse / und Gerechtigkeit vom Himmel schaue.

D. Chri-

D. Christian Thomasens/ JCti, Summarische Anzeige und kurtze Apologie, wegen der vielen Anschuldigungen und Verfolgungen/ damit Jhn etliche Chur-Sächsische Theologen zu Dreßden/ Wittenberg und Leipzig nun etliche Jahr her beleget und diffamiret.

O HErr hilff!

Es ist Landkündig: weisen es auch die disfalls ergangene und wie ich glaubwürdig berichtet worden/ in dem Chur-Sächsischen hochpreißl. Geheimden Raths-Collegio versiegelten Acta, daß als ich von meiner Jugend auff in meinem Vaterlande zu Leipzig/ anfänglich denen Studiis obgelegen/ hernach aber bey erwachsenen Jahren/ so wol in Philosophicis als Jure etliche Jahr/ und zwar ohne Ruhm zu melden/ cum applausu, aber auch dabey cum invidiâ aliorum nach meiner damahligen Erkäntnüß treu und fleißig privatim dociret/ auch etliche Schrifften in Druck publiciret/ Anno 1688. occasione meiner damahls Monatlich publicirten Gedancken/ auch wegen etlicher Collegiorum, Hrn. D. Valentinus Alberti und auff dessen Antrieb die Philosophis. Facultæt zu Leipzig bey dem Churfl. Sächsischen Ober Consistorio zu Dreßden mich beschwerlich angegeben/ auch nach vielfältigen Instantien endlich Anno 89. einen ziemlich harten Befehl wider mich extrahiret/ aber nach meiner geschehenen Gegen-Remonstration, die gantze Sache durch interposition zweyer Churfl. Sächsischen hohen Staats-Minister und würcklich geheimden Räthe auff eine Weise/ davon/ auffs bescheidenste zu reden/ in meinen Teutschen Monaten de Anno 89. p. 243. seq. und in denen vorangefügten Summarien des Monats Aprilis zu lesen/ gäntzlich verglichen und abgethan worden. Als aber dieses kaum geschehen/ hat auff Herrn D. Joh. Benedicti Carpzovii und Herrn D. Augusti Pfeiffers Veranlassung/ in besagtem 89. Jahre/ anfäng-

anfänglich Mense Februario das gesambte Ministerium der Stadt Leipzig/ und dann Mense Aprili die gesambte Theologische Facultæt noch härtere aber auch ungegründete Anklagen wider mich eingegeben/ die ich nach vorhero vergeblich gepflogenem gütlichen Vergleich mit dem Ministerio und Herrn D. Carpzoven/ Mense Septembri hertzhafft und gründlich beantwortet/ von meinen Anklägern Beweiß gefodert/ und respective andere Dinge/ cum denominatione testium wieder denunciret/ nachhero aber beyde Sachen in ein halbes Jahr liegen blieben. Auch ob schon indessen der Dänische Hof-Prediger D. Hector Gottfried Masius, S. Königl. Majest. in Dennemarck durch sein falsches Angeben vermocht/ daß Selbige bey Sr. Chur-Fürstl. Durchl. zu Sachsen Mense Junio 89. sich über mich als einen/ der D. Masii Interesse Principum mit groben Anzügligkeiten angefochten/ auch von der Majestät und Gewalt/ so alle Potentaten und Printzen immediatè von Gott hätten/ gantz verkleinerlich geschrieben/ und also das gemeine Interesse Regum & Principum vermeßentlicher Weise verletzet hätte/ ungnädigst beschweret/ auch mir hierauff Mense Julio von hochgedachtem Ober-Consistorio meine Verantwortung zu thun aufferleget worden/ so habe ich doch durch meine eodem Mense Septembri erfolgte Antwort/ D. Masii untheologisches Vornehmen durch seine eigene Brieffe bestärcket und solches dergestalt zu erkennen gegeben/ daß auch disfalls meine Unschuld erkant worden und die Sache liegen blieben. Ich könte ja wohl dieses alles mit einer denen actis publicis conformen facti specie etwas ausführlicher vorstellen/ will aber noch zur Zeit besagte zwey Facultæten und das Ministerium zu Leipzig/ absonderlich aber die genanten drey Theologos, als denen die publicatio actorum wenig Ehre bringen dörffte/ gerne damit verschonen/ behalte mir aber bey erfolgten noch ferneren Kränckungen solches annoch zu thun ausdrücklich bevor.

Indessen gieng die so genante/ und noch nicht geendigte Controversia Pietistica an/ in welcher ich Herrn M. Augusto Hermanno Francken ein responsum Juris, so letzo in öffentlichem Druck zu lesen/ ertheilet hatte; Ich hatte auch Mense Januario 90. meine Schrifft von der Ehe Fürstlicher Lutherischer und Reformirter Personen

sonen

nen in Druck gefertiget / und daselbst unter andern verdrießlichen Warheiten / wie denn die Warheit allezeit etlichen Leuten verdrießlich ist / auch p. 94. seq. gezeiget / daß ein Wittenbergischer Theologus Herr D. Caspar Löscher / den ich aber damahls nicht genennet / sich nicht entblödet / denen Reformirten in offenem Druck schuld zu geben / als wenn sie auch selbst in ihrem Catechismo oder durch ihre Catechismus-Schüler bekenneten / daß dieses ihr einiger Trost wäre / daß Christus nicht für sie gestorben / da doch dieses ein solcher Ungrund / dessen Unwarheit alsobald bey dem Anfange des Heydelbergischen Catechismi gezeiget worden. Durch die in besagten beyden Schrifften enthaltenen vielfältigen meinen Gegnern nicht anständigen Warheiten nun / hatte ich selbige dergestalt wider mich irritiret / daß sie nach dem sich mit denen Wittenbergischen Theologis disfalls vereiniget / und mit den Garaus zu machen auff eine sehr listige und gefährliche Weise beschlossen / worzu sie sich dieser Gelegenheit bedienet. Ich hatte in einem Collegio gratuito de præjudiciis unter andern aus der bekannten Logic derer Herrn des Port Royal den darinnen enthaltenen discurs von denen Vorurtheilen meinen Auditoribus in etlichen Lectionibus erkläret / und nach diesem gewiesen / daß diese Autores selbst in einem weitläufftigẽ judicio, so sie von einem berühmten Frantzösischen Autore, Michel de Montagne gegeben / das Vorurtheil Menschlicher Affecten sich mercklich verleiten lassen / indem sie besagten Autorem mit aller Gewalt zu einem Atheisten machen wollen / da ich doch meinen Auditoribus aus dem Montagne selbst gewiesen / daß seine Worte / die seine Adversarii wider ihn zum Beweiß angeführet / entweder einen gantz andern sensum hätten / wenn man sie mit dem context conjungirte / oder aber gar wären verfälschet worden. Hierbey gab ich meinen Zuhörern diese Lection, daß sie sich bey entstehenden Streitigkeiten der Gelehrten / sonderlich wenn Ehre und guter Leumund mit interessiret wären / ja hüten solten / nicht zu gläuben / was einer den andern für Lehre beschuldigte / ehe und bevor sie den andern selbst und zwar ohne Vorurtheil mit gutem Bedacht gelesen hätten. Und zwar solten sie sich dieser Anmerckung nicht allein bedienen / weñ einer des andern eigene Worte nicht anführete / sondern auch / wenn er

er schon weitläufftige excerpta aus des andern seinem Buche machte/ wie das Exempel mit dem Montagne zeigte/ es wäre denn/daß in diesem letzten Fall sie schon gewiß versichert wären/ daß der Scribent der des andern Worte anführete / ein ehrlicher und Christlicher Mann wäre/der seinen Gegner nicht zu gefähren trachtete. Bey dieser Gelegenheit kam ich weiter auf die Frage/was man für Kennzeichen hätte/ einen frommen und Christlichen Mann von einem Gottlosen oder Heuchler zu entscheiden / und gabe in der lection, die ich den 15. Febr. 1690. hielte / auch davon das Concept noch habe/14. Characteres eines Heuchlers/ die vielleicht zu anderer Zeit/ da nöthig/ können publiciret werden. Weil ich nun hierbey das dictum Christi: An ihren Früchten sollt ihr sie erkennen/zum Grunde legte / und etliche von denen / so Anti-Pieristen seyn wollen / in meinen Lectionibus ihre Spionen hatten / und mir nachschreiben liessen/ hierbey/ wo nicht alle/ doch vielleicht einen und andern Character der ihnen nicht anständig wäre/ funden/ wurde ich von Leipzig aus/ (von wem? ist leichte zu erachten) bey dem Ober-Consistorio zu Dreßden/ **verklaget**/ oder wie es in dem Befehl hochgedachten Consistorii sub dato 10. Martii 90. heisset / es wurde **berichtet** / daß ich dergleichen Dinge / davon andere zu lehren ich keinen Beruff hätte/ in einem Collegio de præjudiciis tractirte/ die H. Schrifft eignes Gefallens nach meinem Kopff erklärete/ das so genante Pietistische Unwesen ungescheuet defendirete: vielfältig auch/was von Predigern auf der Cantzel Gottes Wort gemäß vorgetragen würde/aufs schimpflichste und stachlichste meinem Brauch nach/und zwar in teutscher Sprache/damit auch der gemeine Mann desto mehr dadurch geärgert werden möchte / perstringirete / und durchhächelte. Die Wittenberger Theologi hingegen verklagten mich wegen meiner obgedachten Schrifft von der Ehe gleichfalls auff das schärffste. Ich habe zwar nie bisher so glücklich seyn können/ recht unstreitige und acten gemässe Nachricht zu erhalten/ wie die Worte dieser Anklage gelautet. Doch bin ich sonsten glaubwürdig berichtet worden/ daß man mich beschuldiget/ ich hätte in
" besagtem Buche reine wohlverdiente Lutherische Theologos
" gröblich geschimpffet/ denen Reformirten hingegen geschmeichelt/

und

und vorgegeben / daß sie in fundamento fidei nicht irreten / und „ wäre Schuld an einem Chur-Brandenburgischen wegen Wit- „ tenberg ergangenen Edict, ich hätte auch dem enthaupteten D. „ Crell das Wort zu sehr geredet / und dadurch das Hauß Sachsen / „ ja die gantze Landschafft einer grossen injustiz beschuldiget / da „ doch beyde alles durch gnugsame causæ cognitionem, und durch „ eingeholtes Urtheil und Recht von Prage / abgethan u. s. w. Was „ von beyden Orten für ein petitum disfalls wider mich ergangen / kan zwar nicht wissen / es weiset es aber der Außgang.

Hätte nun ein hochlöbliches Ober-Consistorium mir / ich wil nicht sagen / die Gnade / sondern gemeines und einem Bettler nie zu versagendes Recht / (darumb ich auch zuvorher etliche Jahr in-ständigst gebeten) wiederfahren lassen / und mich über diese Leipziger und Witte[illegible]ger Anschuldigung gehöret; so hätte ich gantz Au-genscheinli[illegible]die Unbefugnüß derselben / oder meine Unschuld dar-thun können / daß der Proceß auff einmahl außgewesen / und meine Widersacher / wie vorher die zwey Facultæten und das Ministe-rium zu Leipzig / mit Schande bestanden wären. Aber man hatte beschlossen / mich nicht zu hören / ja man hatte mir schon eine geraume Zeit vorhero trohen lassen / daß ich würde ex carcere respondiren müssen / und Herr D. V. A. hatte schon etliche Jahr her angelobet / er wolte seinen Kopff nicht sanffte legen / biß mir das Handwerck geleget worden Collegia und Disputationes in Leipzig zu halten. Die Execution aber dieses zuvorher so lang gepflogenen Consilii solte auff folgende Art exequiret werden. Erstlich ergienge aus dem Ober-Consistorio ein Befehl sub dato 10. Mart. 90. an die Uni-versitæt auff die Leipziger Anschuldigungen: Es solte dieselbe mich ungesäumt vor sich erfordern / und S. Churfl. Durchl. (was für ei-ne Churfl. Durchl. disfalls wider mich ein ungnädiges Mißfallen gehabt / werden die bald folgende excepta aus Herrn D. S. B. Carp-zovii Schrifft weisen /) ungnädigstes Mißfallen über die angeschul-digten Begünstigungen / welche zu meiner künfftigen Verantwor-tung voritzo außgestellet würden / eröffnen / auch zugleich bey Straffe 200. Rggl. mir ernstlich untersagen / daß ich so wol alles profiti-rens / lesens und disputirens / es geschehe publice oder privatim, oder auf was Art und Weise es wolle; als auch aller edirung einiger Schrifften / bis auff weitere Verordnung mich gäntzlich enthalten/ und zu schärfferer Anthung nicht Anlaß geben solte. Auff die Wittenbergische Klage aber soll/ glaubwürdigen Bericht nach/ ein anderer Befehl ergangen seyn / des Inhalts / sich meiner Person zu versichern/ und hernach wider mich zu inquiriren. Nun hätte ich der mir drohenden Augenscheinlichen Gefahr nicht entgehen können / wenn nicht GOtt meine Feinde theils dahin geführet/ daß sie mit ihren allzugrossen Künsteleyen mir Gelegenheit gegeben/ ihnen zu entgehen/theils geblendet/daß sie auf mein Thun und Lassen/ davon ihnen doch das geringste sonst nicht verborgen war/nicht Acht gegeben. Der erste Befehl wurde dem damahligen Rectori insinuiret / der andere aber hinterhalten und secretiret/ und ware die Abrede/ daß wenn ich wegen des ersten in Concilio zur Public[illegible]n erscheinen würde / ein gewisser Professor solchen alsdenn erst [illegible] Rectori übergeben und sofort meine Arrestirung vorgenommen werden solte. Als aber doch meine Adversarii ihre Freude nicht bergen kunten/ und den ersten Befehl wegen Untersagung meiner Collegiorum ehe ich noch dieserwegen Citation erhielte / bald selbst publique machten / ich mich aber etliche Jahr her auf dergleichen resolution, als damit Hr. D. V. A. mir gedrohet / gefast gemacht und præpariret hatte/aber dabey nichts weniger als einer vorhabenden Arrestirung meiner Person vermuthete/ als resolvirte ich mich geschwind / weil ich von Collegiis und Bücher-schreiben mich damahls nehren muste/ aber wenig Hoffnung sahe/ Gehör und gemeines Recht / auch restitution von hochgedachtem Ober-Consistorio zu erhalten/ und mit keiner function oder anderer consideration (indem ich auch nie Gott sey Danck eines Hellers werth Stipendia genossen/) an mein Vaterland gebunden war/bey Sr. Churfl. Durchl. zu Brandenb. gnädigste Erlaubnüß zu bitten/ daß ich mich allhier zu Halle niederlassen/und meine Lectiones, wie ich in Leipzig gethan/allhier halten dörffte. Ehe ich aber dieses bewerckstelligte/ schrieb ich an das Concilium Academiæ, und bat wegen einer Reise mein Aussenbleiben nicht übel aufzunehmen/erklärte mich auch dabey/ daß ich dē Befehl pro publicato halten wolte/zoge auch zuvorhero auf etliche Tage

an

in einen benachbarten Ort/ und bestellete in antecessum vier Tage vorhero in dem Leipz. Posthause die Post nach Berlin. Hätten nun meine Feinde nur die geringste Nachricht davõ gehabt/ (wie sie dañ/ weil ich alles öffentlich uñ ohne Verbergung vornahm/ solches gantz leicht hätten erfahren können) so wäre gewiß meines Gebeines/ so zu reden/ nicht davon gekommen. Aber GOtt fügte es/ daß sie sich beredeten/ ich wäre nach Torgau an Hof gangen daselbst sie zu verklagen/ und freueten sich schon/ daß ich da recht in die Falle kommen würde. Da sie aber den Tag nach meiner Abreise nach Berlin ihres Irrthums gewahr wurden/ erstauneten sie/ und wil ich noch zur Zeit anstehen/ weitläufftig anzuführen/ was dazumahl alles fürgegangen/ und wie mehr als ein Currier meinenthalben abgehen müssen/ auch was für hefftige und gefährliche Consilia wider mich / als ob ich der ärgste maleficant wäre/ an dessen captivirung des gantzen Landes Wohlfart gelegen/ geführet worden. Ich wil nur dieses anjetzo anführen/ daß hochgedachtes Ober-Consistorium sub dato 4. Apr. der Universitæt, dem Creyß-Amptmann/ und dem Rath zu Leipzig unter andern anbefohlen/ meine mobilien zu verkümmern/ auch an die Herren Scabinos Lipsienses begehret worden / in meiner Sache/ ob ich arrestatione dignus, zu sprechen. Ich war indessen zu Berlin/ und erklärete mich von da aus/ daß ich dem Befehl wegen Sperrung meiner Collegien, weßwegen citation ad publicandum an mich ergangen/ in allem pariren und in Leipzig keine Collegia und Disputationes weiter halten wolte / erlangte auch daselbst bald von Sr. Chur-Fürstl. Durchl. zu Brandenburg gnädigste Bestallung zu der function, darinnen ich durch Verleihung Göttlicher Gnade noch ietzo stehe/ und dadurch es Gott gefallen den ersten Anfang zu der ietzigen Friederichs-Universitæt zu legen. Ich publicirte hierauf am Sontage Quasimodogeniti 90. ein Programma, und notificirte jedermann / daß ich nach Trinitatis allhier den Anfang mit Lectionibus publicis und privatis machen wolte.

Der Grimm meiner Feinde legte sich hierauff/ oder verbarg sich vielmehr ein wenig. Denn wie sehr sie es verdrossen / daß Gott meinen Fuß aus ihren Stricken gezogen/ und ihre listige Anschläge/ daraus mich nichts als Gottes Allmacht gerettet / zu schanden gemacht/

macht/ und was für einen grausamen Zorn sie in ihren Hertzen wider mich geheget/ kan ein jedweder nur aus denen bittern Worten abnehmen/ die Herr D. Samuel Benedictus Carpzovius, damahliger Superintendens und Consistorial-Rath in Dreßden/ hernach aber Churfl. Sächsischer Ober-Hofprediger/ sich in einem Bedencken an S. Churfl. Durchl. zu Sachsen von dem Pietismo, (davon Zweiffelsfrey noch in dem hochpreißlichen Geheimden Raths-Collegio Nachricht seyn wird/) sub dato 6. Maji 1690. wider mich ge-
" brauchet. Selbige sind folgende: Sonderlich aber würde an
" dem bekanten bösen Menschen/ Christian Thomasen/ der bishero
" so gröblich an Eurer Churfürstl. Durchl. selbst/ der Evangelischen
" Kirchen/ rechtschaffenen Theologis, und vielen ehrlichen Leuten/
" durch ungescheute edirung so leichtfertiger Famos-Schrifften/
" als nicht leicht gesehen worden/ sich vergriffen/ ein solch Exempel
" zu statuiren seyn/ daß er/ und so andere ihm an Boßheit gleich sol-
" ten seyn/ sonderlich auch die Pietisten/ denen er allezeit das Wort
" redet/ doch glauben lerneten/ Eure Churfl. Durchl. hätte noch
" so viel Macht/ einen bösen Menschen/ der zumahl Dero hohen
" Nahmen so unverantwortlich beleidige/ und Eure Churfürstl.
" Durchl. öffentlich als einen Beschützer seiner Leichtfertigkeit aus-
" ruffen dörffen/ zu compesciren. Ubrigens conformire mich gäntz-
" lich des Leipzigischen Consistorii Gutachten in actis fol. 178. &
" 179. daß im Nahmen Ew. Churfl. Durchl. ein Mandat publi-
" ciret werde/ des Innhalts/ daß alle die jenige/ so dem Pietismo
" anhängig/ in Dero Landen weder zu Geist- noch Weltlichen Aem-
" ptern zugelassen/ noch darinne weiter geduldet werden sollen. Und
" stelle dabey zu E. Churfl. Durchl. gnädigstem Ermessen/ nach-
" dem gleichwohl letzterwehnter Thomasius, der bisher so viel ehr-
" licher Leute Kinder durch seine leichtfertige Principia verführet/
" neulich noch in seinem an Quasimodogeniti publicirten Marck-
" schreyerschen Programmate die Trummel auffs neue gerühret/
" und Ew. Churfl. Durchl. zu Spott/ nachdem unter Dero hohen
" Nahmen ihme das Handwerck geleget worden/ die Studiosos
" daselbst/ unter denen auch/ wie am Ende selbiger Scarteck
" nicht unklar zu sehen/ die Pietisten nacher Halle avociret/

(in

in meinem Programmate stehet: Impius Rixator,„ xesto, das heist nun: die Pietisten nach Halle avociren)„ nd zu besorgen / daß durch seine Boßheit manch gut Gemüth„ och verführet werden dürffte/ob nicht in solches Mandat auch die„ nigen mit einzurücken/ und ihnen die Hoffnung der Beförderung„ Ew. Churfl. Durchl. Landen zu benehmen seyn möchte/die die-„ m bösen Menschen nachzügen. Zumahl er nicht alleine die Lu-„ erische Religion und dero Lehrer/so wol als Ew. Churfl. Durchl.„ ohe majores in dero actionibus und Verfahren noch jüngsthin in„ iner Gewissenlosen Erörterung der Gewissens-Frage/in favorem„ r Reformirten schändlich gelästert; sondern auch die bekante„ hur-Brandenburgisch. Interdicta und Verruffungen der Wit-„ nbergischen Universitæt veranlasset/und durch dieses höllische in-„ itutum bloß an Ew. Churfl. Durchl. bey dero Universitæt Leip-„ g sich zu rächen gedencket. Man kan aus diesen Worten des„ Mannes offenbahr abnehmen / daß das jenige / was mir von der Wittenberger Klage wider mich in Vertrauen gemeldet worden/ ergestalt wohl ergangen seyn mag / indem Herr D: Carpzovius ich eben dergleichen Dinge und noch mehr beschuldiget: Man het daraus / daß Herr D. Carpzovius, der in Ober-Consistorio ein Judex seyn sollen auch diese Person daselbst vertreten / mein egenpart mit gewesen/ und dannenhero nicht zu verwundern/ daß on ihm und denen die mit ihm pluralitatem votorum wider mich emachet / unter Sr. Churfl. Durchl. hohen Nahmen so scharffe Befehle wider mich verfertiget worden. Man sihet daraus / wie hr der Mann mit meinen Anklägern mir nach Ehre/Gut und Blut/ Leib und Leben getrachtet; auch sich bemühet S. Churfürstl. Durchl. zu Sachsen unter dem prætext eines Eyffers für die Religion/ contra Reformatos, ingleichen wider Seine Churfl. Durchl. Brandenburg/ die in Dero gnädigsten Schutz mich genommen/ ffzubringen / und zwischen diesen beyden hohen Häuptern Uneigkeit zu stifften. GOtt vergebe es ihm und bringe ihn zu der Erntnüß seines Elendes / und der Sclaverey seiner affecten/ die ihn getrieben in derselben gantzen Schrifft noch auf viel andere fromme und gottsfürchtige Leute mit grossen Grimm und Bitterkeit loß zu gehen. Mir hat er ja GOtt Lob durch diesen seinen Zorn nichts geschadet / indem Se. Churfl. Durchl. zu Sachsen und das hochpreißl. Geh. Raths-Collegium gantz andere Gedancken / als er / geführet / und je mehr er mir gefluchet / und mir durch diese Schrifft zu Schaden getrachtet / je mehr hat GOtt mich / und meine Arbeit allhier / gesegnet / und jemehr hat GOtt auffgebauet / was er und seines gleichen zu hindern und nieder zu reissen trachteten. Dieserwegen habe ich mich über dieses sein Fluchen in geringsten nicht moviret und würde auch noch nicht etwas deßhalben erwehnet haben / wenn nicht dieser Umstand hauptsächlich vorstellete / aus was Ursachen noch diese Stunde das Ober-Consistorium so bitter wider mich gesinnet sey.

Ich habe aber nicht unterlassen mense Septembri 16[illegible]. an Se. Churfl. Durchl. zu Sachsen unterthänigst zu suppliciren / und in solcher Supplication, die ich an das Hochpreißliche Geheime Raths-Collegium übergeben lassen / nach formirter specie facti, und beygelegter vidimirter Copia meiner Gnädigsten Bestallung unterthänigst gebeten / daß weil ausser dem Wege gemeines Rechtens mit mir verfahren / und der Proceß ab executione wider mich angefangen worden; in meiner zu Halle censirten und sonsten öffentlich cum encomio approbirten Schrifft von der Ehe nichts anders enthalten / als was Göttlichen und Weltlichen Rechten / insonderheit aber denen Reichs-Gesetzen und Instrumento Pacis gemäß sey; Ich auch ferner meinen Widersachern gantz klärlich und offenbarlich mir darzuthun getrauete / daß sie mit ihrer gefährlichen Anklage mich fälschlich berüchtiget / und wider das 8. Gebot schwerlich gesündiget / ja daß sie selbst wider die Reichs-Gesetze und Pacem publicam verstossen / u. s. w. Als bäte Seine Churfürstl. Durchl. ich in unterthänigsten Gehorsam / die Gnädigste Verordnung zu thun / daß das Verbot wegen Arrestirung meiner Mobilien wieder cassiret / und die falsche Anklage der Wittenbergischen Theologen mir in Abschrifft / zur Rettung meines ehrlichen Nahmens und zur Beobachtung meiner Nothdurfft / communiciret würde. Ich kunte aber damahls keine andere Antwort erhalten / als daß ich mich gedulden müste / biß Se. Churfürstl. Durchl. die damahls

damahls abwesend ware / wieder nach Dreßden käme. Indessen habe ich selbiges Jahr die gantze Leipziger Michaelis-Messe über / mich auf meine gerechte Sache verlassende / mich in Leipzig aufgehalten / zumalen da ich von etlichen beredet wurde / es hätten die Herren Scabini ad acta erkant / daß die Inquisition wider mich nicht Statt hätte / sondern ich schuldig wäre / auff die Klage der Wittenberger mich einzulassen. Anno 1691. habe Se. Churfl. Durchl. zu Brandenb. ich unterthänigst gebeten / bey Sr. Churfl. Durchl. zu Sachsen / wegen Abfolgung meiner Familie und Mobilien / zu intercediren / damit ich selbige nach Halle transportiren könte / habe auch die dißfalls erfolgte Gnädigste Intercession, nebst einer nochmahligen Supplic, Mense Majo 91. Sr. Churfl. Durchl. selbst durch den Herrn Geh. Secretarium W. übergeben lassen / aber auch keine Resolution darauff erhalten / als daß andere vom Hofe mir gemeldet / es wären die acta, so wider mich vorgangen / versiegelt / und würden dergestalt in dem Geh. Raths-Collegio verwahret / also würde ich schwerlich effectuiren / daß mir die Wittenb. Klage communiciret / oder das Verbot wegen meiner Mobilien durch einen anderwärtigen Befehl wieder cassiret würde / es würde mich aber niemand weiter wegen des passirten in Anspruch nehmen / vielweniger hindern / daß ich nicht meine Familie und Mobilien sicher transportiren könte. Weil mir nun mit Bestraffung meiner Adversariorum und Fortsetzung der Weitläufftigkeit / die selbige wider mich angesponnen / wenig gedienet / sondern ich vielmehr ruhig zu seyn verlanget / auch nach diesen wiederum in denen Ferien der Oster-Messe in Leipzig öffentlich und ungehindert mich daselbst aufgehalten / und von geehrten Leuten daselbst nicht wie eine Inquisit oder Delinquent tractiret worden / sondern mir von selbigen viel Ehrerbietung und Höfligkeit wiederfahren; Als habe ich auch die Sache nicht weiter urgiren wollen / sondern habe zu Ende des Monats Julii mich wiederum nach Leipzig begeben / und meine Familie öffentlich abgeholet / auch von E. E. Rath (der vor diesem in Verarrestirung meiner Mobilien die Commission mit gehabt) die zur Transportirung meiner Mobilien benöthigten Frey-Zettel ungehindert erhalten / und über dieses / da ich sonst an dergleichen keinen

 Gefal-

Gefallen habe/zu Vermeidung alles Verdachtes eines heimlichen Abzugs zugelassen/ daß etliche vornehme gute Freunde/ die [illegible] sich freywillig offeriret/ uns auff den halben Weg mit [illegible] schen das Geleite gegeben; Und ist also hiernächst die Sache einige Zeit in ziemlicher Ruhe geblieben.

Ich habe aber nunmehro für etlichen Jahren mit Bestürtzung beglaubte Nachricht erhalten/ daß die Herren Scabini Lipsienses, als sie Mense Martio 1690. auff die unterschiedenen meinethalben ergangenen acta ein Urtheil gesprochen/ in der Sentenz auff die arrestirung meiner Person und Einlassung ad articulos reflectiret/ welches mich dann bewogen/ auff andere Consilia zu dencken/ weil ich mich nicht unbillig befahren müssen/ man lasse die Sache nur auf eine Zeit ruhen/ damit/ wenn man seine Gelegenheit ersähe/ man solche hernach mit desto grössern Eiffer wider mich treiben könne. Dannenhero ob man mich schon nach der Zeit bey meiner öfftern Anwesenheit in Leipzig allemahl ohngekräncket passiren lassen/ auch indessen mich coram Academia zu meiner Ehe-Frauen Gu[illegible] [illegible]/ und in actu publico & solenni, da ich bey meiner Schwiegermutter Sel. Begräbnüß die Trauer angenommen/ und als Leidtragender/ indem Se. Churfürstl. Durchl. Churfürst Joh. Georg der IV. Glorwürdigsten Andenckens in Leipzig gegenwärtig gewesen/ die Leich-Begleitung geführet/ nichts præjudicirliches wider mich tentiret/ unerachtet Herr D. Johann Benedictus Carpzovius (nebst vielen in der Stadt) meine Gegenwart wohl gewust/ auch/ wie gewöhnlich/ in denen personalien, da er die Leichen-Predigt gehalten/ meiner mit erwehnen müssen; So habe ich doch/ um mehrerer Sicherheit willen/ dieserwegen mit einem vornehmen Mitglied des Hochpreißlichen Chur-Sächs. Geheimten Raths-Collegii in Leipzig mich unterredet/ und [illegible] ersuchet/ daß besagte Sententia Scabinorum, nebst denen geschriebenen actis, entweder auff eine Weise/ die weder meinen adversariis noch mir præjudicirlich wäre/ und daß er absonderlich nicht das Ansehen hätte/ als hätte ich abolitionem begehret/ cassiret würde/ oder aber mir justitia administriret/ und die Sache nach dem Weg Rechtens auff das [illegible] gehoben werden möchte/ wobey ich mich erkläret/ daß ich

zwar

[illegible] dißfalls keine neue Weitläufftigkeit oder meine adversarios zu beschimpffen suchte/ es würde mir aber auch verhoffentlich nicht verdacht werden können/ wenn die Sache nicht quôc. modô gäntzlich abgethan würde/ daß ich zur Rettung meiner Unschuld und zur Steuer der Warheit eine ausführliche speciem facti publicirete/ wenn ich doch auch meine adversarios gerne verschonet sähe. Ob nun wohl Hochgedachter Herr Geh. Rath gemeynet/ es würde dieses nicht nöthig/ noch ich dieser wegen in Gefahr seyn/ so hat er doch auff mein ferneres Ansuchen mündlich und auch hernach schrifftlich sich erboten/ solches gehöriges Orts vorzutragen/ aber hernachmahls durch Vorwendung/ daß es noch an Gelegenheit gemangelt/ mich durch Glimpff disponiret/ dieserwegen unbesorgt zu seyn/ und die Sache ruhen zu lassen/ wie ich dann auch solchen Vorstellungen gehör gegeben/ und das gantze Werck bis jetzo in Ruhe gelassen/ würde auch solches ferner gethan haben/ wenn nicht meine adversarii von neuem mich zu [illegible]/ und die alten Dinge wieder zu rühren angefangen/ und [illegible]/ daß wo ich die Sache ferner mit Stillschweigen [illegible]/ nur [illegible] das Übel ärger gemacht würde.

Nemlich es hat an verwichenem Jahre im Monat Septemb. Herr Licentiat Enno Rudolph Brenneysen/ der in meinem vorhergehenden Decanat allhier pro Candidatura & Licentia examiniret worden/ nach Anleitung unserer Facultæt Statuten/ seine Inaugural-Disputation vom Recht eines Fürsten in Mittel-Dingen/ unter meinem Præsidio gehalten/ und in derselben viel gemeine Päpstzende und auch unter denen Protestirenden in die Jurisprudentiam Ecclesiasticam eingeschlichene Irrthümer/ entdecket/ und das unter dem Joch des Affter-Pabstthums schmachtende Fürsten-Recht gründlich/ aber glimpflich vertheidiget. Dieweil er nun als mein fleißiger Auditor hiezu viele von meinen Doctrinen mit angebracht/ und ich wohl wuste/ daß die darinnen vertheidigte Warheit/ denen bisher auch unter uns hergebrachten Antichristischen Lehren/ derer/ die nach des Sel. Lutheri Tode nunmehro eine lange Zeit über die Gewissen der armen Leyen geherrschet/ gar offenbahr zu wider/ und verdrießlich wäre/ auch Zweiffels ohne die Vertheidiger des

Affter-Pabstthums in unserer Kirche nicht ermangeln würden/ sich zu bemühen / ob sie nicht eine Gelegenheit finden möchten / dieser Disputation etwan beyzukommen; Als ließ ich etliche zu desto besserer Erleuterung oder Bekräfftigung dienende Erinnerungen mit beydrucken. Es kam auch fast zu gleicher Zeit in vergangener Michaelis-Messe die neue Edition von dem Monzambano, nebst meinen Scholiis heraus/in denen ich gleichfalls unter denen in Jure publico eingerissenen irrigen Meynungen / bey Gelegenheit / dergleichen Papenzende Lehr-Sätze angemerckt / und widerlegt. Als aber die Disputation kaum gehalten war / brachte sie Herr D. Johann Benedict Carpzov zu Leipzig auff die Cantzel/und packte eine darinn enthaltene Neben-Meynung / die eben zum Haupt-Werck nicht viel thut / und zwar seinem Gebrauch nach / mit stachlichten und bitteren Worten an / indem er sie ohngefehr auff folgende Art citirte / daß in einer Disputation, die in einem benachbarten Orte / da aller Unflat zusammen fleust / vor wenig Tagen gehalten worden/dieses und dieses enthalten sey u. s. w. Und ob er noch vor meiner Disputation allbereit den Titel von der seinigen/ de Jure decidendi controversias Theologicas angeschlagen hatte/ davon mir doch nichts wissend gewesen / gleichwohl in unserer Disputation viele Lehr-Sätze begriffen waren/ die seinen hypothesibus und dem darauff gebaueten Lutherischen Pabstthum schnurstracks zuwider waren; so berühmte er sich zwar hin und wieder/ daß er die Nichtigkeit unserer Meynung in weniger Zeit und Mühe in seiner Disputation wiederlegen wolte; Aber er hat es nach Art und Weise der Päbstischen Clerisey ins Werck gerichtet. Diese haben ein Staats-Axioma, daß alle Bücher/ die ihren Clericat-Maximen zuwider sind / und sich nicht getrauen gründlich zu beantworten/ für allen Dingen in den indicem expurgatorium oder verboten und confisciret werden müssen: Hernach wenn dieses geschehen/und niemand das Buch mehr hat/ oder haben darff/ kömmt der Papistische Clericus und refutiret dasselbe mit Nachdruck. Daß unsere Lutherische Päbste dergleichen thun / haben schon andere Christliche Männer angemerckt/ und zeigen es die Buch-Läden an Lutherischen Oertern wo sie dominiren/ indem daselbst Atheistische und [illegible] [illegible] unflätige Saubücher / weil sie der herrschsüchtigen Clerisey keinen Schaden thun / öffentlich verkaufft / hingegen gute und nützliche Schrifften / die an ihrer Hoheit / der sie sich wieder das Evangelium anmassen / sie angreiffen / die müssen ohn alle Gnaden confisciret werden / als schädliche und gefährliche Bücher / und zwar [illegible] ferrn nicht ohne Ursach / weil die darinnen enthaltene Warheiten [illegible] ihren Papistis. Lehren Schaden und Gefahr verursachen / und durch selbige durch Gottes Gnade / denen armen verblendeten Studenten die Augen auffgehen / daß sie Wölffe von Hirten unterscheiden lernen. Also musten sich auch meine Schrifften gefallen lassen daß sie nach dieser Regul gerichtet würden / indem Herr D. Valentinus Alberti nebst E. E. Rath zu Leipzig als Bücher-Commissarii, und zwar wie die gemeine Sage gehet / auf special Befehl des Dreßdenischen Ober-Consistorii, nach der Messe so wohl besagte Disputation de Jure circa Adiaphora, als auch den von mir edirten Monzambano confisciren lassen. Und wird sich nun kein Mensch der des Herrn Ober-Hof-Predigers Carpzovii gegen mich [illegible] und oben angeführte Bitterkeit und sein in Befestigung des Affter-Pabstthums mit seinem Herrn Bruder habendes gemeines Interesse betrachtet / wundern / warumb durch das Ober-Consistorium gedachte meine Bücher confisciret worden. Nachdem also dieselbigen durch Weltliche Macht præliminariter refutiret waren / machte sich auch Herr D. Johannes Benedictus zu Leipzig in seiner Disputation darüber / und machte zwar dieselbige und meine Person insonderheit hin und wieder mit stachlichten und injuriösen Worten an; aber GOtt Lob / Gründe und raison mangeln. Ja ich halte es für eine Schickung Gottes / daß er verhenget / daß Herr Carpzovius diese Disputation schreiben müssen. Der Papistische Clerus hat sonsten ein Axioma: Man solte des Vaters Noæ Scham nicht aufdecken / d. i. man solte die Irrthümer der Clerisey nicht offenbahr machen. Aber ich meyne in dieser Disputation hat Noa seine Scham selber entdecket / und wenn die Ministri an Lutherischen Höfen und andre vernünfftige Leyen nun noch nicht sehen / was die Zancksüchtige Clerisey unter uns im Schilde führet / müsten sie sich gewiß selbst muthwillig verblenden. Denn

es

es wird ja so offenbarlich darinnen grossen Herren ihr gehabtes Jus circa Sacra genommen und zu einem Strowisch gemacht/ daß man über die Verwegenheit erschrickt; Es wird ja der Clerisey in der That alle weltliche Macht und Gewalt in die Hände gegeben/ daß es auch ein Jesuit nicht ärger machen können. Gegenwärtige Schrifft hat durch Gottes Gnade solches offenbar gezeiget/ und müste einer sehr den Schnuppen haben/der nicht mercken solte/ daß Hr. D. Carpzovii Disputation hauptsächlich dahin angesehen/ daß das vernünfftige Verfahren Christl. Regenten unter denen Protestirenden/ und die Handhabung des ihnen wider die zänckischen Prediger zukommenden Rechts/ getadelt und durchgezogen werde/ und daß nicht nur die Chur-Brandenburgischen/ Fürstl. Würtenbergische und Hessen-Darmstädtische Edicta, sondern auch die löbliche Conduite derer Magistrate zu Hamburg und Dantzig dem Manne ein Stachel in denen Augen gewesen/ und diese Schrifft sehr wahrscheinlich eine Frucht von Herrn D. Schelwigs Itinerario Antipietistico sey. Und wie wolte man auswärtiger Regenten und Obrigkeiten geschonet haben/ da man sich nicht einst gescheuet die höchstlöbliche von S. Churfl. Durchl. zu Sachsen Johanne Georgio IV. glorwürdigsten Andenckens angeordnete Commission, aus keiner andern Ursache/ als weil dadurch bey einem Haar des Mysterium iniquitatis und Clericats Intriguen nebst dem Autore des schändlichen Unfugs/ von welchem ich unterschiedene loca parallela in des Herrn Ober-Hof-Prediger Carpzovii obgedachten Bericht angemerckt/ aller Welt wäre kund gemacht worden/ in der Disputation p. 61. §. 2. in fine unverantwortlich zu schänden und zu lästern. Und nichts desto weniger müssen doch dergleichen Schrifften canonisiret/ und Politici beredet werden/ als wenn an denenselben die Wohlfart der gantzen Evangelischen Kirchen und aller Lutherischen Lande hinge/ hingegen wären Thomasii (in der That aus denen Grund-Regeln des Evangelii Augenscheinlich hergeleitete und der werthen hohen Obrigkeit von GOtt anvertrauten Regalia wider den Eingriff der Clerisey gründlich vertheidigende) Schrifften/ Gottlose/ Majestät lästernde/ Atheistische/ die Evangelische Kirche kränckende Schrifften und ich weiß nicht was mehr?

Und

Und ich sehe mir leichte zuvor / daß wenn nicht etwan das Chur-Sächsische Hochpreißliche Geheimbde Raths-Collegium der Leute Beginnen hemmet/auch diese gegenwärtige Schrifft/ als ob GOtt im Himmel und Se. Churfürstl. Durchl. zu Sachsen unter derer Herren Carpzoviorum und Herrn D. Alberti Personen beleidiget wären / durch das Ober-Consistorium wird müssen confiscirt werden.

Aber lieben Herren / erlaubet mir / daß ich ein wenig mit euch rede. Was soll denn endlich aus den vielen Anklagen und diffamiren meiner Person / ja was soll denn endlich aus dem confisciren werden? Zwar sehe ich eure hertzliche intention wohl/ und eure Thaten/ wie auch des Herrn Ober-Hof-Prediger Carpzovii oben angeführte eigene Geständnüß/ geben es an Tag/ was ihr/ wenn es euch GOtt verhängete/ mit Thomasio selbst vornähmet. Aber leget doch einmal eure Blindheit ab/und fanget an zu erkennen/ daß GOtt wider euch streitet/ und daß Er Thomasium wider euch in Schutz genommen/ auch alle eure Consilia wider ihn zu nichte gemacht. Sehet / da ihr ihn aus seinem Vaterlande verjagetet/ da ihr durch D. S. B. Carpzovium so hefftig wider ihn schriebet / sprach GOtt zu ihm: Du sollst gesegnet seyn. Er kam her nach Halle/ und fand keinen Auditorem hier; Es ware auch noch lange nicht eine ferme und gewisse resolution gefasset worden/ eine Universitæt so geschwinde hier zu stabiliren. Wie schmälich lachetet ihr damals Thomasium aus / und wie hönisch spottet ihr seiner / er würde die Affen hier außnehmen. Thomasius aber vertrauete GOtt / und setzte sich hieher. Er warb keine Studenten herzukommen; sondern notificirte nur seine Ankunfft erst privatim seinen Auditoribus privatissimis, (darüber ihr ja ein greulich Lermen anfienget/ wovon vielleicht zu anderer Zeit/) hernach publicè durch sein Programma, das der Herr Ober-Hof-Prediger Carpzovius oben ein Marckschreyerisches Programma schilt / jederman. Es wird aber kein Mensch sagen können/daß er ihn mit Liebkosungen und eitelem Versprechen hieher zu ziehen gelocket. Ihr machtet ihm vor dem Anfang seiner Lectionum durch eure Creaturen / die ihr / wie bekant/ auch in andern Ländern habt/ so viel Hindernüß und Verdruß/ als

Kk ihr

ihr nur kontet / er fande sehr wenig / die ihn zu helffen / und Seiner Churfürstl. Durchl. Gnädigste Intention zu befördern sich angelegen seyn liessen / ja es waren etliche so offenhertzig / daß sie ihn fragten / / ob er denn bey Anfang seiner Lectionen etliche Auditores im Vorrath hätte / denn hier in Halle würde er keinen eintzigen Auditorem bekommen. Thomasius liesse sich aber nichts abschrecken / sondern fieng seine Lectiones in GOttes Nahmen den Montag nach Trinitatis Anno 1690. an. Er hatte das erstemahl über 50. Auditores, und hat sie von dar an / so lange er alleine hier und noch keine Resolution von Aufrichtung einer Universitæt gefasset gewesen / (welches in die anderthalb Jahr ausgetragen /) nie unter zwantzig / wohl aber mehr Auditores beständig gehabt / die seine Lectiones besucht / oder sich seinetwegen hier aufgehalten: GOTT gab Gnade / daß die gantze Zeit über / so lange er alleine gewesen / kein Unfug oder Unglück fürgegangen / oder über einigen seiner Auditorum, die sich bey ihm inscribiren lassen / das Geringste wäre geklaget worden. Es fanden sich auch Grafen und Freyherren alsbald bey ihm ein / und kamen selbst von Leipzig etliche vornehme Grafen des Reichs / die erst nach seinem Wegzug dahin sich begeben / und die er zuvor gar nicht gekennet / hieher / wie denn auch aus Dennemarck eine dergleichen hohe Standes-Person bald Anfangs sich hergewendet / andere Herren Barones und von Adel / auch anderer vornehmer und ehrlicher Leute Kinder / aus Hamburg und anderer Orten zu geschweigen. So gar / daß Se. Churfürstl. Durchlauchtigkeit zu Brandenburg / als Selbige Anno 91. wo mir recht ist / Mense Junio aus dem Carlsbad hierdurch wieder zurücke nach Dero Residentz gieng / und gewahr wurde / daß eine solche und ziemliche Anzahl der studirenden Jugend von allerhand Ständen sich hier bey Ihme eingefunden hatten / von dato an Gnädigst Sich resolvireten /, das vorhabend Universitæts-Werck feste zu setzen / massen von der Zeit an auch andere Herren Professores nach und nach her vocirt wurden. Und also sehet ihr / daß GOtt euch selbst wider euren Willen / zum Instrument der wider euren Danck allhier auffgerichteten Universitæt gebraucht / und daß die von euch herkommende Verfolgung und Verjagung Thomasii

aus

aus Leipzig eine occasion werden müssen/das etablissement hiesiger Friederichs-Universitæt zu beschleunigen. Was habt ihr aber nicht nach diesem vor Intriguen fürgenommen/ und was nehmet ihr und eure da und dort habende heimliche Correspondenten nicht noch diese Stunde für/ Thomasium zu fällen? Es könte ja hiervon eine weitläufftige Schrifft angefüllet werden/ wann nicht andere vielfältige Betrachtungen verhinderten/ solches anietzo zu thun: Nur etwas summariter von dem / was Land- und Stadt-kündig ist / zu melden: Wie offt habt ihr euch und eures gleichen eine vergebene Freude gemacht/ und an auswärtige Oerter geschrieben: Jetzt muß Thomasius fort; jetzt ist er in Ungnaden; jetzt wird man ihn nach Spandau bringen; jetzt ist er schon in Holland gelauffen; jetzt hat man ihn so feste gefaßt/ daß er nicht wird entgehen können/ sondern zum wenigsten eins davon tragen / daß er es rechtschaffen fühlen und ihm wehe thun wird. Was für Helffer und Helffershelffer habt ihr nicht da und dort/ und mit euern Hand-Brieffen und heimlichen Correspondenzen angefrischet / doch den bösen Mann fortzuschaffen? Wie habt ihr euch nicht vergebens getröstet! Dieser/ und bald wieder/ dieser wird es thun. Wie habt ihr nicht auff alle Tritte und Schritte/ ja auff alle Worte des Thomasii gelauret/ ob ihr in seinem Thun oder Lehre was finden möchtet/ dadurch er gestürtzet / oder unter dem prætext, als ob seinethalber die Hällische Universitæt ruiniret werden / und kein Däne / Schwede/ Hamburger u. s. w. dahin kommen würde/ und dergleichen anders Vorgeben verhaßt gemacht werden könte. Aber was habt ihr damit ausgerichtet? Thomasius hat indessen/ ob er schon eure intriguen alle gewust/ und noch weiß/ stille gesessen/ seines Amts gewartet/ und GOtt für sich sorgen lassen. GOtt hat auch für ihn mehr gethan/ als Thomasius für sich hätte ausrichten können. Er hat Sr. Churfürstlichen Durchl. und Dero hohen Staats-Minister Gnade und Wohlwollen Thomasio in solcher masse zugewendet/ als Selbige ihm zur Aufmunterung im Guten/ und zur Behutsamkeit in seinem Thun und Lassen nöthig gewesen/ daß er nicht Ursache gehabt sich für einigen Menschen zu scheuen/ wenn er nach seiner Pflicht gelebet/ noch auff einigen Menschen sich zu verlassen/ wenn er aus den

Schrancken seiner Pflicht hätte weichen wollen. GOtt hat die List seiner Feinde zu schanden gemacht / und wo sind die / die an Thomasio zu Rittern werden / und ihn fortschaffen sollen? Und wer hat den andern gejagt? GOtt hat seine Lectiones gesegnet / und ihm so wohl die Liebe / als gehörige Furcht seiner Zuhörer zugewendet / und muß Thomasius GOTT disfalls preisen / da die studirende Jugend auff denen Universitæten heut zu Tage sehr wilde und unleidlich ist / und sich nicht gerne die Warheit sagen läßt / daß er doch gespüret / daß / da er seinen Zuhörern nichts unter die Banck stecket / sondern ihnen ohne Ansehen der Person ihre Fehler und Elend / darinnen sie stecken / fast täglich mit Glimpff zu erkennen giebet / auch da es nöthig ist / Ernst gebrauchet / doch die meisten ihm allezeit mit Liebe und Ehrerbietung begegnen / und weil sie sehen / daß er nicht das Seine / sondern das Ihre suchet / seine Vermanungen wohl auffnehmen / und ob er sich gleich nicht rühmen kan / daß er so viel Besserung sehe / als er eben wünschete; So hat er doch auch GOtt zu dancken / daß er seine Lehre und gutgemeinte intention nicht gantz ohne Segen seyn / sondern doch bey einem und andern bekleiben und Frucht bringen lassen. Es ist ja wol auf allen Universitæten / daß nicht alle Studiosi zu einem Professore sich halten / oder seinethalben auff die Universitæt kommen. Und weßwegen hielte auch ein Fürst so viel Professores, wenn es einer allein thun solte. Derowegen wie Thomasius seiner werthesten Herren Collegen Auditoria ohne Neid ansihet / und nach seiner stetsgewohnten Lehr-Art / niemand zu werben / oder an sich zu locken / gewohnet ist / die nicht von sich selbst oder nach geschehener gewöhnlichen notification eines Collegii zu ihm kommen / vielmehr denen / die ihn gehöret haben / nach der Schuldigkeit eines jeden auffrichtigen Lehrers räth / daß sie auch andere hören sollen; Also hat er auch zu andern Verfahren keine Ursach / indem er zwar nicht mehr Auditores bisher gehabt / als alle seine andern Herren Collegen / aber auch nicht viel weniger / und noch allezeit unter denenselben auch zur Noth / und wenn daran was gelegen seyn solte / Schweden / Dänen und Hamburger zehlen können. Derowegen schmähet und lästert meinethalben immer wider mich fort / und diffamiret mich wie ihr wollet / leget mir

Fal-

Fall-Stricke hier und dar / mir solt ihr durch Gottes Gnade deswegen so wenig als bisher meine Gemüths-Ruhe kräncken. Denn wenn GOTT nicht wil / sollet ihr mir kein Haar krümmen / wenn schon eurer eine Legion wäre. Gefiele es aber GOTT euch zu verhängen / daß euch einmahl eure Rathschläge angiengen / so wird Er mir auch Kräffte verleihen / solches mit Gedult zu ertragen / und mir lebendig zu erkennen geben / daß es so dann zu seiner Ehre und meinem besten / und zu eurer Verstockung angesehen wäre. Confisciret meine Schrifften immerhin / und wenn ihr meynet / daß mir dadurch weher geschehen soll / macht es / wie es D. Masius zu Copenhagen damit gemacht. Euer Henckers-Feuer und eure Confiscationes achte ich höher und sind mir lieber als euch eure Carmina gratulatoria für eure Bücher seyn. Ictus fustium non infamat, sed causa. Man kennet euch schon / und die Layen in Sachsen-Land haben bey nahe durchgehends das Principium angenommen / daß die Bücher die ihr nach eurer Regel und Willen / (denn wenn ihr wider euren Willen das Itinerarium Antipietisticum und der Wittenberger Schrifft confisciren müsset / das gehöret nicht hieher /) confisciret / viel gute Warheiten wider das Lutherische Pabstthum in sich halten müssen / weil ihr keine andern confisciret.

Ja sprecht ihr / du magst sagen was du wilst / so haben wir doch Sententiam Dominorum Scabinorum, wie du selbst gestehest / vor uns / und also stehet das Recht auff unserer Seiten. Es ist ja wahr lieben Herren / ihr habt eine Sententz gekriegt / wie ihr sie haben wollen. Aber ihr sollet auch wissen / daß ich inauditus bin / und in die drey Jahr angehalten habe / mir nicht die geringste Gnade für einig straffbar Verbrechen zu ertheilen / sondern nur die Gnade wiederfahren zu lassen die ein Bettler hätte / daß ich genungsam gehöret und nicht übereilet würde. Es ist auch diese Sententz noch lange keine setentia definitiva, und wil ich aus respect gegen das Collegium Scabinorum, darinnen ich noch werthe Gönner und Freunde habe / noch zur Zeit nicht melden / wie es mit dieser Sententz zugegangen / und wie ich vor Verfertigung derselben de administratione justitiæ bescheidene Erinnerung thun lassen. Ich mache

 nun

nun durch Gottes Gnade auch Urtheil und Sententzen / und bin allemahl bereit / denen jenigen / die davon Rechenschafft gebührend fordern / dieserwegen Rede und Antwort zu geben. Wäre der damahlige Herr Referent, der diese Sententz concipiret / noch am Leben / oder nur damahls / als ich dieselbe erfahren / noch am Leben gewesen / ich hätte ihn längst umb die rationes decidendi entweder heimlich oder öffentlich angesprochen. Nachdem er aber schon an seinem Ort ist / sehe ich keine Hoffnung dieselbe zu erlangen. Es solte mir aber ein grosser Gefallen geschehen / wenn das löbliche Collegium Dominorum Scabinorum zu Leipzig oder wer es wolle / diese rationes decidendi kund machen wolte. Denn ich wolte mir in Gottes Nahmen getrauen / salva Dominorum Concipientium autoritate gründlich zu zeigen / daß selbige rationes entweder nicht zulänglich und schliessend / oder in actis nicht gnugsam gegründet / und mit einem Wort / die Sententz nicht ex arte æqui & boni gesprochen worden / wiewohl ich dennoch dieselbe deßwegen nicht inter casus fortuitos, womit man sonst ut plurimum die Sententien zu vergleichen pfleget / sondern unter die Dinge / die mit gutem Bedacht und Vorsatz geschehen / rechnen wolte.

Weil ich nun die Gründe dieses Urtheils nicht haben kan / so muß ich die Gründe / darauf Eure diffamationes fussen / für die Hand nehmen / und weil mir auch der Wittenberger Klage noch diese Stunde vorenthalten wird / so kan ich nicht besser thun / als daß ich meiner Parthey und Richters des Herrn Ober-Hofprediger Carpzovii Anschuldigungen / wie ich sie oben aus seinen eigenen Worten angeführet / vornehme / und meine Vertheidigung darnach / wiewol auff das kürtzeste / einrichte. Erstlich beschuldiget er mich: **ich hätte so gröblich an Se. Churfürstl. Durchl. selbst / der Evangelischen Kirchen / rechtschaffenen Theologis und vielen ehrlichen Leuten durch ungescheute edirung so leichtfertiger Famos-Schrifften / als nicht leicht gesehen worden / mich vergriffen / und den Churfürstl. hohen Nahmen so unverantwortlich beleidiget / daß ich S. Churfl. Durchl. öffentlich als einen Beschützer meiner Leichtfer-**

tigkeit

tigkeit außruffen dörffen. Hierauff antworte ich 1. daß meine Monats-Gespräche/ die durch diese Anklage verstanden werden/ Satyrische Schrifften seyn/läugne ich nicht/ich läugne aber/daß sie Famos-Schrifften seyn / und so lange ihr dieses nicht beweiset / so lange muß mein Läugnen mehr gelten als eure Anklage / denn denen Klägern und Diffamanten lieget der Beweiß ob. 2. Ob ich gleich ad hominem wieder euch zu disputiren euch aus eures gleichen Theologis, geschweige denn aus Politicis darthun könte / daß die Satyrische Schrifften gar nichts unrecht seyn: So habe ich doch schon anderswo gestanden/gestehe es auch noch/daß die Satyrischen Schrifften / wenn sie auch nach der Welt noch so honnet seyn / einen Christen nicht geziemen/ weil derjenige / so solche schreibet / bey Schreibung und Verfertigung derselben die intention hat und sich freuet / seinen Feinden (sie haben nun solches verdienet oder nicht) weh zu thun / und selbige auff eine so beissende Art zu beleidigen / daß es ihnen in der Seele wehe thut / und dennoch nicht muxen dörffen/ wenn sie nicht von jedermann wollen ausgelachet werden/ und dennoch auch ausgelachet werden / wenn sie sich nicht melden. Denn das ist die Art der rechten Satyren / soferne sie von injuriösen Schrifften entschieden sind / daß sie auff solche Art schreiben/ daß der sensus literalis gantz indifferent, der darunter verborgene aber dergestalt eingerichtet ist / daß niemand / als die es verstehen sollen/ solches verstehen/nemlich der Feind dem man eines versetzen wil/ und etliche andre / die die historiam arcanam verstehen / und solchergestalt den Schlüssel zu dem sensu mystico haben / und weil man gewohnet ist / in Gerichten fürnemlich auff sensum literalem in injuriis zu sehen/dieser aber in der recht Satyrischen Schrifft allemal so zu reden zur rechten weiset / wenn der sensus satyricus zur lincken zielet/so muß also der getroffene nothwendig sich prostituiren/ wenn er den Satyricum deshalben anklagt / indem er so dann sich selbst muß Schuld geben/ daß er ein solcher sey / wie ihn der ander beschrieben / und doch ihm fast unmöglich zu beweisen ist / daß ihr der ander gemeynet. Massen dann auch leider testantibus actis etliche unter euch sich ziemlich prostituiret/ wenn sie sich in ihrer Anklage wider mich bloß gegeben/und einer bald ein von mir be-

schrie-

schriebener Chrestophilus, der andere ein Chrysippus, der dritte gar ein Bettelvogt u. s. w. seyn wollen. 3. Wie ich nun / wenn ich letzo nach dieser meinen Erkäntnüß ferner Satyrische Schrifften schreiben wolte/ wider mein eigen Gewissen handeln würde; Also habe ich damahls diese Erkäntnüß noch nicht gehabt / sondern bin durch die argumenta, daß z. e. auch GOtt der Gottlosen spotte und über sie lache/ daß man nicht wider weltliche Gesetze handele / und andere dergleichen die ich selbst in meinen Oster-Gedancken voriges Jahrs widerleget/verleitet worden/ daß ich gemeynet/ ich thäte löblich und wohl / zumahl wenn ich mich der Satyre wider Leute / die der Warheit und Tugend feind wären/ und solches verdienten / gebrauchte. Und ob mich wol 4. dieses für Gott nicht rechtfertiget/ ich auch dieserwegen theils in der kurtzen Abfertigung des Paßqvills/ Unfug der Pietisten genannt/ theils in besagten meinen Oster-Gedancken / meine Sünde öffentlich bekennet/ und depreciret; so habet doch ihr am wenigsten keine Ursache mich dieserwegen anzuklagen / weil leider eure und eures gleichen untheologische Schrifften oder Disputationes meine zu solchen Dingen geneigte Natur und Jugend noch mehr geneiget / und da ich solche begierig gelesen oder gehöret/ dieses Gifft mir beygebracht. Ich habe nicht leicht eine Disputation versäumet / wenn D. J. A. S. etwa einem Magister opponirte / und ihn sarcasticè und sophisticè exercirte / daß er Blut hätte weinen mögen; Ich habe mit grosser Begierde gelesen/ wie in der Calixtinischen controvers D. Æ. S. und D. F. U. C. einander so wacker herumb nahmen/oder wie besagter D. S. D. Schefflern so wohl mit Bildern als schrifftlich durch alle prædicamenta zoge u. s. w. Doch solte es mir 5. auch noch leider seyn wenn meine Monate so arg wären als solche Streit-Schrifften. Sind sie nicht Christlich/ so sind sie auch nach der Philosophie nicht scurrilisch / und muß mir hier zum Zeugnüß dienen/ daß euer eigener Pflege-Sohn und Discipel, als er den ersten Paßqvill wider mich in seiner Decade schreiben muste / und mit Fleiß zusammen suchte / ob er einige scurrilität darinnen finden könte / aus Mangel dererselben dieses dafür ausgab/ daß ich in Beschreibung und judicio von der inquisition zu Goa, und in Tadelung der Boßheit derer Inquisitorum,

aus

aus dem Autore angeführet hatte/ daß sie den Inquisitum bey dem Eingeweide der Barmhertzigkeit J. C. beschwüren. Aber die obangeführten untheologischen Schrifften sind leider von solchen Zeuge mehr als zu voll/ und habe nur noch neulich in Untersuchung der Controversien und des Lermens/ den ihr wegen der Chur-Brandenb. Edicten wider die Zäncker angefangen/ mit grosser Betrübnüß etliche dergleichen scurrilische Schrifften absonderlich aber eine von D. E. S. R. verfertigte gefunden/ die den Titel hat: Christoph Idelers Schreiberey-Bedientens in Leipzig Epistolium oder Sendschreiben an M. Gesenium. Da habt ihr nun noch gnung für eurer Thüre zu fegen/ ehe ihr andre Leute/ und zwar mit Ungrunde anklaget. Denn 6. kan ich euch mit Freudigkeit Trotz bieten/ daß ihr mir nicht beweisen sollet/ daß meine Schrifften Famos- oder injuriöse-Schrifften seyn/ die wider weltliche Gesetze sündigen. Wollet ihr aber wissen/ was ein Libellus Famosus ist/ so sehet nur den Unfug der Pietisten an/ da werdet ihr finden/ daß darinnen Seine Churfl. Durchl./ die Evangelische Kirche/ rechtschaffene Theologi und viele ehrliche Leute geschmähet werden. Es wird euch auch euer eigen Gewissen sagen/ und noch dermahleins zu seiner Zeit die von Chur-Fürstl. Durchl. Joh. Georg. IV. angestellte Commission entdecken/ wie weit ihr bey diesem Paßquill interessiret seyd/ wiewohl es auch der Augenschein/ und die collation nur desjenigen/ was mich der Herr Ober-Hof-Prediger Carpzovius beschuldiget/ mit dem/ was besagter Paßquill wider mich lästert/ weisen/ daß die Federn von beyden Schrifften nahe verwand seyn müssen/ zu geschweigen/ daß bald Anfangs in einen wider diesen Unfug verfertigten Bogen der Autor genennet wurde/ und noch diese Stunde unverantwortet auff sich sitzen lassen. Und mit was vor Schamhafftigkeit möget ihr endlich 7. vorgeben/ daß S. Churfl. Durchl. zu Sachsen ich als einen Beschützer meiner Leichtfertigkeit außgegeben? Ihr verstehet hierdurch/ daß ich die ersten beyden Theile meiner Monats-Gedancken S. Churfl. Durchl. unterthänigst dediciret. Aber sehet/ wie imprudent seyd ihr in dieser Beschuldigung. Ihr wustet/ da ihr dieses schriebet/ daß ein hoher Staats-Minister und vornehmes Mitglied des hochpreißlichen Chur-Fürstlichen Geheimbden

 Raths-

Raths-Collegii diese meine Monate zu lesen pflegte; Ihr wustet daß er mir die Gnade erwiese und mich in seine protection nahme wider eure Begünstigungen; Ihr wustet daß er meine Dedicationes Sr. Churfl. Durchl. selbst übergeben hatte / und doch entsahet ihr euch nicht / durch diese meine Schmähung hochgedachten Churfürstlichen hohen Minister als einen Beschützer der Leichtfertigkeiten / und der den Churfürstlichen hohen Nahmen unverantwortlich beleidigen hülffe / und zwar in einer Schrifft / die ihr an das Geheimbde Raths-Collegium übergabet / dergestalt zu injuriren.

Das andere Stück euer Anklage aus des Herrn Ober-Hofprediger Carpzovii Berichte bestehet darinnen: **Daß ich die Lutherische Religion und dero Lehrer so wohl als S. Churfl. Durchl. hohe majores in dero actionibus und Verfahren in einer Erörterung der Gewissens-Frage von der Ehe in favorem der Reformirten schändlich gelästert.** Hier sind viel Beschuldigungen beysammen / darauff ich aber anfangs überhaupt antworte / daß dieses alles wieder unerweißliche und falsche Anklagen sind. Mein Buch lieget für jedermans Augen / und ich fordere nichts von euch als Beweiß. In specie die Lutherische Religion und dero Lehren betreffend / so weiset 1. mein gantzes Buch / daß ich mit Ehrerbietigkeit von beyden Religionen geredet habe / auch 2. keiner Lutherischen Lehrer / als Lutherisch / mit einem picquanten-Wort erwehnet. Ich habe 3. p. 31. 32. unruhiger Köpffe / aber auff beyden Theilen gedacht / die da meynten / daß das Christenthumb in Zancken und Streiten bestehe. Aber hierinnen bestehet weder das Wesen der Lutherischen Religion / noch dero Lehren. Ich habe 4. p. 64. D. Löschers Schmähung der Reformirten und durchgehends in 3. und 4. Capitel den Autorem des Büchleins / wider den ich damahls diese gantze Schrifft vorgenommen / gegründet und Augenscheinlich widerleget. Aber Lutherische Lehrer / wenn sie irren / refutiren / ist nicht die Lutherische Religion und dero Lehrer lästern. Solte man euch nicht refutiren dörffen / weil ihr was unrechtes schreibet / so würdet ihr unter die Leute gehören / bey [illegible] Tauß vom Himmel herab geredet seyn / was

sie

sie reden / und was sie sagen das muß gelten auf Erden. Aber dieses ist der character des Pabstthums und nicht der Lutherischen Religion. Derohalben höret 5. einmahl auff / ich bitte euch hertzlich darumb / mich zu diffamiren / als wenn ich ein Verächter des heiligen Predigampts oder Ministerii, und ein geschworner Feind der Theologorum wäre. Von dem Predigampt glaube ich / daß es ein heiliges von GOtt eingesetztes Ampt sey / und von denen Predigern und Theologis glaube ich / daß die Frommen und Gottseligen GOttes Aug-Apffel und Christi Diener seyn / und ich fürchte mich auch nach meinem natürlichē Menschen mehr für ihnen / als für allen andern Menschen / und wolte nicht aller Welt Gut nehmen / einen mit Willen nur im geringsten zu beleidigen. Ja / sprecht ihr / das ist nicht genung: Was hältest du aber von bösen Predigern die nicht so fromm seyn? Was gilts / da wird die Verachtung des Predigampts bald heraus kommen. Antwort: Sehet lieben Herren ich wil offenhertzig heraus bekennen / was ich davon halte / und nichts in mich schlucken; ich wil aber auch keinen Schluß machen / sondern euch denselben selbst überlassen. So glaube ich dann 1. daß kein Stand oder Ampt die Personen / sondern die Personen den Stand oder Ampt heiligen. 2. Daß ein Gottloser Mensch kein Christ / geschweige denn ein Diener Christi sey. 3. Daß ein Gottloser Mensch ein Werckzeug des Satans sey. 4. Daß wer ein Werckzeug des Satans für einen Diener Christi halte / eine von den gröbsten Abgöttereyen begehe. 5. Daß die Schrifft ohne den Heil. Geist ein todter Buchstabe und todtes Wort sey. 6. Daß der Heil. Geist weder in dem Hertzen noch in dem Munde eines Gottlosen sey. 7. Daß die Worte der Schrifft in dem Munde eines Gottlosen / der dieselbige zu scurilischen / lächerlichen / oder sonst wollüstigen Dingen mißbraucht / eine Gotteslästerung sey. 8. Daß keine Gotteslästerung das Wort Gottes sey. 9. Daß es eben so wohl eine Gotteslästerung sey / ob man die Schrifft nach dem affect des bösen Zorns / Rachgier oder Schmähung anderer Leute oder auch nach einen andern sündlichen affect verdrehe / oder ob die Verdrehung nach einen affect der liederlichen Wollust geschehe. Nun thut mir die Liebe / und unterrichtet mich selbst durch ein Responsum von euch / welches ich gerne bezahlen wil. 1. Ist diese meine Bekäntnüß gut Evangelisch oder nicht? Ist es nicht / so weiset mir den Irrthumb Christlich und bescheiden. 2. Ist sie es aber / so lehret mich / wie soll und kan ich Krafft dieser Erkäntnüß den Schluß machen oder bejahen / daß ein Gottloser Prediger ein Diener Christi / und das Wort so er prediget / Gottes Wort sey / und daß in dem heiligen Predigampt auch Gottlose Prediger seyn. Thut ihr das / so wil ich es euch Lebenslang grossen Danck wissen. Thut ihrs aber nicht / und wollet mich doch noch ferner als einen Verächter des Predigampts ausschreyen / so wird ein jeder vernünfftiger Mensch erkennen / daß ihr mir Unrecht und Gewalt thut.

Ich habe seit der heraus gegebenen Disputation de Jure Principis circa adiaphora mit grossen Mißvergnügen gehöret / daß ihr daraus ein neu Argument genommen / mich unter denen Leuten zu schwärtzen / als ob ich die Lutherische Religion lästerte: Weil ich von der Formula Concordiæ daselbst kein gar zu favorabel Urtheil gefället / und es euch wohl ziemlich verdrossen / auch wohl die Haupt-Ursache mit gewesen seyn mag / warumb ihr diese Disputation confiscieren lassen / weil ich das mysterium iniquitatis etwas deutlich beschrieben. Die Disputation liegt für jedermans Augen / und kan ein jeder selbst lesen / was ich daselbst geschrieben. Die aber kein Latein verstehen / mögen sich gedulden / bis die Teutsche version besagter Disputation, die schon fertig ist / gedruckt werde / welches schon geschehen wäre / wenn nicht die Messe zu geschwinde herbey genahet. Ich würde auch davon kein Wort weiter gedencken / wenn ich nicht erfahren hätte / daß auch unter denen Politicis, und zwar auch unter denen / die sonsten dafür angesehen seyn wollen / als ob sie die Warheit und die Krafft des Glaubens erkenneten / sich etliche von euch verleiten lassen / mit Unverstand deßhalben über mich zu eifern. Nun ist mir zwar leyd / daß diese Warheit für ihre Mägen eine harte Speise gewesen / und wil ich hoffen / es solle sich dieses ärgernüß mit Gottes Hülffe bald legen; es wäre doch aber gleichwohl nicht übel gethan gewesen / wenn sie sich den Eifergeist nicht übereilen lassen / sondern der Sache ein wenig genauer nachgedacht / und meine Worte recht angesehen hätten. Nemlich es kan die Formula Con-

cordiæ

geduldet wird/ der dasselbige nicht unterschreibet/ oder sich sonst darzu bekennet/ derjenige aber der solches thut/ geduldet und für einen guten Christen gehalten wird/ wenn er das Buch schon nicht gelesen/ oder nicht verstehet was drinnen stehet/ wenn er nur/ (wie die Leipziger Disputation p. 52. §. 4. sagt/) præsupponirt, daß es wahr sey/ und die Warheit desselben aus der Heil. Schrifft bewiesen sey. In der ersten Betrachtung halte ich die Formulam Concordiæ in dem Werth/ wie ich alle Confessiones halte/ daß es gut sey/ daß man sich erkläre/ was man gläube/ damit ein jeder dem daran gelegen ist/ solches erkennen möge. In der andern Bedeutung halte ich nicht die Formulam Concordiæ alleine/ sondern alle Bücher und Confessiones von Menschen/ (und zwar von solchen Menschen/ die jederman gestehet/ daß sie nicht vom Heil. Geist getrieben oder θεόπνευστοι gewesen/) wenn sie solche Zwang-Bücher werden/ für Antichristische Bücher/ weil sie über die Gewissen herrschen/ und die Christliche Toleranz auffheben/ auch in denen Evangelischen Kirchen das Affter-Pabstthum einführen und befestigen. Und weil nun offenbahr/ daß die Formula Concordiæ bald Anfangs zu dem Ende/ daß sie ein solches Zwang-Buch seyn solte/ gemacht/ und bißhero an denen meisten Orten so gebraucht worden/ so gehe ich weiter/ und sage/ daß ich solche Formulam Concordiæ für ein höchst-gefährliches Buch halte/ indem dadurch viel unschuldige Leute von Hauß und Hof gejaget werden/ die sich solchem Gewissens-Zwang nicht unterwerffen wollen/ indem dadurch das Band des Friedens unter denen Evangelischen Ständen des Heil. Röm. Reichs aufgehoben/ die Dissentirenden verkätzert/ und verfolget/ vielmehr Evangelische Fürsten/ durch Beredung der Clerisey/ mit dem Pabstthum zu Außtilgung der Dissentirenden sich zu vereinigen angefrischt/ und dadurch viel unschuldiges Blut vergossen / auch zu noch mehrerem Unheil und Verfolgung oder Zänckereyen unter denen Lutheranern selbst / ja zu vielem Aufruhr in- und ausserhalb Landes nothwendige Gelegenheit gegeben worden / und noch heut zu Tage an vielen Orten gegeben wird. Ja ich halte auch die Formulam Concordiæ für ein so wol denen Fürsten und Obrigkeiten / die selbige angenommen / als auch deren Land und Leuten höchstschädliches / und dieselbe vielmehr ruinirendes Buch. Unterstehe sich nur ein Evangelischer Lutherischer Fürst / dieses Buch / oder nur den Exorcismum abzuschaffen / und sehe / wie hübsch seine Clerisey das Volck wider ihn in ihren Predigen erregen wird / oder erwarte gar / wie er unvermuthet / und in der besten Blüte seiner Jahre dahin sterben wird. Es unterfange sich nur ein Lutherischer Fürst / unter dem die Formula Concordiæ ist / und nehme etwan in seine schönen / aber wegen Mangel der Nahrung wüste stehenden Städte / vertriebene Frantzosen an: Es unterfange sich nur sein Geheimes Raths- und Cammer-Collegium, dieses Vorhaben gut zu heissen: Seine Clerisey wird ihnen allen bald einen Strich durch ihre Rechnung machen: Es gehet durchaus nicht an. Warum? Es ist wider die Formulam Concordiæ. Aber das Land crepiret / und es könte ihm dadurch wieder aufgeholffen werden. Wer fragt darnach? Es ist wider die Formulam Concordiæ. Sehet / ein solch Buch ist die Formula Concordiæ, das ihr und eures gleichen gebraucht / wie ihr wollet / euch in eurem Ehr-Ansehen und Affter-Pabstthum zu erhalten / und denen Fürsten und andern Leyen / die sich auch nicht unterwerffen wollen / dadurch Zaum und Gebiß anzulegen. Deßhalben heist ihr es auch euer Palladium oder euren Abgott; Denn es ist eure vornehmste Stütze / und wenn diese euch vollends weggezogen wird / so ligt ihr gantz und gar zu Boden. Da habt ihr nun meine Bekäntnüß von der Formula Concordiæ, und macht nun damit / was ihr nicht lassen könnet. Ich will nicht hoffen / daß ihr die Dinge läugnen werdet / die ich jetzo gesagt / daß sie aus der Formula Concordiæ erfolget. Soltet ihr es aber ja thun / so versichert euch / daß es wenig Kunst / sondern nur ein wenig Mühe brauchen soll / in einer ausführlichen Historie vom Tode Lutheri an biß zu unsern

Zei-

loßzuschütteln. Saget ja nicht mehr / daß ich durch meine Meynung von der Formulâ Concordiæ die Evangelische oder Lutherischen Religion lästere. Denn 1. ist bekant / daß nicht alle Kirchen dieselbe angenommen. 2. Wirfft Herr D. Alberti zu Ende der Vorrede über Hutteri Concordiam Concordem mit losen Worten um sich / wider die Leute / die da vorgeben / das wären keine guten Lutheraner / die die Formulam Concordiæ nicht angenommen hätten. 3. Schelte ich nicht auff die Fürsten oder andere Leute / die die Formulam Concordiæ angenommen haben / sondern ich betaure das Joch und Sclaverey / darunter sie durch den Mißbrauch dieses Buchs schmachten.

Ihr gebet mir ferner durch D. Carpzovii Feder Schuld / daß ich in dem Büchlein von der Ehe die hohen majores Sr. Churfl. Durchl. zu Sachsen in Dero actionibus und Verfahren lästere. Diese Lästerung aber soll nach dem / was mir von der Wittenberger Klage / als oben angeführet / glaubwürdig berichtet werden wollen / darinnen bestehen / ich hätte im besagten Buche dem enthaupteten D. Crell das Wort zu sehr geredet. Hierauf antworte ich 1. Es ist abermahl eine pure Verleumbdung / daß ich in meinem Buch D. Crellen das Wort geredet. Sehet / das sind meine Worte p. 30. Ich habe auch einen ausführlichen Bericht von D. Crells Tode gelesen / in dem ich viel sonst unbekante Umstände gefunden. Sehet / das ist alles / was ich in meinem Buche von D. Crells Tode geschrieben / und ihr schämet euch nicht in eure Hertzen / mich zu calumniren / daß ich D. Crellen defendiret / und hernach durch eine neue Consequenz, daß ich S. Churfürstl. Durchl. zu Sachsen hohe majores

in

in ihrem Thun und Lassen gelästert hätte. Aber ihr seyd in eurer Theologie, die ihr auf Universitäten treibet/ solche Consequenzen wider die Leute/ denen ihr nicht gut seyd/ zu machen gewohnet/ wie wol auch diese Consequenzen-Macherey durch Gottes Gnade schon an etlichen Orten des Landes verwiesen ist. Denn 2. gesetzt/ ich hätte Stellen defendiret; wie folgete das daraus: daß ich deßhalben einen Chur- oder Fürsten des Hauses Sachsen gelästert hätte. Wie? wenn ich so gesagt hätte/ der liebe Chur-Fürst ist ja zu betauren/ daß er sich hat von seinen Theologen hie- oder darzu verleiten lassen. Da sprecht ihr/ das ist schon crimen læsæ Majestatis. Sihet ihr nicht daß unser Hutterus es dem Hospiniano eben so gemacht/ wenn er p. 277. c. 9. ihm Schuld giebet/ daß er Churfürst Augustum zu schimpffen seinen Theologis Schuld gegeben/ daß sie ein anders vorgegeben/ ein anders aber im Sinne gehabt: Im margine stehet: Hospinianus per latus Theologorum pungit Electorem Saxoniæ. Von Peuceri Beschuldigung habe ich schon dergleichen in meinen Corollariis ad Disputationem de Jure circa adiaphora angeführet. Aber/ liebe Herren/ verzeihet mir. Crimen læsæ Majestatis ist eine Juristische Materia/ und habe ich nicht gefunden/ quod crimen læsæ Majestatis committatur in Theologos, aut in Principem per latus Theologorum. Das klingt ein bißgen gar zu sehr Papistisch/ und ihr saget es ja dero heraus/ daß ihr gerne Chur-Fürst im Lande wäret? Wie wolte ein Fürst dadurch geschimpffet werden/ wenn man ihn beklagte/ daß er von bösen Theologis so etwas verleitet würde. Ihr stosset mit euren Lehren und Erklärungen alle Juristische Doctrin de injuriis über den Hauffen. 3. Wie macht ihr es denn selbst? Gewiß/ wenn dieses eine injuria und crimen læsæ Majestatis ist/ von Fürsten ihren actionibus nicht allemal cum elogio zu judiciren/ so werdet ihr billich euch eines solchen groben Lasters enthalten. Wir wollen es bald sehen: Cap. XII. p. 429. schreibet Hutterus: Landgraff Wilhelm von Hessen sey von dem Superintendenten zu Cassel und andern schändlich hinter das Licht geführet worden: Und c. 29. p. 800. stehet: Es habe gedachter Landgraff gar aus einem fleischlichen und unzeitigen Absehen der Formulæ Concordiæ nicht unterschreiben wollen. Habe

ihr

es noch gröber gesetzt: De Saxoniæ Electoris Christiani I. imposturis, fraudibus & mendaciis, quibus ipsi nequiter imposuerunt & Politici & Theologi. Und wie stehets um des Löbl. Churfürsten seinen Tod? Der Mann/ der zu Dreßden von seinem Leben und Tod ein Büchlein außgehen lassen/ (der Stylus weisets/ daß es ein Theologus von eurer Classe gewesen/) nachdem er erst p. m. 40. fein derb gesetzt hatte/ es könne Churfürst Christianus I. für GOtt nicht entschuldiget werden/ daß er seinen Dienern so viel eingeräumet/ fängt p. 54. an/ es wären von seinem Tode sehr viel unterschiedene Judicia gefallen; Alleine es wäre außgemacht/ daß Kranckheit eine Straffe der Sünden sey. Denn GOtt drohe ja/ daß wenn man der Stimme des HErrn seines GOttes nicht gehorchen wolle/ so werde GOtt Pest und alle Plagen über einen solchen Menschen schicken/ Er werde ihm ein unruhiges Hertz und eine schmachtende Seele geben; Furcht und Schrecken werde über ihn schweben. Morgens werde er nach dem Abend und den Abend nach dem Morgen schreyen/ u. s. w. Sehet/ das ist nur ein Stücke von dem Eingang/ den dieser Historicus von der Kranckheit des Löblichen Churfürsten macht. Und müste einer sehr blind seyn/ der nicht sähe/ daß hinter diesen flosculis Rhetoricis diese Propositio Logica stecke. Wundert euch nicht/ warum der Churfürst in seiner besten Blüte gestorben; So gehets einem Fürsten/ wenn er Formulam Concordiæ, oder Exorcismum abschaffen wil. GOtt muß ja straffen. Was die Leipziger Disputation von der durch Churfürst Johann Georg den IV. angeordneten Commission sage/ haben wir oben erwehnet. Begehet ihr denn nun keine Lästerungen wider Chur- und Fürsten/ wenn ihr gleich sie selbsten und ihre löbliche actiones so schmähelich angreifft! Sprecht ihr; Ja mit uns ist es ein anders: Was wir thun/ darff ein anderer nicht thun/ so

Mm repli-

repliciren wir Leyen/das ist wieder ein Stück Antichristischer Lehre. Das Evangelium macht kein neu Recht/ und die Christliche Religion macht keine Exceptiones von gemeinen Rechten. Sprecht ihr aber: Ja das ist ein anders/ Chur-Fürst Christian der I. war nicht gar zu gut Lutherisch oder nicht gut vor unsere Theologos: Churfürst Johann Georg der IV. wolte unsern Unfug und unsere arcana an das Tagelicht bringen; so repliciren die Leyen wieder: Dadurch verrathet ihr euch/ daß es euch nicht um die werthesten Churfürsten/sondern um euch selbst ist. Sind nicht Churfürst Christian der I. und Churfürst Johann Georg der IV. so wohl Churfürsten zu Sachsen gewesen/ als Churfürst Augustus oder Churfürst Johann Georg der I. Warum lästert ihr denn dieselben so offenbar und ungescheut? Sihet hier nicht jederman abermahl/ daß ihr wollet selbst Churfürsten seyn/ und daß man die Churfürsten ehren oder schmähen solle/ nachdem sie bey euch in Gnaden stehen oder nicht.

Nun beschuldigt ihr mich weiter/ ich hätte solche Lästerungen in favorem der Reformirten begangen. Aber verzeihet mir/ daß ich euch antworte/ daß dieses eine grobe Lästerung sey/ die zwar bey diesem Umstand mehr die Reformirten angehet/ als mich/ als wenn nemlich selbige einen Gefallen daran hätten/ wenn man Lutherische Prediger/oder die Churfürsten zu Sachsen lästerte. Es ist augenscheinlich/ daß der Herr Ober-Hofprediger durch diese Beschuldigung S. Churfürstl. Durchl. zu Sachsen wider die Reformirten ex principiis Formulæ Concordiæ auffbringen wollen/ wenn es ihm nur gelungen wäre. Die Wittenberger sollen mich deshalben verklagt haben/ daß ich denen Reformirten darinnen geschmeichelt/ daß ich in dem Buche gesagt/ es sey kein fundamentalis dissensus zwischen denen Lutherischen und Reformirten. Darauff antworte ich 1. Ich bin zum Schmeicheln von Natur nicht gemacht/und wenn ich euch hätte schmeicheln können/hättet ihr mich nicht aus meinem Vaterlande verjagt. 2. Bin ich so tumm nicht/ daß/ wenn ich ja jemand schmeicheln wolte/ ich nicht mit so verhaßten Warheiten/ als meine Lehren sind/ auffziehen gen kommen müste. Ein Gelehrter / der sich insinuiren wil / muß sich auff panegyricos, carmina, inscriptiones, experimenta, und andere curiöse und galante Studia legen / die an allen Orten und bey allen Religionen angenehm sind. Lehren / die von emendatione Morum handeln / und mit Bestreitung allgemeiner und von ansehnlichen Leuten verfochtener Irrthümer zu thun haben / sind bey allen Religionen sehr wenig Leuten angenehm. 3. Daß ich aber davor halte / daß unter denen Reformirten und Lutheranern kein fundamental dissensus sey / ist keine Schmeicheley / sondern mein pur lauterer Ernst. Den Grund meiner assertion könet ihr in meinen hypothesibus in der Dissertation über des Boirets Buch de Eruditione solidâ finden. Kurtz. Ein frommer und Christlicher Mensch / er sey nun ein Lehrer oder Zuhörer / wird von mir hoch geachtet / er sey unter den Lutheranern oder Reformirten / ja auch unter den Catholischen / als Kempis, Tauler, Johannes à Crucè u. s. w. Aber einen Zäncker und Ketzermacher fliehe ich / er sey unter was Religion und Secte er wolle.

Der Herr Ober-Hofprediger beschuldiget mich weiter / ich redete den Pietisten allezeit das Wort / und hätte sie in meinem Programmate nach Halle avociret. Hier frage ich 1. Was ist denn ein Pietiste? Lasset doch die Definitiones derer Professorum zu Leipzig / die sie dieserwegen vor der Commission gegeben / erst publiciren / so wird jederman sehen / daß ihr miteinander selbst nicht wisset / was ihr lästert; oder daß es so heraus komme: Pietisten sind fromme Christliche Leute / die die Theologi zu Dreßden / Wittenberg und Leipzig nicht leiden können / weil jener ihr gottseliges Leben und Wandel sich mit dieser ihrem After-Pabstthum gantz nicht reimen wil. 2. Solchen Leuten nun das Wort zu reden / halte ich für kein Laster / sondern für eine Christliche Schuldigkeit / und sage euch dannenhero hertzlich Danck für diese Anschuldigung / weil sie bey Christlichen Leuten mir vielmehr zu Ehren / als zur Schande gereicht. Und also wäre es auch 3. keine Sünde gewesen / wenn ich schon solche Leute nach Halle eingeladen hätte. Denn ihr habt sie ja ohne dem aus Sachsen verjagen wollen. Oder wollet ihr / daß man sie gar nicht in der Welt dulden solle? 4. Wenn ich durch die Worte meines Programmatis: Impius rixator excesso: die Pietisten nach Halle gelocket/ mein was macht ihr aus euch selbst? Gestehet ihr denn/ daß ihr Antipietisten impii rixatores seyd?

Endlich werde ich beschuldiget/ daß ich die bekanten Chur-Brandenburgischen interdicta und Verruffungen der Wittenbergischen Universitæt veranlasset. Nun wil ich ja nimmermehr verhoffen/ daß ihr mir die vor 30. Jahren ergangenen Edicta, als ihr euch in fremde Händel mengetet/ und mit eurem Wittenbergischen Judicio und Responso die Märckischen Unterthanen zur Widersetzlichkeit und Zusammenrottirung anfrischetet/ zuschreiben wollet/ da ich noch kaum ein Studente gewesen; sondern ich verstehe es von einem Edicto, das etwan nach Publicirung meines Buchs mag erfolget seyn/ wiewol ich noch diese Stunde nicht weiß/ noch mich darum bekümmert/ ob ein dergleichen interdictum publiciret worden. Wäre es aber geschehen/ so hätte ich solches nicht weiter veranlasset/ als daß ich Herrn D. Löschers Lästerung wider die Reformirten refutiret/ kan aber nicht absehen/ was das für ein crimen sey/ wenn ein Lutherischer Jurist eine dergleichen Lästerung eines Lutherischen Theologi, die dieser selbst durch öffentlichen Druck publiciret/ bey Gelegenheit refutiret. Denn ich halte/ ihr werdet gerne zugeben/ daß/ wenn ein Lutherischer Theologus eines Lutherischen Juristen Unthat widerlegete/ und sein Mißfallen daran bezeigete/ man ihn loben solte/ daß er solches gethan: Oder wenn ein Reformirter Juriste eines Reformirten Theologi dergleichen Fürnehmen gestraffet hätte/ würdet ihr sprechen: Das ist doch ein ehrlicher Mann/ der unpartheyisch ist. Was nun euch recht ist/ das muß denen Juristen auch recht seyn/ und was ihr wollet/ das euch die Leute thun sollen/ das müßt ihr ihnen auch thun: Sonst seyd ihr Antichristisch/ und bezeiget/ daß man auch zu euch nicht sagen dürffe: Papa quid facis? Weil dannenhero aus diesen Umständen offenbar/ daß nicht ich/ sondern D. Löschers Lästerung an diesem interdicto Ursache gewesen wäre/ und dannenhero er wol verdienet hätte/ wenn er von dem Ober-Consistorio zu Dreßden dieser Unthat wegen noch darzu bestraffet worden wäre; Sehet/ so

macht

und schläget den andern wieder. Es ist gewiß ein sehr unverantwortlich Beginnen / daß ihr bey Ihro Churfl. Durchl. zu Sachsen angehalten / Dero Unterthanen zu verbieten / daß sie mir nicht nachziehen solten / oder etwan sonsten wegen Brandenburgischer Universitæten gleiche Interdicta zu publiciren. Denn es ist ja gar zu ein grosser Unterscheid darhinter. Ihr seyd Autores Rixæ, und fanget mit euern auffwiegelerischen Responsis, Consiliis und Admonitionibus, an allen Orten Unfug und Lermen an / und schicket aus eurem Seminario Leute allenthalben herum / derer primum principium ist / daran sie als an einem Glaubens-Articul hängen / daß sie euch und eurer Catheder mehr Gehorsam zu leisten schuldig seyn / als ihren Landes-Fürsten / wenn er seine hohe Regalia gebührend exerciret / und innerlichen Friden und Ruhe auff eine löbliche und Christliche Weise zu handhaben gedencket. Ihr erkläret erstlich: Dieses oder jenes sey ein adiaphorum. So bald es aber der Fürst als adiaphorum tractiren wil / so sprecht ihr: Nein / das ist uns ungelegen. Das muß sich der Fürste nicht einbilden. Nun / da es der Fürste haben wil / soll das Ding kein adiaphorum seyn. Und dennoch wil es euch verdriessen / wenn ein Fürst seinen Unterthanen verbietet / an solche Oerter zu ziehen / wo so offenbar ungesunde und unchristliche Lehren der Jugend eingetrichtert werden. Ihr warnet ja alle Fürsten / daß sie ihre Unterthanen nicht sollen zu Rom studiren lassen / unter andern auch darum / weil der Stul zu Rom gefährliche Lehren habe vom Gehorsam der Unterthanen gegen ihre Obrigkeit / und ihr schreibt wohl Bücher / was die Fürsten für Interesse davon haben / daß sie Lutherisch seyn. Wenn aber die Fürsten erkennen / daß eure Bücher zwar lieblich klingen / aber eure Lehre eben so gefährlich für den Gehorsam der Unterthanen ist / als die Lehre zu Rom; Wenn die augenscheinliche Praxis vor diesen in der

Marck Brandenburg/ und jetzo zu Hamburg die Früchte eurer Lehren zeigen/ solte da nicht Christliche Obrigkeit und Christliche Unterthanen allenthalben in Liebe sich zusammen thun / und das Creutze für euch und eurer Lehre oder Responsis machen. Bedencket selbsten/ wenn der Durchlauchtigste Churfürst zu Sachsen hätte Frantzösische Refugirte in seine Lande eingenommen/ (supponamus enim id factum esse,) und diese fiengen an wider euch mit hefftigen Worten zu predigen / oder sängen ein Lied in ihrer Gemeine / darinnen D. Luther oder D. Calov gescholten würde/ oder S. Churfl. Durchl. begehrten bescheidentlich von ihnen / weil Seine Unterthanen sich an dieser oder jenen indifferenten Ceremonie, die sie selbst indifferent zu seyn bekenneten/ ärgerten/ als solten sie um desto besser Vernehmen zu stifften/ dieselbe abschaffen/ und verböte ihnen dabey das hefftige Predigen und den Gebrauch des Liedes/ und diese Frantzösische Refugirte befragten eine Reformirte Theologische Facultæt, ob sie solches thun solten / die Theologische Facultæt aber/ (denn wir wollen auch dieses fingiren/) antwortete ihnen nicht allein: Sie solten solches durchaus nicht thun / sondern sich eher absetzen und aus dem Lande jagen lassen / zuvorhero aber sehen/ daß sie andere Ministeria im Lande an sich hiengen/ die für einen Mann mit ihnen stünden/ und wenn dieses nicht helffen wolte/ die Landschafft auff ihre Seite bringen/ und wenn sie derselben versichert wären/ alsdenn solten sie an Se. Churfl. Durchl. zu Sachsen einhellig suppliciren/ und mit diesen kräfftigen rationibus das Churfl. Hertze erweichen/ daß man sie bey ihrer Possession zu schelten/ ihr Lied zu singen u. s. w. schützen / und ihres Gewissens / um das Aergernüß willen der Schwachen unter ihnen/ verschonen möchte. Sehet/ lieben Herren: Nehmet diesen casum, und macht in euren Facultæten und Ministeriis über die Frage/ ob alsdann der Durchl. Churfürst nicht befugt wäre/ allen seinen Unterthanen zu verbieten / auff gedachter Universitæt nicht zu studiren? ein Responsum, so kurtz oder so ausführlich als ihr wollet. Und wenn ihr damit fertig seyd/ so nehmet eures Calovii und der Wittenbergischen Theologischen Facultæt Responsum und Admonition an das damalige Ministerium zu Berlin/ und appliciret euer eigen Responsum selbst drauff/

und

und schämet euch/ daß ihr bisher solche Antichristische Principia in die zarte euch anvertraute Jugend gebracht/ und dadurch den geistlichen und zeitlichen Frieden turbiret. Warhafftig/ wer dieses in Einfalt und Warheit betrachtet/ der wundert sich nicht/ daß Evangelische Fürsten und Herren ihren Unterthanen untersaget/ auf solche mehr als Papistische Schulen zu ziehen/ sondern er wundert sich vielmehr/ daß eure eigene hohe Landes-Obrigkeit mit so grosser Gedult und Unkosten solche Schlangen-Lehren in ihrem eigenen Busen so lange Zeit geheget. Aber grosse Herren müssen öffters aus Noth eine Tugend machen / und ihre Zeit erwarten / biß sie komme/ daß Joab sein Blut auff seinen Kopff vergolten wird/ und Abjathar als ein Mann des Todes sich auff seinen Acker retiriren muß. Sehet/ das ist die Antwort auff diesen Punct / die ihr mir mit einer falschen Anschuldigung außgelocket habt.

Endlich beschuldiget mich der Herr Ober-Hofprediger Carpzovius, ich hätte durch mein damalig Programma, welches er ein **höllisch** Institutum nennet/ **bloß an Sr. Churfl. Durchl. zu Sachsen bey Dero** Universitæt **Leipzig mich rächen wollen.** Die Lästerung mit dem **höllischen** Instituto halte ich so wol ihm/ als einem ihm gleich gesinneten Politico, eine gleichmässige / der bey erster etablirung dieser Universitæt, die ersten Professores derselben **Haluncken** genennet / meines Orts gerne zu gute/ weil man zornigen Leuten / die gerne Schaden thun wolten/ und können nicht/ billig was zu gute halten muß / daß sie mit grimmigen Worten ihre Bosheit abkühlen. Aber daß er mir eine Rache vorwirfft/ daran thut er wohl sehr unwarscheinlich. Ihr hattet mich ja aus meinem lieben Vaterlande verjagt / und mir mein bißgen Brod daselbst genommen: Hunger konte ich ja nicht sterben/ sondern ich suchte mich zu nähren / mit dem was ich gelernet hatte: Ich verfertigte das Programma auff Gnädigsten Befehl: Ich stellete darinnen mein Vorhaben bescheidentlich vor: Ich war der Mann nicht / (und bin es auch noch nicht/) der der Universitæt Leipzig Schaden thun / viel weniger aber Sr. Churfl. Durchl. einen Verdruß erwecken konte; Der theureste Landes-Vater und die

werthe

werthe Universität hatte mir nichts zu Leyde gethan / daß ich mich daran hätte zu rächen Ursache gehabt / sondern ihr waret meine Beleydiger / ihr hattet den hohen Churfl. Namen / und etwan auch den Namen der Universität wider mich gemißbrauchet. Ihr waret aber ultra iram, denn der im Himmel wohnet / lachete euer / und der HErr spottete euer / und führte mich als am Tage für euren sichtlichen Augen mitten unter euch selbst aus euren Klauen hinweg. Mit was für Scham mochtet ihr nun sagen / daß ich mit meinem Programmate solch thöricht Zeug intendiren solte. Aber / lieben Herren / es verdroß euch / daß mich GOTT errettet hatte / und zu mir sprach: Du solst leben / da ihr mich schon in Gedancken verschlungen und zerrissen hattet. Ihr könnet eure Begierde noch nicht bergen / und das unzeitige und torbirte Scomma der Disputation de Jure circa controversias Theologicas p. 72. Quid opus est Te? Was bist denn du Kerl nütze auf der Welt? giebt genugsam zu verstehen / wie ihr es gerne hättet / und was ihr drum gäbet / daß ich aus dem Lande der Lebendigen hinweggerissen / und mein Weib zur Wittwen / und meine Kinder zu Waysen gemacht würden. Aber was fraget ihr mich? fechtets mit GOtt aus / der wird euch vielleicht eine härtere Antwort geben / als Petro / da er fragte: Was soll aber dieser? Und seyd ihr denn blind / daß ihr nicht sehet / zu was Ende mich bisher GOtt erhalten / und noch ferner nach seinem gnädigen Willen erhalten wird? Erstlich / daß ich frömmer werden / und in der Verleugnung mein selbst durch seine Gnade täglich mehr zunehmen / auch mit meiner Besserung der mir anvertrauten Jugend so wol in Lehr als Leben vorgehen soll. Hernach / daß ich eure Antichristischen Lehren widerlegen / und jederman / der zu warnen ist / darfür warnen / und das Recht Evangelischer Fürsten von euren Beschmeissungen saubern / und der studirenden Jugend ihre Christliche Schuldigkeit besser einschärffen soll. Sehet / das ist auch die Antwort auf euer: Quid opus est Te?

Ja dieses sind auch endlich die leichtfertigen Principia, die mir der Geist / der den Herrn Ober-Hofprediger Carpzovium angetrieben / Schuld giebet / daß ich dadurch so viel ehrlicher Leute

Kin-

Kinder verführet habe. Meine Schrifften ligen euch nun so lange Jahr für den Augen / und ich habe / da ich noch bey euch war / so offte drüber publicè & privatim disputiret / auch solches allhier eine gute Zeit fast wöchentlich so continuiret / ihr habt auch meine Schrifften hin und her besehen. Warum ist denn keiner so treu für das gemeine Wesen gewesen / und hat demselben zu gute diese leichtfertigen principia fein ehrlich und aufrichtig specificiret / und die Leichtfertigkeit demonstriret / oder hat dem Manne / der solche leichtfertige Dinge lehret / nicht etwan einmal das Maul gestopfft. Confiscationes wollen es nicht mehr thun / und ihr prostituiret eure Autoritæt nur mehr damit / als daß ihr selbiger helffet. Jedoch kan ich nicht vorbey / euch zu erinnern / daß wenn ihr ehrliche Leute schelten wollet / ihr euch künfftig besser in acht nehmen müsset / daß die Leute / die ihr einnehmen wollet / eure Künste nicht mercken. Sehet / bald saget ihr: Ich hätte so viel ehrlicher Leute Kinder mit meiner Lehre verführet / bald diffamiret ihr mich / ich wäre ein solcher Mann / wegen dessen Gegenwart kein ehrlicher Mann seine Kinder an den Ort schickte / da ich wäre. Bald schreyt ihr mich aus / als wenn die grösse Noth verhanden / daß durch meine Programmata gantze Universitæten würden ruiniret werden; Bald wolt ihr mit heimlichen Hand-Brieffen jederman bereden / ich ruinirte die Universitæten / da ich wäre. Wie hänget nun das zusammen? Und wie plump fanget ihr eure Beschuldigungen an?

Dieses wäre also / GOtt sey Danck / die kurtze aber gründliche Beantwortung derer diffamationen, mit welchen mich bißher meine Widerwärtigen beleget / so viel ich davon Nachricht erlangen können. Ich lebe nun hierbey des unterthänigen Vertrauens / es werde zuförderst das Churfürstliche Sächsische Hochpreißliche Geheimbde Raths-Collegium, wenn es diese meine Schrifft zu sehen bekommen wird / klar und offenbar meine Unschuld / und das Unrecht und die falsche Anklage derer Sächsischen Theologen zu Dreßden / Wittenberg und Leipzig erkennen / und ex officio die Sache Sr. Churfürstl. Durch. zu Sachsen vortragen / und nothdürfftige Vorstellung thun / daß zuförderst dem Ober-Consistorio untersaget werde / den Churfl. hohen Namen mit dergleichen Confiscationibus und anderen attentatis wider mich ferner zu mißbräuchen/ auch denen schuldigen Theologis in ihren Begünstigungen unschuldige Leute zu verleumden / und Unruhe in und ausser Landes anzustifften/ auch Evangelische Fürsten ineinander zu hetzen/Einhalt gethan/ und endlich die anhängigen und versiegelten wider mich ergangene acta nunmehro einmal abgethan werden. Ich könte ja wol wider meine Gegner/ nach Zulassung Weltlicher Rechte/ zu meiner Satisfaction ein hartes fordern. Aber ich verlange ihre Beschimpffung nicht/ und sind die guten Leute in ihrem verstockten Sinn und Lehren ohne dem elend genung daran. Ich bin zu frieden/wenn eine Christliche Amnestie gestifftet wird / und ich durch genugsame Art und Weise von denen falschen Anklagen in forma probante absolviret werde.

Ich zweiffle nicht / es werde diese Hohe Ministros, hierzu auch das Hohe Churfürstl. / ja ihr selbst eigenes Interesse bewegen. Das gantze Sachsen-Land ist ja leider durch die Zänckereyen derer Theologen betrübt genung rege und irre gemacht. Die Universitäten verderben / wenn entweder die auf ihr Zancken und Streiten erpichten Theologi gar nicht lesen / oder denen Studenten nichts als ihre Zänckereyen mit deren grossen Eckel vorlesen: Die Principia, daß man ihnen mehr gehorchen müsse als der Obrigkeit / und daß die Evangelischen Fürsten ihr hohes regale circa sacra ohne consens ihrer Theologen nicht exerciren können; Daß ihnen Decisio formalis gelassen werden müsse; Daß die adiaphora aufhören adiaphora zu seyn / wenn der Fürst mit denenselben als adiaphoris umgehet/ werden endlich Se. Churfürst. Durchl. selbst bey Gelegenheit nach Cron und Scepter greiffen; Zumal sie sich nunmehro nicht scheuen/ sondern ihr Papistisches Wesen in der Disputation de jure decidendi controversias Theologicas unverschämt genung für jedermans Augen legen: Die handgreiffliche Schmähung und Lästerung / damit p. 61. §. 11. in fine ein redlicher und vornehmer Minister, und durch dessen Latus Se. Churfl. Durchl. Johan. Georg des IV. Glorwürdigsten Andenckens selbst belegt worden / giebt genugsam zu verstehen / was ein jeder von denen andern Herren Ministris von diesen Leuten / wenn er es mit ihnen verderbt / zu gewarten hat / und was sie tentiren würden / wenn sie nur Gelegenheit

und

und Macht / und etwan die Hamburger Boots-Knechte bey der Hand haben solten. Die Päbste fiengen auch erst an geringe Leute zu excommuniciren / biß es endlich an die Kayser selbst kame.

Solte aber bey Durchsehung der wider mich ergangenen Acten dafür gehalten werden / daß ich alle Anschuldigungen mit dieser meiner Apologie noch nicht gründlich abgelehnet ; So halte ich doch dafür / daß dem unerachtet dieses die Endigung des Processes nicht hindern solle / auch Mittel gnug fürhanden seyn / denselben nicht mit dem Anfang ab Executione und Arrestirung meiner Person / oder mit ferneren Confiscationibus und andern gewaltsamen Thätligkeiten / sondern auf eine viel Christlichere und löblichere Weise zu endigen. Und ob ich wol dieserwegen dem Hochpreißlichen Churfl. Sächsischen Geheimbden Raths-Collegio keine Maß noch Ziel vorschreiben wil / sondern mich / so viel an mir ist / zu allen vernünfftigen und rechtmäßigen Mitteln / diese Verdrießligkeit einmal auszumachen / erbiete ; so habe ich doch nicht unterlassen wollen / zu Bezeigung meiner Neigung zum Friede und Einigkeit / zwey Christliche und vernünfftige ohnmaßgebliche Mittel hiermit vorzuschlagen.

Meine Widersacher beschuldigen mich Boßheit und Irrthums. Denn zu diesen beyden Classen können alle ihre Anschuldigungen / wie harte und schwer sie auch seyn / gebracht werden. Was die Beschuldigung der Boßheit anlanget / so bekenne ich / daß Boßheit Bestraffung verdiene / und daß die Beurtheilung hiervon für Weltliche Obrigkeit gehöre ; Und schlage demnach dieses Mittel für / daß zuförderst mit Consens des Durchlauchtigsten und Großmächtigsten Churfürstens zu Brandenburg / meines Gnädigsten Herrns / als in dessen Diensten ich jetzo durch GOttes Gnade stehe / eine unpartheyische Commission zu Untersuchung und Abthuung der Sache angeordnet werde / die von denen Herren Scabinis Lipsiensibus vor allen Dingen rationes decidendi ihres wider mich gesprochenen Urtheils begehre / und hernach von meinen Widersachern Beweiß über die Dinge / die sie mich beschuldiget haben / fordere / und da dieses von ihnen beyderseits effectuiret worden / mir beydes zu meiner Beantwortung und Defension communicire / auch hierzu eine so kurtze Frist / als nur die Billigkeit zulassen kan / setzet / und endlich selbsten ohne Verschickung der acten an Facultäten oder Schöppen-Stühle ein difinitiv Urtheil spreche / und solches / wo es mir zuwider fallen solte / an mir ohne alle Gnade exequire. Wenn meine Widersacher den Proceß nicht hindern / kan das gantze Unwesen in einer kurtzen Zeit gäntzlich abgethan werden.

Was aber die Beschuldigung falscher und irriger / ingleichen leichtfertiger oder gefährlicher Lehre betrifft; so kommet doch alles darauff an / ob meine Lehre wahr sey oder nicht. Denn die Warheit ist nur denen Leichtfertigen gefährlich / der Irrthumb aber ist allezeit gefährlich / er sey so leicht als er wolle. Nun von der Warheit oder Falschheit zu urtheilen / gehöret ja nicht für Weltliche Gerichte / sondern es kommt denen Lehrern der Warheit zu / schädliche und gefährliche Irrthümer zu widerlegen / auch den Irrenden entweder zu bekehren / oder seines Irrthums zu überweisen / daß alle vernünfftige Menschen sehen und erkennen / daß er gründlich und wohl widerleget sey. Hierzu aber hat man zweyerley Mittel / daß dieses nemlich schrifftlich oder mündlich geschehe. Das erste nimt viel Zeit weg / ist auch vielen Mißbräuchen / absonderlich aber dem unterworffen / daß / wo ihrer viel zugleich wider einen streiten / jene diesen mit der Menge ihres geschmires gleichsam überhäuffen können / indem bekant ist / daß eine Hand nicht so viel schreiben könne / als zwantzig Hände. Das andere aber ist kürtzer / und nicht so vielen Mißbräuchen unterworffen / kan auch in einer Stunde / wenn zwey streitende Partheyen in Gegenwart vieler Unpartheyischer oder nur vernünfftiger Leute / sie seyn von was für Condition sie wollen / mit einander vernünfftige Unterredung von einer Sache pflegen / mehr gethan werden / als durch Schrifften in etlichen Tagen / zumahl / wenn es Sachen seyn / die nicht von abstrusis mysteriis, sondern von leichten und fast greifflichen Dingen handeln. Weil man die Lehren wegen welcher meine Widersacher wider mich Lermen gemacht / nicht von denen tieffen Geheimnissen des Göttlichen Wesens / sondern von denen Gräntzen der Weltlichen Macht der lieben Obrigkeit / und der Geistlichen Macht treuer Lehrer und Prediger handeln / und hierinnen die Gründe der wahren Lehre in der allgemei-

nen

[illegible] menschlichen Vernunfft / und in so klaren und deutlichen Sprüchen heiliger Schrifft gegründet seyn / daß sie auch der einfältigste Laye begreiffen kan; So erbiete ich mich / daß ich willig und bereit sey / jedoch alles mit Consens Sr. Churfl. Durchl. zu Brandenb. mit meinen Widersachern über meiner Lehre / und allen meinen Schrifften / und wenn es jetzo diese Stunde geschehen solte / freudig zu conferiren / und die Warheit meiner / auch den Irrthumb der ihrigen klar und deutlich zu weisen. Ich fordere sie zwar nicht heraus / und weiß wohl / wie weit das auch vernünfftige Disputiren gebraucht werden soll. Aber weil sie mich nun so viel Jahr her mit meiner Lehre lästern / und durch diese Lästerung doch auch viel gute Gemüther hindern / und irre machen; So sehe ich kein ander Mittel / als daß ich meine Bereitwilligkeit mich von ihnen unterrichten / und weisen zu lassen öffentlich darbiete. So sage ich denn nochmahlen in Freudigkeit und Vertrauen / daß ich bereit sey / mit ihnen allen / es seyen ihrer so viel als sie wollen / (und sie mögen aus gantz Europa ihre Adhærenten zusammen / auch zur Noth den Goliath von Hamburg / der mit seinem ausfodern dem Zeug Israels so lange Hohn gesprochen / auch mich durch zwey grobe Paßquill hart genung gelästert / mit darzu nehmen /) es so lange biß sie mit mir fertig werden / anzunehmen. Ich wil mich wider sie keiner andern Disputir-Art / als die mein Heyland wider die Pharisäer und Sadducäer gebraucht / bedienen. Sie mögen sich derselben auch wider mich bedienen / wenn sie sie gelernet haben. Wo aber nicht / mögen sie mit ihrer Disputir-Kunst und Syllogismis ankommen. Denn die Schrey- und falsche Rede-Kunst / damit sie die Hertzen des Volcks bewegen / wil ich ihnen / durch Gottes Gnade schon abschneiden. Ich wil ihren Objectionibus erst acht Tage aushalten / und bedinge mir wider sie hernach nur einen einigen Tag aus. Sie mögen aus meinen Schrifften wehlen / was sie wollen; Ich wil mit ihnen nur von diesen zweyen Puncten disputiren / (daß sie beyzeiten drauf studiren und sich præpariren können /) 1. Daß kein gottloser Prediger ein Diener Christi sey. 2. Daß die Irrende im Glauben / und die Ketzer nach der Lehre des heiligen Evangelii in der Weltlichen Gesellschafft geduldet / und mit Liebe und Sanfftmuth / oder mit geistlicher Krafft und Ernst / nicht mit Weltlicher Gewalt zurechte gebracht werden müssen. Denn die gegentheilige Lehren sind die zwo fürnehmste Stützen ihres Affter-Pabstthums. Es muß sich also keiner wider den andern eines andern Buchs als der [illegible] Schrifft / und keiner andern Lehr-Sätze bedienen / als die von [illegible] vernünfftigen Menschen / und dem Gegentheil selbst / zugestanden / oder aus den klaren Worten Heil. Schrifft augenscheinlich erwiesen werden können. Diese Condition ist gut Lutherisch / und ich nehme mit Luthers keine Bücher von Menschen gemacht / sie mögen sonst so gut seyn als sie wollen / wider meine Lehre an. Ist nun Warheit in ihrer Lehre / und Irrthum in der meinigen / so muß entweder Warheit nicht Warheit seyn / oder sie müssen geschickt und fähig seyn / zumal in so grosser Menge und von so grosser Gewalt und Ansehen dem elenden Thomasio das Maul zu stopffen. Treibet sie aber mit ihrer Kunst und Wissenschafft Thomasius ein / wie er sie dann in GOttes Namen augenscheinlich einzutreiben gewiß vertrauet / nun so wird jederman erkennen / daß ihre Lehre gar nichts werth sey / und daß alle / die selbiger anhangen / betrogen werden. Da sie auch meinen solten / ich wolte etwan mit diesem Vorschlag mich groß machen / und ich wäre nicht werth / daß so grosse Helden und Säulen der Kirchen sich an mir machten / sondern es könte es mir wol einer von ihren Schülern thun / nun wohl / ich nehme beydes an. Es soll mir kein einiger von ihnen so groß seyn / ich getraue mich mit meiner Warheit gegen sie auszukommen; Und es soll mir auch keiner / der ihre Parthey nehmen will / wenn sie auf ihn nur compromittiren / und wenn es fein ehrlich und nicht tückisch oder Pasqvillantisch zugehet / zu geringe seyn. Sondern er soll mir gut genug seyn / wenn nur des Zanckens ein Ende / und Friede erhalten wird.

Solten aber auch diese meine vernünfftige / billiche und Christliche Vorschläge in keine Consideration kommen / und über Verhoffen gar kein Recht für mich im Lande seyn; So solte es mir leid seyn / daß ich dieserwegen meinen Gnädigsten Chur-Fürsten und Dessen hohe Ministros, denen ohne dem die schwere Regiments-Last / auf dem Halse lieget / und denen wegen der vielfältigen Zänckereyen / und deren Abthuung ja ohne dem das Leben sauer genung gemacht wird / behelligen solte; sondern ich befehle die gantze Sache hiermit GOtt / der wird mir schon Recht und Friede schaffen, [illegible] wie es Ihm gefällig ist.

Zum

Zum wenigsten hoffe ich mit dieser meiner Apologie und Vorschlägen so viel dargethan zu haben / daß ein jeder Christlicher oder vernünfftiger Mensch / der nicht praeoccupiret ist / deutlich erkenne / daß mir bißher von meinen Widersachern Gewalt und zu viel geschehen. Ich versehe mich auch / man werde sich / an der Art meiner Vorstellung nicht ärgern / und mich anschuldigen / als wenn dieselbe meinen vorigen Oster-Gedancken nicht gemäs sey. Ich bezeuge für GOtt / daß ich wider die Männer keinen Haß noch Feindschafft auf meinem Hertzen habe / sondern es mir die gröste Freude / und lieber als die sonst angenehmste Zeitung seyn solte / ja ich bereit wäre / mit einem grossen Theil meines wenigen Vermögens es zu erkauffen / so es sich erkauffen liesse / wenn nur einer von den Männern sich bekehren / und die Warheit zu verfolgen aufheben wolte. Ich hoffe auch / man werde in der gantzen Schrifft kein Satyrisches oder bitteres Wort finden / wie ich dann GOtt darum gebeten / meine Feder dißfalls zu regieren / auch zu dem Ende dieselbe fleißig überlesen und emendiret. Es ist aber die Warheit / die ich vorstellen müssen / und die Umstände derselben an ihr selbst nicht lieblich / weil es mit der Frechheit meiner Gegner / wie für jedermans Augen lieget / aufs höchste kommen. Derowegen wil es Gelindigkeit nicht mehr thun / sondern die Sache wil mit Ernst angegriffen seyn / und bitte ich dannenhero einen jeden Leser / er wolle Ernst und Bitterkeit nicht mit einander vermischen. Hätte ich in der Erkäntniß / die mir GOtt aus seinem heiligen Wort von denen Zeichen der Verstockung gegeben / gemercket / daß nur noch die geringste Hoffnung einer Busse bey denen Männern wäre / so wolte ich alles versucht haben / kindlich und säuberlich mit ihnen umzugehen. Da sie aber bißhero so gar klare Proben ihrer Verstockung gegeben / und da alle Schrifften den verkehrten Sinn / darein sie GOtt gegeben / zeigen / würde ich mich haben befahren müssen / daß die wider sie gebrauchten freundlichen Worte von jedermann vor Satyrische ironien würden angenommen worden seyn.

Zudem ist es [illegible] nicht / viele Schrifften mit ihnen zu wechseln / und die Zeit ist mir zu edel [illegible]. [illegible] habe auch beschlossen / durch GOttes Gnade / mir selbst freywillig [illegible] Stillschweigen aufzulegen / und zu vernehmen / ob nicht / wenn ich mich etliche [illegible] Schreibens / ohne was nicht die höchste Noth meiner function und mein Gewissen erfordert / enthalte / ich die Zeit zu meiner selbst eigenen Besserung / und zu Erlernung deß / was mir noch mangelt / auch zu desto kräfftiger Unterweisung der Jugend anwenden könne. Und habe dannenhero für nöthig gehalten / auf einmal mit Nachdrucke zu schreiben / was zu meiner Apologie nöthig ist / daß ich hernach desto besser und füglicher schweigen könne. Dieweil aber meine Gegner gewohnt sind mit denen libris Symbolicis, die ich nach ihrem Werth allerdings auch hochhalte / so ferne ich erkenne / daß sie mit der heiligen Schrifft übereinkommen / sich breit zu machen / und mich zu diffamiren / als wenn ich da nicht richtig wäre / als behalt ich mir zuvor / wenn etwan sie mit dieser meiner itzigen Schrifft durch Confiscation oder andern Gewalt ihren Muthwillen ferner treiben solten / ihnen in etlichen einfältigen Fragen und Antworten aus denen

Libris

Libris Symbolicis klar zu weisen / daß [...] Lehre von Christlicher Toleranz, [...]
von der Macht Weltlicher Obrigkeit / und dem Amt der Prediger in den Libris S[...]
bolicis klar gegründet / und ihre Papistische Lehren hingegen klar darinnen ver[...]
[...] Als worzu ich kaum ein paar Tage gebrauchen [...] / die schon co[...]
[...] ein wenig in Ordnung zu bringen. Inzwischen können sie sich [...]
[...] denen beyden auf dem Titel-Blat angezogenen Locis beg[...]
[...].

Der [...] aber der Wahrheit wolle alle Menschen in der [...]
[...] treue und Christliche Lehrer bescheren / und [...]
[...] lassen Frucht bringen. Er wolle [...]
[...] von denen guten Hirten lernen [...]
[...] / daß sie erkennen / daß [...]
[...] / gewaltig helffe. Er [...]
[...] Hertz [...]